Um oceano ilimitado
de Consciência

Um oceano ilimitado de Consciência

Respostas simples para as grandes questões da vida

Dr. Tony Nader

Prólogo por David Lynch

GRYPHUS

Rio de Janeiro

© Tony Nader 2021

Título original: One Unbounded Ocean of Conciousness – simple answers to the big questions in life

Tradução: Eliana Homenco e Hassan Serrano Saade

Coordenação de Tradução: Dr. Luis Alvarez / Sarah Pondé / Ronice Franco

Coordenação Editorial: Dr. Tony Nader/ Dr. Luis Alvarez / Débora Ruiz Súnico

Gráficos: @ Dr. Tony Nader

Fotografias: coleção pessoal Dr. Tony Nader

Revisão: Ligia Pereira Pinto e Ronice Maria Pereira Franco de Sá

Editoração Eletrônica: Rejane Megale

Adequado ao novo acordo ortográfico da língua portuguesa
Direitos autorais das fotografias reservados e garantidos

CIP-BRASIL. CATALOGAÇÃO-NA-FONTE
SINDICATO NACIONAL DOS EDITORES DE LIVROS, RJ
....
N18o

Nader, Tony
    Um oceano ilimitado de consciência : respostas simples para as grandes questões da vida / Tony Nader ; tradução Maharishi Foundation. - 1. ed. - Rio de Janeiro : Gryphus, 2022.
    352 p. ; 23 cm.

    Tradução de: Un océano ilimitado de la conciencia : respuestas sencillas a las grandes preguntas de la vida
    Apêndice
    Inclui bibliografia
    ISBN 978-65-86061-28-4

    1. Neurociência. 2. Cérebro. 3. Consciência. 4. Meditação transcendental. I. Foundation, Maharishi. II. Título.

21-72759   CDD: 153
                                                                                              CDU: 159.95
....

GRYPHUS EDITORA
Rua Major Rubens Vaz 456 — Gávea — 22470-070
Rio de Janeiro — RJ — Tel.: +5521 2533-2508
www.gryphus.com.br — e-mail: gryphus@gryphus.com.br

Para Maharishi, a luz-guia e inspiração que nos revelou a Consciência como sendo a realidade última e ofereceu ao mundo técnicas práticas para desenvolver estados superiores de Consciência. Também para todos os buscadores de conhecimento, cientistas, filósofos, professores, líderes, sábios e guias que sondam os segredos do funcionamento da natureza e se esforçam por melhorar a vida na Terra.

Prólogo

Ideias para mudar o mundo

Neste livro histórico, o Dr. Tony Nader oferece ideias que podem mudar o mundo. Ele dá soluções profundas a questões que há muito fascinam e intrigam tanto filósofos como cientistas, abrangendo campos tão diversos como: o propósito da vida, o bem e o mal, o que é a consciência, será que temos liberdade? Será que existe lei e ordem ou caos no universo? Como reparar diferenças entre descrente e crente, determinismo e escolhas? Como tirar o melhor proveito da vida, satisfazer desejos, e criar paz e harmonia entre os povos e nações?

Ele oferece soluções a essas perguntas baseadas em um paradigma subjacente simples que unifica a mente, o corpo e o ambiente num oceano de puro Ser, Pura Consciência.

Uma leitura obrigatória para qualquer buscador de respostas aos mistérios da vida, da verdade absoluta e definitiva.

David Lynch

Sumário

Prólogo *Ideias para mudar o mundo*
    por David Lynch.............................. 7

Capítulo 1. O início 15

Capítulo 2. Em busca de significado 21

Capítulo 3. Mente e matéria.......................... 25
    Revertendo o problema sobre a origem da Consciência 26
    O que nos faz ter tanta certeza?..................... 29

Capítulo 4. Superficialmente complexo,
mas fundamentalmente simples 32
    Uma fonte comum............................. 32
    Campos e partículas............................ 36

Capítulo 5 42
A ciência emergente da Consciência 42
    Um campo unificado – um campo de Consciência! 42
    Consciência, um mistério!?....................... 45
    O que a ciência "sabe" sobre a Consciência – ou o que não sabe.. 51
    O quarto estado de Consciência.................... 62
    Resolvendo o problema "difícil" sobre Consciência......... 63
    Até onde a Consciência alcança?................... 65

Capítulo 6. O que é a Consciência? 77
    Consciência: a Singularidade suprema 81

A difícil solução 82
Observação e suposição 88
Aparência versus realidade 90

CAPÍTULO 7. A ciência moderna e as perspectivas físicas sobre o Universo 95
Realidade clássica 95
Campos de energia 97
Campos quânticos 98
Unificação dos campos 100
Nosso Universo 100
Evolução, lei e a mente humana 102
Ordem e aleatoriedade 104
Entrelaçamento 107
Os efeitos quânticos têm aplicações práticas ... 108
Dois aspectos da realidade 108
Realismo local, decoerência, a função da onda e o seu colapso! 110
Muitos mundos, multiverso 116

CAPÍTULO 8. Nada, Consciência, um e muitos 119
Experiência de Nada 121
Teoria dos conjuntos: o Nada na matemática ... 123
A Consciência não é uma coisa – no entanto, é Tudo 124
Um e muitos 128
O Ser, o intelecto, a mente, o espaço e o tempo 132

CAPÍTULO 9. Existência, realidade e Ser 135
A natureza "três em um" da Consciência 135
Existência: "bits de Consciência" 137
Realidade 139
De três para muitos 145
Absoluto Imanifesto, Pessoal e Impessoal 150
Padrões de Consciência 152

Sumário

Capítulo 10. O tempo e o eterno agora 155
   O filme da vida 157
   Vida, um campo de todas as possibilidades 160
   O elefante em uma caixa 162
   Karma e escolha. 166

Capítulo 11. Transcendência, Consciência Pura e o Ser . . . 168
   Estados mais elevados de Consciência. 169
   Sono, sonho e vigília. 172
   Transcendendo: conheça a si mesmo 175
   Experimentando a Consciência Pura. 178
   O quarto estado: a Consciência Transcendental 180

Capítulo 12. Consciência Cósmica e Consciência de Deus. . 182
   Experiência de Consciência superior; interior e exterior 182
   Consciência Cósmica. 187
   Consciência de Deus ou Consciência Cósmica Glorificada . . . 192

Capítulo 13. Consciência de Unidade 201
   Verdadeiro conhecimento 203
   Vivendo a totalidade 208
   Maior conhecimento, maior verdade 211

Capítulo 14. Os dilemas da liberdade, da lei e da ordem. . . 213
   Cosmovisão e crença 214
   Determinismo 215
   Liberdade 218
   Responsabilidade 223

Capítulo 15. Um oceano ilimitado de Consciência em
   movimento 228
   Metaforicamente uma pirâmide 229
   A vista do topo da pirâmide 229
   Na pirâmide 230

Sujeito-referência, processo-referência e objeto-referência ... 233
"Nada" e a base da pirâmide 237
Absoluto impessoal e pessoal 239
Imanifesto e manifesto 240
As jornadas sintéticas, adiante, analíticas e de retorno 242
Conhecimento das partes 244
Diferentes cores e nuances da Consciência 247
A Consciência conhece plenamente a si mesma 250

CAPÍTULO 16. Como a Consciência se manifesta como o
   Universo 254
   Fundamentos imutáveis 254
   Diferenças entre Imanifesto e Manifesto 255
   Consciência e atenção são quantificáveis e qualificáveis..... 257
   Ampliando e elevando a própria consciência............. 259
   A consciência humana experienciando a Consciência Pura .. 261
   Forças do Manifesto 263

CAPÍTULO 17. Relatividade Universal.................... 265
   Velocidade da mudança da atenção 266
   Causalidade..................................... 267
   Espaço e tempo................................... 269
   Existência, Nada e plenitude 269
   Distância no espaço e comprimento de tempo 272
   O Nada, o Big Bang e o vácuo 274
   Partículas, energia escura, matéria escura 275

CAPÍTULO 18. Movimento e comunicação no espaço-tempo. 278
   Entrelaçamento.................................. 278
   Movimento 280

CAPÍTULO 19. Liberdade, escolha e responsabilidade 283
   Livre para ser si mesmo! 283
   Liberdade e escolha............................... 285

Sumário

Entropia e autopreservação 286
Karma e restrições 288
Subindo na pirâmide – expansão do Ser 289
Responsabilidade 292

Capítulo 20. Felicidade e sofrimento – o bem e o mal –
Inteligência Superior 295
Sentimentos e emoções 296
Intelecto 298
Crescimento, evolução, intenção e ética 299
Mindfulness 302
Yoga 304
Humanos à "imagem de Deus" 308
O Veda e a literatura védica na fisiologia humana .. 309
Conhecimento, idealismo e empirismo 311
Bem e mal, emersão e submersão 312
O poder e o valor da Inteligência Superior 321
O reino do divino 324
Vida e o viver, nascimento e morte 325
Desafios e soluções 326
Pandemias, discriminação racial e religiosa 329
Inteligência artificial 330

Capítulo 21. Utilizando o todo-poderoso Campo
Unificado 333
Coexistência de opostos 340

Referências bibliográficas por capítulo 347

Capítulo I

O início

"O propósito da vida é a expansão da felicidade", disse ele, antes de acrescentar: "A vida é bem-aventurança e o sofrimento não é necessário".

A guerra civil à minha volta, o sofrimento que encontrei na sala de emergência, os conflitos entre pessoas que, lutando ou até matando umas às outras por ideias, crenças, convicções políticas e econômicas, e uma miríade de outras tantas coisas falavam contra o que ele dizia. No entanto, ele irradiava, através da tela da televisão, algo genuíno e credível. O seu comportamento e o seu discurso foram inspiradores. Senti-me atraído para ver e ouvir mais.

Durante 11 anos, numa escola jesuíta francesa, na minha educação primária e secundária, eu havia desenvolvido um grande interesse pela teologia e pela filosofia. O prazer, a alegria, o sofrimento, o remorso e a culpa eram temas dominantes de discussão. De forma inata, ninguém deseja sofrer. Em todos os níveis de riqueza e educação, em todas as culturas e tradições, em todas as raças, gêneros e crenças, ao longo do tempo, as pessoas querem mais felicidade, mais amor, mais segurança, sons mais agradáveis para ouvir, mais comida saborosa para comer, mais poder, mais dinheiro, mais beleza e encanto. Contudo, quaisquer que sejam as suas realizações, a maioria das pessoas acaba, um dia ou outro, por não se contentar plenamente com o que tem. Será a ganância ou uma força natural de evolução que nos empurra para mais e mais realização?

O nosso intelecto discriminador pode certamente levar-nos a valores mais elevados: o espiritual e o divino. Podemos superar os nossos instintos básicos e elevar-nos acima da dor e do sofrimento, até mesmo abraçar o sacrifício por um bem superior, mas certamente preferimos que o sofrimento nunca seja necessário.

No primeiro ano dos meus estudos pré-médicos na *American University* em Beirute, eclodiu uma terrível e devastadora guerra civil entre muçulmanos e cristãos. Vários fundamentos ideológicos, políticos, raciais e econômicos estavam em jogo. Durou 15 anos com cerca de 120.000 mortos e um sofrimento indescritível neste pequeno país de menos de 4 milhões de habitantes. Frente a essa situação, eu decidi estudar medicina para aliviar o sofrimento, mas também esperava desvendar, através da ciência, os segredos de como a mente e o corpo humanos funcionam para orientar o comportamento das pessoas. "A vida é felicidade" estava longe de ser a minha compreensão e experiência em cada um dos níveis de vivência: individual, nacional e internacional.

Plenitude, integridade, paz imperturbável, amor incondicional, compaixão ilimitada, justiça infalível e perfeição inabalável pareciam ser ideais que não pertenciam ao nosso destino humano normal. Estariam esses ideais reservados apenas para outra vida em alguma esfera celestial? Há indivíduos raros que, após grandes provações e tribulações, tiveram momentos fugazes ou um vislumbre de plenitude e bem-aventurança. Alguns, depois de experimentarem um êxtase espiritual, passaram o resto das suas vidas em reclusão, como eremitas, em busca da comunhão divina. Outros se converteram em santos dentro de várias religiões e sistemas de crenças.

E aqui estava alguém em um programa de televisão, aos meus olhos quase normalizando as conquistas gigantescas e raras com que eu sonhara, mas que nunca sentira que estivessem ao meu alcance. Ele não só dizia que todos podem experimentar e viver estes ideais, mas também que era fácil, natural e, até mesmo, um direito de nascimento de todos.

Uma vida reclusa não era necessária. Não precisava abandonar as minhas crenças ou a minha devoção a Deus da forma como o conhecia. Eu ainda podia prosseguir na minha paixão pelo conhecimento, pela ciência e pela medicina no meu desejo de viver uma vida digna e fazer a diferença onde eu pudesse. Não era necessário nenhum sacrifício, nenhum sofrimento, nenhuma dor.

Maharishi Mahesh Yogi, o orador que vi na televisão nos anos 70, era um físico indiano, que se tornou monge nos Himalaias sob a tutela do mais venerado representante e máxima autoridade sobre Veda e a tradição védica – o conhecimento antigo de onde provém o yoga, a meditação, o Ayurveda e muitas outras disciplinas: Shankaracharya Brahmananda Saraswati.

Maharishi falou sobre seu professor com grande devoção e respeito, chamando-o de "Guru Dev", que significa Mestre Divino. Quanto mais eu olhava para Maharishi, mais eu me sentia intrigado. Ele falou sobre Consciência de forma que eu nunca tinha ouvido antes: Consciência Pura, consciência interior profunda, e estados de Consciência mais elevados. Ele disse: "A Consciência Pura é um reservatório infinito de criatividade e inteligência" e "é o último nível unificado do ser que é o verdadeiro ser de tudo e de todos".

O que eu sabia sobre a consciência eram três estados principais: sono, sonho e vigília, bem como "estados alterados" que as pessoas têm com drogas, ferimentos ou doenças. Ele certamente não estava falando sobre alucinações induzidas por drogas, autossugestão, ou um transe hipnótico. Maharishi descreveu o seu método de experimentar e viver a Consciência Pura como uma técnica mental natural, simples, e do tipo "faça-você-mesmo" que assenta toda a atividade da mente dando um descanso muito profundo enquanto se permanece desperto e alerta. Ele disse que você transcende toda a atividade da mente e se aprofunda em seu próprio ser interior. É aqui onde você experimenta paz, felicidade e liberdade das limitações.

Em várias palestras que ouvi mais tarde, houve relatos de líderes de sucesso em muitos campos descrevendo a sua experiência de transcender e os seus efeitos na criação de equilíbrio na mente, no corpo e no comportamento. Várias celebridades mundialmente famosas deram testemunhos descrevendo as muitas formas de como o fato de transcender tinha melhorado as suas vidas. A consciência é certamente central na nossa vida, uma vez que tudo o que planejamos, pensamos, sentimos e experienciamos ocorre em nossa percepção: nossa consciência. Contudo, nunca imaginei que, sem quaisquer medicamentos ou drogas, a consciência pudesse ser vivificada ou transformada, ou que o próprio desenvolvimento da consciência pudesse melhorar a mente, o corpo e o comportamento humano. Qual seria a natureza da consciência e como poderia ela conduzir a tais resultados? Como era possível estar consciente sem quaisquer pensamentos?

Como estudante de doutorado na Universidade da Califórnia, Los Angeles (UCLA), Robert Keith Wallace descreveu na época, em sua pesquisa publicada e revisada por pares e em sua tese de doutorado, um quarto estado importante de Consciência diferente do sono, sonho e vigília. Este quarto estado era caracterizado por mudanças fisiológicas, eletroencefalográficas e mentais diferentes daquelas do sono, do sonho e vigília. Wallace descreveu-o como um estado de "consciência repousante" ou "vigília hipometabólica". Ele e outros cientistas ressaltaram que esta união de descanso profundo e alerta, obtida através da prática da técnica da Meditação Transcendental® ensinada por Maharishi, trazia benefícios a longo prazo. Alguns deles incluíram: redução do envelhecimento biológico, redução nas internações hospitalares, normalização da pressão arterial, diminuição da ansiedade e acentuada redução do estresse mental e físico com melhores resultados gerais em termos de saúde.

Alguns meses antes do encontro televisivo com Maharishi, li um artigo descrevendo a descoberta pelos físicos Weinberg, Glashow e Salam, em 1968, de um nível de natureza que mostra como forças aparentemente diferentes como a eletricidade, o magnetismo e a força responsável pelo decaimento radioativo estão, na realidade, unificados na sua base. O artigo afirmava que os físicos sugerem que, agora, tudo o que observamos no nível superficial da manifestação parece vir de um campo unificado.

Todos os objetos, minerais, vida orgânica, árvores, animais e seres humanos são, em última análise, feitos de um único campo unificado de todas as leis da natureza. Weinberg, Glashow e Salam ganharam o Prêmio Nobel por sua descoberta em 1979.

John Hagelin, PhD em física, formado em Harvard e pesquisador do Conselho Europeu de Investigação Nuclear (CERN), onde se encontra atualmente o maior e mais poderoso acelerador de partículas do mundo, trabalhou em estreita colaboração com Maharishi na possível conexão entre a Consciência Pura e o campo unificado de todas as leis da natureza. Mais tarde, Hagelin dedicou a sua carreira à exploração de uma teoria da natureza totalmente unificada buscando verificar até que ponto esta teoria corresponde, do ponto de vista da física, à Consciência Pura.

Além da pesquisa mencionada, já existiam algumas outras pesquisas bastante sérias que tratavam sobre os benefícios da Meditação Transcendental®. Na época, embora parecesse inverossímel, eu podia ver comparações potencialmente plausíveis sob a perspectiva da física entre a Consciência Pura e a fonte unificada de toda a matéria. Calculei risco *versus* benefício e decidi experimentar a Meditação Transcendental® de Maharishi, pensando que não tinha nada a perder exceto alguns dólares e 20 minutos duas vezes por dia durante alguns dias, no caso de não funcionar para mim. Afinal, como Maharishi havia dito, rindo: "A prova do sabor do pudim está em comê-lo!".

Quando aprendi a meditar, experimentei a minha mente assentar num lugar que nunca tinha imaginado possível. Sem pensamentos, sem imagens, sem medo, sem limites, sem preocupações – apenas puro ser, puro silêncio interior profundo, paz interior, porém com uma vigília irrestrita, um despertar estabelecido e sem limites. A minha mente transcendeu toda a experiência sensorial e mental a um estado absoluto de não-mudança. No entanto, parecia e era real. Era a sensação mais abstrata de pura existência de paz, mas tão palpável como qualquer experiência sensorial. Flutuando nesta serenidade, tudo desapareceu, mas nada faltava, tudo estava lá.

O instrutor que me ensinou esta técnica muito antiga, descrevendo-a como o yoga supremo da mente ou Meditação Transcedental®, não podia esconder o seu prazer em ouvir a minha experiência, e comentou: "O que você experimentou foi Consciência Pura, o seu verdadeiro Ser com um 'S' maiúsculo, e este Ser que é o ser de tudo e de todos". Ele riu e acrescentou: "Agora você conhece o seu verdadeiro Eu!".

Foi uma experiência tão inesperada que me perguntei quantas outras pessoas a tiveram e se eu alguma vez a teria novamente. De vez em quando, dependendo do dia e das circunstâncias, a experiência subjetiva era diferente, mas com cada transcendência, mais e mais estabilidade e felicidade cresciam na minha vida. Milhões de pessoas experimentaram e, dependendo do seu nível de estresse individual e da regularidade da sua prática, tiveram experiências semelhantes. Não foi apenas a profundidade da experiência em meditação que contou, mas principalmente os seus benefícios na vida diária.

Durante os 25 anos em que completei a minha formação médica e científica em Harvard e no *Massachusetts Institute of Technology* (MIT), passei um tempo precioso aprendendo sobre a Consciência sob a orientação de Maharishi, e explorei as semelhanças entre as descobertas científicas modernas, objetivas, e as antigas expressões subjetivas de conhecimento disponíveis no Veda e nos ensinamentos de várias escolas de pensamento. E, quando dei por mim, estava sentado com Maharishi, e ele me pediu que eu assumisse a responsabilidade mais inesperada. Ele disse-me: "Você vai representar a mim, a Guru Dev, e a tradição védica para assegurar que o ensino esteja em todas as partes do mundo, agora e no futuro. Continue em sua pureza e esteja amplamente disponível para o benefício de todos".

Ao longo dos anos que estive com Maharishi, ele ensinou-me a ser simples, a manter a minha mente aberta, e a aprender a ver com o meu coração, bem como com os meus olhos. As maiores questões costumam ter soluções simples.

Capítulo 2

Em busca de significado

Existe algum propósito oculto para a vida? Um projeto secreto? Uma lógica significativa? Um objetivo a alcançar? Por que estamos aqui? De onde viemos e para onde vamos depois de partirmos? Estaremos cada um no seu caminho com as nossas próprias preocupações e o nosso próprio destino individual e independente? Para que devemos esforçar-nos? Será para ter saúde, ter felicidade, ganhar dinheiro, ser melhor do que os outros? Será para cumprir a vontade de um ser divino? Será que podemos escolher? Seremos livres? Ou escravos do destino e governados ou cuidados por alguma força, lei da natureza, ou Deus? Ou estamos somente vivendo em um universo caótico, atirados por situações e circunstâncias? Qual é a fonte do mal?

Como seres conscientes que desejam assumir o controle de nossas vidas, estas questões não são apenas relevantes. Elas são fundamentais, e todos acabam por fazer suposições ou subscrever firmemente crenças sobre muitas delas, seja a um nível consciente claro ou não! Essas crenças ou convicções tornam-se a nossa "visão do mundo" subjacente, influenciando tudo o que fazemos. Elas moldam a nossa vida, como fundamentos do nosso pensamento, sentimento e comportamento.

Agimos como se pudéssemos fazer uma mudança, julgamos como se houvesse responsabilidade, lutamos como se houvesse um propósito. A ignorância nos assusta. Em busca de sentido, perante a calamidade, quando em desespero, podemos culpar a nós mesmos ou ficar zangados com os outros, curvarmo-nos perante um poder sobrenatural invisível e clamarmos por perdão, alívio e pelo fim da ação, ou mesmo por vingança.

Para aqueles cujo universo é criado por um Deus onisciente e onipotente que gere cada detalhe, a vida é vista como parte de um desenho perfeito que requer rendição e mesmo prontidão para lutar e morrer para cumprir a vontade divina. Isto leva a várias regras, rituais e formas de pensar, agir, adorar e sacrificar, temendo a ira de Deus, ou refugiando-se na Sua compaixão.

No outro extremo, o universo pode ser visto como uma confusão caótica de partículas em interação e forças físicas que levam, por tentativa e erro, à ordem como na evolução das plantas, animais e seres humanos. Legalidade, costumes, tradições e guias de boas maneiras emergem, mas também há competição com a sobrevivência dos mais aptos, dos mais instruídos, dos mais conscientes e mais atentos. Interpretações maquiavélicas podem ir tão longe quanto sugerir que se pode fazer o que se deseja sem regras predefinidas, sem projeto, sem lei, sem responsabilidade. Roubar, matar, sobreviver impiedosamente, agarrar e acumular tudo o que puder numa selva implacável, entre tubarões esfomeados, desde que não seja apanhado por outros, por algum sistema legal, ou por uma multidão numa sociedade maior e mais forte do que você.

Entre a multiplicidade de opiniões e crenças, existe uma verdade universal suprema? O que é que a abordagem científica revelou? Existe uma visão do mundo, um paradigma, um denominador comum que possa conciliar a ciência com a filosofia e a espiritualidade, o ateísmo com vários tipos de monoteísmo e politeísmo, e explicar a coexistência de opostos? É possível que o nosso universo tenha simultaneamente caos e ordem? Poderá haver um desenho predefinido e, no entanto, uma evolução por tentativa e erro? Será a liberdade compatível com a lei determinista? Poderiam tanto o empirista como o idealista estarem certos? Essas e outras questões semelhantes não eram para mim meras curiosidades.

Tenho dedicado minha vida à procura de respostas, mergulhando profundamente nos textos religiosos e nas suas várias interpretações e familiarizando-me com diferentes escolas de filosofia. Por vezes pareceu-me que as pessoas viviam nos seus próprios universos diferentes.

Voltei-me para o estudo da medicina, psiquiatria e neurologia para compreender por que razão, embora sendo tão semelhantes, podemos todos ser tão diferentes nas nossas opiniões, mentalidades, e pontos de vista. Como é que o sistema nervoso humano produz a mente com os seus caprichos que nos levam a ir em todas as direções, e até motiva alguns a lutar e matar por causa de ideias, ou ao serviço do próprio Deus?

Se, de fato, foi o sistema nervoso físico que produziu a Consciência, acreditei que poderia contribuir para encontrar respostas por mim mesmo, tornando-me um cientista pesquisador do funcionamento cerebral. Contudo, os conhecimentos e técnicas científicas disponíveis eram fragmentados. As respostas às minhas perguntas fundamentais eram demasiadamente complexas e abstratas para poderem ser aceitas pela investigação científica. O que é que chamamos **material** e **físico**, afinal?

A física descreve a matéria como sendo feita de átomos, eles próprios feitos de partículas elementares que são excitações de campos energéticos subjacentes, progressivamente mais unificados e não-locais. Como podem os sentimentos, funções cognitivas, percepção, e a Consciência que sustenta todas as experiências subjetivas emergir desses campos de energia? Será que podem? Durante todo este tempo, estive praticando a Meditação Transcendental®[1] (MT®).

Procurando compreender tudo o que me era possível sobre o universo, fazia cada vez mais sentido começar por saber o que estava mais próximo de mim – o meu Ser.

---

1. Transcendental Meditation TM (MT) é uma marca registrada da Maharishi Vedic University ltd e da Fundação Maharishi. N.T.: Meditação Transcendental® no Brasil é uma marca registrada da Associação Internacional de Meditação – SIM.

A Meditação Transcendental® me deu o conhecimento de buscar respostas por meio da experiência direta em vez da análise e dedução. Tirei um tempo do meu trabalho médico e científico para me tornar professor de Meditação Transcendental® sob a orientação de Maharishi Mahesh Yogi, que introduziu a MT® no Ocidente como uma técnica mental da antiga tradição védica e Yoga da Índia.

Maharishi me ensinou que a Consciência era primária e não apenas um produto do cérebro humano. Como assim? Será que fazia sentido?

Uma coisa é certa, se não fôssemos seres conscientes, nada disto importaria. Estaríamos agindo, nos comportando e reagindo instintivamente, automaticamente e roboticamente. Sem consciência, não há questionamento, não há escolha, não há liberdade, não há responsabilidade. Dessa forma, não haveria sonhos, sentimentos, esperanças, desejos, dor ou alegria. A Consciência é a tela indispensável que expressa, sustenta, e até molda todo o conhecimento e experiência.

Começando com um olhar profundo sobre "o que é a Consciência", e com base no conhecimento antigo e na ciência moderna, partilho, neste livro, as respostas e conclusões às quais cheguei relativamente a essas questões existenciais – bem como os benefícios práticos, a realização, a clareza e a paz que as respostas e conclusões podem trazer.

Capítulo 3

Mente e matéria

Em línguas latinas como o espanhol, francês, italiano, e português, Consciência tem dois significados. Um significado refere-se à moralidade – o sentido de certo e errado, bom e mau como um guia para um comportamento adequado de acordo com a lei moral. Em inglês, isto seria *conscience*. O outro significado refere-se à Consciência e vigília, tal como estar ciente dos objetos em seu ambiente e de seus pensamentos, sentimentos, humores, e da sua identidade. Em inglês, é *consciousness*.

Os dois significados podem estar relacionados de muitas maneiras, contudo, é importante notar ao longo deste livro, o termo refere-se à Consciência, vigília e capacidade de estar consciente das coisas (*consciousness* em inglês) em vez de moralidade, dever e responsabilidade (*conscience* em inglês).

A questão do que é precisamente a Consciência tem fascinado os filósofos desde os tempos antigos. A Consciência tem sido frequentemente descrita como algo diferente, ou "outro", daquilo a que chamamos o material ou o físico.

Se houvesse duas realidades diferentes no nosso universo – uma abstrata (Consciência, mente, espírito) e uma concreta (energia, física, material) – como é que elas conversariam entre si? Como é que o físico interage com o não-físico e vice-versa? Como é que o abstrato se relaciona e se comunica com o concreto? Se há um criador que é não-físico, como é que ele cria matéria, ou de onde obtém a energia física que ele transforma no universo?

Os fisicalistas[2] assumem que a Consciência e tudo o que é abstrato ou relacionado com o espiritual (incluindo sentimentos de amor, compaixão, dor, felicidade etc.) é um produto do físico. A Consciência seria então uma propriedade emergente resultante da reorganização de partículas, átomos, moléculas, células etc., num sistema nervoso que de alguma forma se torna consciente e experimenta várias qualidades de consciência com sentimentos, emoções e pensamentos. Para os fisicalistas, a questão de como o físico cria a Consciência permanece para além mesmo de um indício remoto de uma possível resposta.

Revertendo o problema sobre a origem da Consciência

Se a matéria e o físico fossem tudo o que existe e fossem a verdadeira fonte de Consciência, então o que é a matéria? De onde é que ela emerge? Sabemos que a matéria é energia, e que existem diferentes manifestações de energia, tais como eletricidade, magnetismo e gravidade. Contudo, os cientistas descobriram que a energia e os campos de força superficialmente distintos estão fundamentalmente unificados. A eletricidade e o magnetismo, por exemplo, são manifestações diferentes de um campo: o campo eletromagnético. Os físicos presumem agora que todos estes campos de energia e de força emergem de um Campo Unificado. O estudo em física das menores partículas ou constituintes da matéria revelou um nível quântico que tem aleatoriedade, incerteza e não-localidade. Os constituintes finais da matéria não estão localizados no tempo e no espaço. Nas pequenas escalas quânticas, os conceitos clássicos de matéria, energia, tempo e espaço não se mantêm. A fonte da matéria é, portanto, não-material.

---

2. O fisicalismo é uma teoria epistemológica do neopositivismo segundo a qual as Ciências Humanas devem ser organizadas de acordo com a metodologia das ciências físicas.

O conhecimento antigo disponível no Veda, particularmente no Vedanta, tal como trazido à luz por Maharishi Mahesh Yogi, descreve a fonte de todo o físico e material como um campo de Consciência. Muitos filósofos, pensadores e cientistas ao longo da história e em tempos recentes postularam conceitos semelhantes.

Trabalhei diretamente com Maharishi durante mais de 20 anos sobre este tema central. Com base em resultados teóricos e práticos de pesquisas aplicadas, fiquei convencido de que a Consciência é a base não só dos aspectos mentais e espirituais da vida, mas também de tudo aquilo a que chamamos matéria e energia.

Portanto, sugiro neste livro que invertamos o problema enigmático de como a matéria conduz ou "cria" a Consciência, afirmando que é a Consciência que cria a matéria, ou, mais precisamente, é a Consciência que aparece como matéria.

Proponho a ideia muito radical "Consciência é tudo o que há". Isto é o que os filósofos chamariam de um tipo especial de Monismo – um idealismo monista onde a Consciência é tudo o que há e não há nada fora da Consciência.

Consciência é tudo o que há

O problema fundamental, assim, passa a ser: como é que a Consciência realmente cria ou aparece como matéria e, por que é que isto é importante? Qual poderia ser o seu significado tanto na filosofia como na ciência? Tem impacto na crença pessoal, religião ou ética? Responderia a perguntas sobre o propósito da criação e o sentido da vida? Poderia lançar luz sobre a lei, a ordem, o caos, a liberdade, o determinismo, o bem e o mal? Ou, ainda, por que há sofrimento? Poderia contribuir para a felicidade e realização individual, ou mesmo para a paz mundial? Responder a estas questões e estes tópicos pode parecer muito ambicioso, mas existem respostas simples na visão de mundo que apresento neste livro.

Começamos com um grande axioma: existe um grande campo da Consciência que é completamente não-físico e não-material. Está para além do tempo e do espaço e, portanto, não se pode dizer que tenha um princípio ou um fim. O conceito de algo que começa em algum ponto no tempo e termina em outro é válido naquilo que percebemos como as realidades físicas e materiais. Mas não tem qualquer significado na ausência do físico e do material.

Consciência não é uma coisa – não é nada material! Da perspectiva da matéria, o físico, a energia e tudo o que podemos chamar de manifestação neste grande campo da Consciência é, portanto, por definição, nada. É o Nada. O Nada não pode começar ou terminar. Mas é tudo, e estas coisas, como veremos, são perspectivas dentro da consciência olhando para si própria a partir de pontos de vista infinitamente diferentes.

A visão "ortodoxa" entre os filósofos e os meus colegas neurocientistas é que a Consciência como um fenômeno mental e subjetivo deve necessariamente proceder ou ter origem em uma fonte ou base física. As nossas mentes e tudo o que acontece "dentro" delas, incluindo pensamentos, sentimentos e percepções, são assumidos como sendo unicamente o produto de atividade elétrica, bioquímica ou suposta atividade mecânica quântica no cérebro e no sistema nervoso.

De acordo com esta visão, a nossa subjetividade, o mundo interior que todos nós temos e apreciamos, incluindo as nossas memórias, compreensões, prazer com a música e beleza visual, deve-se inteiramente a estas reações eletroquímicas e modificações contínuas no cérebro.

Temos pensamentos e sentimentos, ou experimentamos percepções, quando impulsos tênues correm silenciosamente através do córtex visual, ou estimulam o sistema límbico resultando em emoções. Este ponto de vista está tão profundamente gravado na consciência materialista coletiva que os cientistas raramente o têm questionado.

Há muitas razões pelas quais isso parece ser o caso. Mas estou propondo que não seja. A consciência não é um produto de um sistema nervoso, um cérebro, um corpo, ou qualquer outra coisa – é a realidade fundamental.

Como neurocientista, eu seria o último a negar todas as formas como os processos fisiológicos influenciam e colorem o nosso teatro interior de consciência subjetiva. Sem dúvida que há muitas provas que fazem parecer que a Consciência é inteiramente um produto da fisiologia. Mas nós interpretamos essa evidência de acordo com os "óculos" que temos – o paradigma ou modelo do universo através do qual vemos tudo, que insiste que o material ou físico é o que é real e que a Consciência, de certo modo, ou de algumas formas, não é real.

O QUE NOS FAZ TER TANTA CERTEZA?

É uma teoria em que acreditamos há trezentos anos. É o modelo "científico", aquele que serve de moldura para os nossos pensamentos e percepções. E este tem sido certamente um modelo útil que catalisou grandes feitos humanos, mas é apenas um modelo. Da mesma maneira que o modelo geocêntrico do universo, o universo clássico, mecânico, tem problemas que não podem ser resolvidos a partir de dentro de si mesmo. A ciência moderna enfrenta fenômenos nos níveis mental e subjetivo da Consciência que ela mesma não consegue compreender. Também está perplexa com descobertas inesperadas sobre os níveis material e físico. Por exemplo:

- Quanta Atômico[3] (tais como fótons e elétrons) que podem estar em muitos lugares ao mesmo tempo até serem

---

3. Quanta Atômico: O termo Quanta ou *Quantum* (do latim *Quantum*: quantidade) denota, em física quântica, tanto o valor mínimo que pode assumir certa magnitude em um sistema físico, como a variação mínima possível deste parâmetro, quando se passa de um estado discreto para outro.

observados e que podem comportar-se como partículas ou ondas.
- Pares de partículas "emaranhadas" umas com as outras de modo que a mensuração do *spin*[4] de uma provoque uma mudança de giro oposto na outra, instantaneamente, em qualquer parte do universo. Como é que elas sabem?
- Uma força não identificada e misteriosa conhecida como "energia escura", que impulsiona a expansão do universo, e uma "matéria escura", igualmente desconhecida, que conhecemos apenas pelo seu efeito gravitacional sobre a matéria conhecida – entre elas, as duas constituem cerca de 96% do universo!
- Quanto mais rápido se vai no espaço mais lentamente se envelhece, e os objetos diminuem em comprimento; os relógios desaceleram e eventualmente parariam a velocidades relativistas (aproximando-se da velocidade da luz).

Esses são apenas exemplos, a ponta do iceberg da estranheza do universo que a ciência ainda não compreende.

A proposta de que a Consciência é um Campo Unificado do qual emergem todas as manifestações não é aqui oferecida como uma crença filosófica ou espiritual, mas como um paradigma que dá respostas às questões mais difíceis sobre a vida e o viver, e soluções para os enigmas mais intrigantes da ciência moderna a qualquer buscador da verdade e da compreensão suprema.

A Consciência é um Campo Unificado do qual emergem todas as manifestações

---

4. Nota do Tradutor (N. do T.): O termo *spin* refere-se a uma propriedade física das partículas subatômicas, pela qual cada partícula elementar tem um intrínseco momentum angular de valor fixo. É uma propriedade inerente/fundamental da partícula, tal como a massa ou a carga elétrica.

Neste paradigma, descobrimos não só o "quê" e o "como" do ser, do tornar-se, da jornada do eu, e do processo de manifestação, mas também sondamos o "porquê" das coisas. Por que existem, por exemplo, forças atrativas e repulsivas na natureza? Por que existe entropia, incerteza e aleatoriedade juntamente com ordem? Liberdade e capacidade de escolhas juntamente com determinismo? Felicidade e tristeza? O bem, o mal e a maldade? O que podemos fazer para encontrar um propósito e tornar a nossa vida significativa e gratificante?

A capacidade de resolver muitos mistérios ao mesmo tempo tem sido frequentemente a indicação na ciência de que uma lógica está no caminho certo. É por isso que vamos examinar primeiro vários quebra-cabeças e paradoxos da ciência, filosofia e espiritualidade, e destacar as principais questões que estão sendo feitas. Examinaremos então como este novo paradigma pode abordá-las e trazer clareza e respostas unificadas às questões e pontos de vista aparentemente diversos e por vezes contraditórios.

Expandir a nossa perspectiva e ir além do modelo atualmente defendido é questionar uma das bases fundamentais da forma como a ciência é conduzida – a noção materialista de que *tudo* provém de alguma energia que é puramente física – e que constitui a ideia fixa que colore o pensamento da maioria das pessoas no nosso mundo e é tomado como uma verdade absoluta. Por que não rever as nossas crenças fundamentais, não comprovadas, mas firmemente mantidas?

Ao longo da história, as ideias preconcebidas e os preconceitos provaram ser obstáculos que bloqueiam o caminho dos que procuram o verdadeiro conhecimento. Os avanços científicos sempre derrubaram paradigmas arraigados levando a uma compreensão mais profunda, mais verdadeira e mais rica.

Capítulo 4

Superficialmente complexo, mas fundamentalmente simples

Uma fonte comum

A vontade de compreender o universo, com a sensação de que existe uma base holística e unificada para ele, tem tentado e inspirado mentes ocidentais há pelo menos dois mil e quinhentos anos. Na Grécia Antiga, a fonte da cultura ocidental, os filósofos pré-socráticos dos séculos VI e VII a.C. marcaram uma ruptura brusca com a visão mitológica de poetas como Hesíodo e Homero.

Tales, Anaximandro, Anaxímenes, Pitágoras, Parmênides e os seus sábios companheiros foram os precursores dos cientistas dos séculos posteriores.

Matemáticos e astrônomos, bem como pensadores filosóficos, criaram teorias decididamente não mitológicas sobre a origem e natureza do mundo físico. Talvez a sua principal preocupação fosse localizar aquilo a que hoje chamaríamos de uma teoria unificada sobre a natureza da Natureza.

- Tales (624 a.C. – 546 a.C.) especulou que a água era a origem e a base de tudo – todas as coisas surgiram da água, acabaram por se resolver na água e, através de todas as mudanças no campo do "tornar-se" que é a natureza, mantiveram a sua essência como água.
- O princípio de que todas as coisas derivam de uma fonte física comum é chamado monismo material. Outro filósofo grego com este ponto de vista foi Anaxímenes (585 a.C. – 528 a.C.), que ensinou que a substância fundamental

subjacente era o ar, e não a água. Anaxímenes postulou que o ar pode ser simultaneamente condensado e rarefeito, produzindo diferentes materiais. Quando afinado, torna-se fogo; quando condensado, torna-se névoa ou nuvens, água, depois terra, depois pedras. "Todo o resto", disse ele, "provém destes". Não será isto semelhante ao que temos acreditado ou teorizado desde então sobre átomos, depois partículas subatômicas, depois os reinos quânticos?

- Anaximandro (610 a.C. – 546 a.C.) postulou que a essência e a "primeira causa" de todas as coisas tinha de vir de um reino para além de elementos como a água ou o ar – um campo de ser a que ele chamou o Ilimitado ou o Infinito. Uma antiga fonte disse dele: "Ele disse que o primeiro princípio das coisas é da natureza do infinito, e daí surgem os céus e os mundos neles". (1)
- O filósofo Heráclito (535 a.C. – 475 a.C.) ensinou que toda a vida era Uma, e a sua essência não é qualquer "coisa" material, mas uma mudança perpétua. Ele comparou isto ao fogo, que arde em padrões em constante mudança, embora alguns estudiosos o considerassem como a substância real, como o ar ou a água, que está por baixo do mundo.
- A teoria de Leucipo dos átomos indestrutíveis como fundamento do mundo material estava 2.500 anos à frente do seu tempo.
- Parmênides vê o Um: o filósofo grego Parmênides (515 a.C. – 460 a.C.) ensinou que o que é, é eterno e imutável. "O Ser (...) é universal, existindo sozinho, imóvel e sem fim; nem nunca foi nem nunca será, pois agora é; todos juntos, um, e contínuo (...) Não permitirei que diga ou pense que veio do não-ser(...) Nem (...) que alguma coisa brotou do Ser, exceto o próprio Ser." (2)

É espantoso o que estes primeiros pensadores foram capazes de realizar sem o benefício de quaisquer instrumentos de alta tecnologia ou matemática avançada, apenas por pensarem profundamente. Muitos deles tinham intuições que eram paralelas, ou pelo menos apontavam para os conhecimentos modernos. Agora, devido aos avanços da ciência, estamos finalmente à beira de honrar esses pensadores visionários com uma explicação clara que verifica o que eles intuitivamente sabiam.

O progresso para este entendimento de "unidade científica" tem sido constante e excitante, reunindo repetidamente diferentes teorias em uma síntese mais coerente e unificada.

O primeiro grande passo ocorreu em meados do século XIX, quando o teórico britânico James Clerk Maxwell construiu, com base nas experiências de Michael Faraday, a teoria do Eletromagnetismo de Maxwell, que conectou dois domínios que anteriormente tinham sido considerados não relacionados: o magnetismo e a eletricidade.

O Eletromagnetismo é agora reconhecido como uma das quatro forças da natureza, juntamente com a gravidade e as forças nucleares fracas e fortes. A teoria de Maxwell ainda se mantém, embora tenha sido complementada pelo que é conhecido como Eletrodinâmica Quântica (QED), que tem em consideração fenômenos subatômicos desconhecidos no século XIX.

O passo seguinte levou quase uma centena de anos. Veio em 1967 quando três cientistas internacionais (de Harvard, Trieste e Nova Zelândia), combinaram as forças eletromagnéticas e fracas na Unificação Eletrodébil pela qual ganharam o Prêmio Nobel em 1979. O passo seguinte na unificação acrescentou a força nuclear forte à Unificação Eletrodébil e passou a ser chamado de Grande Unificação.

O próximo passo necessário para uma verdadeira Teoria do Campo Unificado, ou Teoria de Tudo, requer a inclusão da gravidade, o que até agora tem se revelado difícil de alcançar.

A maioria dos cientistas acredita agora que existe algo como uma Superunificação, mas para demonstrá-la experimentalmente, a energia que teria de ser gerada em laboratórios como o

Grande Colisor de Hádrons (LHC), na Suíça, está para além das capacidades atuais e de quaisquer tecnologias futuras previsíveis.

Esta busca para compreender sobre do que é feita a natureza levou os cientistas a olharem para baixo do visível: do nível celular para molecular, atômico, nuclear, subnuclear, unificação eletrodébil e grande unificação – muitos milhões de vezes mais diminuto do que o núcleo atômico – e, finalmente, para uma teoria unificada de tudo.

Esta marcha de descobrimento desconstruiu essencialmente o universo material, fraturando-o em pequenos pedaços de energia e depois dissolvendo esses mesmos pedaços em campos fluidos e abstratos de energia pura, que parecem emergir de um campo ainda mais sutil, que algumas das maiores mentes científicas não parecem conseguir abster-se de chamar "campo de Consciência ou inteligência".

A resposta dada por Sir James Jeans[5] a uma pergunta sobre as suas crenças, durante um discurso proferido na Associação Britânica em 1934, é bastante representativa das afirmações que faço, tal como pode ser verificado por fontes secundárias:

> Inclino-me para a teoria idealista de que a Consciência é fundamental, e que o universo material é derivado da Consciência, e não da consciência do universo material (...) Em geral, o Universo parece-me estar mais próximo de um grande pensamento do que de uma grande máquina. Poderia muito bem ser, parece-me, que cada consciência individual deva ser comparada a uma célula cerebral numa mente universal.

Este conceito da natureza das coisas, disse James Jeans (1930), é "muito diferente do materialismo proibitivo do cientista vitoriano". No seu livro, *The Mysterious Universe*, (3) Jeans

---

5. Sir James Jeans (1877-1946) foi um físico, astrônomo e matemático britânico.

afirmou que a investigação – mesmo já nos anos 30 – sugeria que "(..) a corrente de conhecimento se dirige para uma realidade não mecânica (...). A mente já não parece ser um intruso acidental no reino da matéria (...) devemos, antes, saudá-la como criadora e governadora do reino da matéria".

Erwin Schröedinger[6] colocou-o desta forma: "A consciência não pode ser descrita em termos físicos. Pois a consciência é absolutamente fundamental". (4)

O biólogo americano George Wald outro laureado com o Prêmio Nobel, formulou-o desta forma:

> A mente, em vez de emergir como um resultado tardio na evolução da vida, sempre existiu como a matriz, a fonte e a condição da realidade física – aquilo de que a realidade física é composta é matéria da mente. Aquilo que reconhecemos como o universo material, o universo do espaço e do tempo e as partículas e energias elementares, é, então, o universo da mente (...) a materialização da mente primordial. Nesse sentido, não há espera para que a Consciência surja. Está sempre lá. (5)

Então, como pode a mente, querer que pensemos nela como "nossa" mente ou a inteligência da Natureza (da qual fazemos parte), ser vista como o "criador e governador" do universo físico?

Campos e partículas

Tenho usado o termo "campo" assumindo que estão familiarizados com ele no sentido da física, mas talvez valha a pena tirar um momento para olhar para o que se entende por campos, já que são fundamentais para a nossa discussão.

---

6. Erwin Schrödinger (1887-1961) foi um físico e filósofo austríaco, irlandês naturalizado.

Se alguma vez segurou um ímã em cada mão e lentamente os aproximou, descobriu a teoria do campo (tudo bem, talvez não exatamente...). Se os polos forem os mesmos, digamos, de negativo para negativo, sentirá uma repulsa como se os ímãs fossem, como que magicamente, afastados um do outro. Se os polos forem opostos, haverá uma atração puxando os ímãs um do outro. A "ação" que ocorre é essencialmente o trabalho do campo magnético, animado no espaço entre as barras metálicas.

O campo gravitacional (também conhecido como gravidade) da Terra exerce uma força atrativa não só no nosso planeta, mas estende-se ao espaço e, por exemplo, fornece a quantidade exata de força para manter a Lua em órbita.

Da mesma forma, existem campos para cada força (eletromagnetismo, interações fortes e fracas, bem como a gravidade), e para cada partícula.

Na física contemporânea, cada partícula fundamental é entendida como sendo uma excitação de um campo quântico. Ao contrário das partículas (assim como mesas e árvores e todos os outros objetos físicos), que são localizáveis num ponto, os campos são estendidos no espaço. As partículas, teoricamente, têm um impulso e uma trajetória; os campos oscilam e ondulam, como a água na superfície de um lago. Ondas ou ondulações no campo eletromagnético, incluindo raios X, micro-ondas, ondas de rádio, luz visível e luz invisível, tais como ultravioleta (UV) e infravermelha, são bem compreendidas como ingredientes primários da natureza.

Nos seus primeiros anos, a física quântica – a exploração do reino dos átomos e moléculas – era conhecida como "mecânica quântica", o nome que indica as suas origens na visão clássica newtoniana da natureza. (Não há "mecânica" em campos abstratos e fluidos.) Por vezes também era chamada "partícula fina" ou apenas "partícula" física para a diferenciar da física dos objetos em queda e das bolas de bilhar em colisão, exemplos frequentemente utilizados nas aulas de física da escola secundária para demonstrar o princípio da física clássica – se conhecesse os fatos sobre um sistema físico – a posição, a velocidade e a massa das bolas de bilhar rolando sobre a mesa – poderia prever o resultado. Embora isto se mantenha verdadeiro em relação à superfície, ao nível macroscópico da realidade, simplesmente não se aplica no reino dos átomos e "partículas" subnucleares, que são caracterizadas pelo menos em parte pela probabilidade e aleatoriedade.

A física newtoniana clássica descreve brilhantemente o nível macrocósmico. Até quando os cientistas não tinham algum conhecimento de quaisquer dimensões mais refinadas do que as do mundo físico, a mecânica quântica não era necessária e nem mesmo sonhada. Mas, assim que essas camadas mais sutis começaram a se fazer presentes, descobriu-se que o que acontecia nessas escalas era diferente da forma como as coisas interagiam a nível macroscópico. A previsibilidade e a certeza geradora de confiança e cumpridora da lei, desmoronou-se. Os investigadores descobriram que simplesmente não conseguiam determinar, por exemplo, a localização exata dos elétrons que deveriam estar em órbita no núcleo atômico.

Hoje, todos nós conhecemos muitos fatos importantes sobre os quais, há cem anos, os cientistas não faziam a menor ideia. Tinha-se acreditado – e demonstrado – que as leis da natureza se aplicavam em todas as partes. A massa, o impulso e outros aspectos básicos do mundo físico eram universalmente compreendidos. Assim, os investigadores dos reinos sutis ficaram perplexos, frustrados, e, muitas vezes, descrentes quando descobriram que as velhas leis fiáveis da natureza não explicavam o que agora observavam. As velhas leis simplesmente não funcionavam no domínio do átomo.

A fim de descrever adequadamente a natureza neste nível mais profundo e fundamental, foi desenvolvido um novo quadro conceitual – uma nova lógica e uma nova matemática. Esta era a mecânica quântica, o estudo das ações e interações de partículas muito, muito pequenas. Foi o início de uma revolução científica.

Em cerca de vinte anos, após o advento da mecânica quântica na virada do século XX, os físicos tornaram-se capazes de sondar ainda mais profundamente o fino tecido da criação. À medida que a investigação avançava e o núcleo atômico e as partículas que o compõem (quarks, leptons e outros) vinham à luz, mais uma vez uma nova linguagem matemática tinha de ser concebida. O resultado foi o que é conhecido como Teoria Quântica de Campo. Com este passo adiante, a física quântica evoluiu do seu início, centrado nas partículas, para o estudo dos campos subjacentes às partículas.

Seguindo esta ordem de ideias, o Prêmio Nobel Frank Wilczek e a sua esposa, Betsy Devine, escreveram no seu livro deliciosamente intitulado *Fantastic Realities: 49 Mind Journeys and a Trip to Stockholm:*

> (...) os elétrons já não são partículas em movimento no espaço, elementos de realidade que em um determinado momento estão "apenas lá e não em qualquer outro lugar". Pelo contrário, definem padrões de ondas oscilatórias, que preenchem o espaço sempre: aqui, ali e por todo o lado. (6)

Em seu artigo *Quantum Field Theory*, Wilczek (1999) escreveu:

> Os elementos primários da realidade não são partículas individuais, mas sim campos subjacentes. Assim, por exemplo, todos os elétrons são apenas excitações de um campo subjacente, naturalmente chamado campo de elétrons, que preenche todo o espaço e tempo.

Num artigo no *American Journal of Physics* intitulado *Não há partículas, há apenas campos*[7], Art Hobson, professor emérito de

---

7. Tradução de *There Are No Particles, There Are Only Fields*.

Física da Universidade do Arkansas, perguntou: "Serão os constituintes fundamentais [da natureza] campos ou partículas?" e respondeu inequivocamente: "a experiência e a teoria implicam que campos não vinculados, não partículas vinculadas, são fundamentais". As partículas, neste ponto de vista, "são epifenômenos que surgem dos campos". (7)

As principais mentes da física agarram-se agora a este ponto de vista. Steven Weinberg[8], por exemplo, distinto professor de Harvard e laureado com o Prêmio Nobel, escreveu:

> Tal como existe um campo eletromagnético cuja energia e momento vem em pequenos feixes chamados fótons, também existe um campo de elétrons cuja energia, momento e carga elétrica se encontram nos feixes a que chamamos elétrons, e, da mesma forma, para todas as espécies de partículas elementares. Os ingredientes básicos da natureza são os campos; as partículas são fenômenos derivados. (8)

Este entendimento – da primazia dos campos sobre as partículas, do abstrato sobre o concreto – leva-nos um passo mais perto de sermos capazes de abandonar confortavelmente o fisicalismo em favor da Consciência não-física como campo fundamental da vida e da natureza.

É apenas um pequeno passo desde esta explicação dos campos até o entendimento de que, ao contrário da visão dominante de que a matéria é primária e a Consciência um mero epifenômeno, tanto quanto sabemos hoje em dia, é mais adequado assumir que a Consciência é primária, e a matéria é o derivado. No entanto, algumas das Teorias do Campo

---

8. Steven Weinberg, nascido em 1933, é um físico americano. Ganhou o Prêmio Nobel da Física de 1979 juntamente com Abdus Salam e Sheldon Lee Glashow por combinar o eletromagnetismo e a força fraca no modelo de força eletrofraca.

Unificado mais aceitas, como as Teorias das Supercordas[9] ou a Teoria M – embora dizendo que o Campo Unificado não é material – ainda se agarram à suposição de que é "algo" físico.

Contudo, na nossa descrição da realidade última, estamos levando a definição um passo mais longe ao dizer, categoricamente, que o Campo Unificado Supremo é um campo de Consciência que é não-material. Não é feito de partículas nem de energia, como a energia física é geralmente entendida. Este campo não pode ser descrito através de fórmulas da física. É não-físico e não tem nada de físico.

A natureza está estruturada em camadas coexistentes e níveis de ser. Olhando para isto, da nossa perspectiva humana, observaríamos que as camadas começam com as perceptualmente superficiais, macroscópicas e concretas, e descem através de níveis cada vez mais sutis até ao microscópico e, mais além, até aos campos abstratos e à totalidade unificada no núcleo.

---

9. Teoria das Supercordas. Esquema teórico para explicar todas as partículas e forças fundamentais da natureza numa única teoria que modela as partículas físicas e os campos como vibrações de finas cordas supersimétricas, que se movem num espaço-tempo de mais de quatro dimensões.

Capítulo 5

A ciência emergente da Consciência

Um campo unificado – um campo de Consciência!

Quanto mais fundo entramos na sua estrutura, mais vibrante se torna a natureza energética. A energia nuclear é muito mais poderosa do que a energia química, e opera a um nível literalmente um milhão de vezes menor.

Assim, o Campo Unificado tal como o definimos hoje é um campo de silêncio abstrato, mas ao mesmo tempo, um campo insondavelmente dinâmico de potencial infinito, o útero de todas as expressões da natureza a todos os níveis, a fonte de criatividade imensurável – bem como a fonte potencial de destruição inconcebível.

Tal como a organização estratificada da natureza, desde submicroscópica até macroscópica, desde ondas de probabilidade e campos quânticos até montanhas e planetas, os nossos corpos são também uma maravilha com muitas camadas. Tudo, animado e inanimado, orgânico e inorgânico, tem a sua base em um Campo Unificado e floresce em estruturas e subestruturas pequenas e depois maiores. Dessa forma, os nossos corpos, em um nível mais profundo, são campos e padrões de campos que interagem para gerar átomos – principalmente oxigênio, hidrogênio, carbono e nitrogênio – que, por sua vez, formam moléculas incluindo proteínas, carboidratos, gorduras, e os ácidos nucleicos que compõem o nosso material genético, o DNA.

As moléculas são a base do nível superior seguinte: as células – que contêm numerosas organelas tais como mitocôndrias e núcleo – e que se juntam para formar órgãos (coração, pulmões, fígado etc.), que, por sua vez, se juntam em sistemas de órgãos para executar tarefas vitais tais como digestão, respiração, e assim por diante. A emergência de camadas estruturais que se estendem de sutis a grosseiras ocorre em todos os lugares na natureza, incluindo em nosso próprio corpo.

A estrutura da nossa vida humana em sociedade segue este mesmo padrão de camadas e níveis. Os indivíduos são obviamente as unidades básicas da sociedade; as famílias são o nível seguinte, a partir daí formam-se comunidades, cidades, estados e províncias, nações e, em última análise, toda a família mundial.

Todos os níveis do Ser, portanto, quer falemos de física, biologia ou da mente, estão simultaneamente presentes, e a nossa concepção do que é verdadeiro e real depende de onde, dentro desse continuum do abstrato ao concreto, do oculto ao óbvio, focamos a nossa atenção – desde qual ângulo, desde qual perspectiva ou ponto de vista examinamos a realidade.

No nível da superfície, com base na nossa experiência sensorial, apenas objetos e coisas materiais parecem reais. Na busca pela "realidade última", contudo, faz todo o sentido dizer que as partículas são derivações ou expressões de campos; ou "o Campo Unificado é a única realidade última", porque, no fundo, sob todas as camadas e expressões, é isso que se encontra: aquele nada infinito e ilimitado.

Em última análise, tudo é feito a partir disso. É como uma pulseira de ouro, um anel de ouro, uma corrente de ouro, e uma estátua de ouro. São diferentes no seu nível objetivo, mas são todos padrões diferentes do mesmo material: ouro. A forma pode mudar, mas a essência permanece constante.

Sentamo-nos em mesas reais; falamos com os nossos amigos reais e comemos frutas e legumes. Mas, ao mesmo tempo, podemos compreender e perceber que os amigos, mesas e jantares são, em última análise, como dizem os Upanishads, "nada mais do que Isso" no seu nível fundamental de ser, como todos nós somos.

Mas há também Paris e Chicago, cachorros e laranjas, todas as pessoas e lugares e toda a espantosamente bela diversidade do mundo. Só conhecemos parte da verdade quando vivemos apenas na diversidade, no chamado campo "relativo". Conhecemos toda a história, toda a verdade, apenas quando podemos perceber a totalidade imutável, a unidade "subjacente" (que está presente e viva em todos os níveis, não em algum reino oculto), juntamente com a variedade infinita, sempre em mudança.

Então, só porque descobrimos átomos, e percebemos que as moléculas são construídas de átomos, não significa que então afirmemos que as moléculas não existem. Isso colocaria os químicos e biólogos fora do negócio e, se fosse verdade, seria o fim da vida. As moléculas existem em um nível, átomos em outro, leptons, quarks, neutrinos em outro; tudo na grande totalidade, que é, em última análise, um Campo Unificado, uma singularidade. Esta singularidade, este Campo Unificado primordial, é um campo puro de Consciência.

Tal como aquelas pulseiras douradas, estátuas douradas e correntes douradas são todas feitas de ouro – elas são ouro, o ouro é o material que as faz – ainda assim, todos os objetos, fenômenos, camadas de energia, e matéria são esculpidos na Consciência. A Consciência é o material escondido que se esculpe em objetos, planetas, estrelas, animais, humanos e tudo o que dizemos existir no nosso universo.

É uma amplificação mental se tentarmos levar tudo isto em consideração intelectualmente, mas descobri que chega um momento na nossa evolução em que ela se torna absolutamente real no nível da experiência direta. É por isso que, através dos tempos, as pessoas que querem saber a verdade e que intuitivamente compreendem o potencial infinito que acompanha o ser humano nesta Terra, apreciam a meta – e o caminho para a meta – do que é chamado "iluminação".

A maioria de nós vê o mundo através do mesmo paradigma científico fundamental que tem prevalecido há cerca de 350 anos no mundo ocidental. Esta visão entende o mundo como sendo feito de coisas físicas, materiais. É também um princípio central da nossa visão do mundo científico que a nossa consciência deriva ou é uma expressão do sistema nervoso físico e do cérebro. Estas duas noções são fundamentais para a forma como entendemos o mundo. Elas também são incorretas.

Consciência, um mistério!?

Os cientistas estão recolhendo grandes quantidades de dados sobre vários modos e permutações de Consciência e sobre como estes dados estão correlacionados com vários processos fisiológicos, bioelétricos e químicos no cérebro e no corpo, e, assim, aprenderam muito. Isto terá um impacto positivo na saúde e no bem-estar.

O que os cientistas não sabem é como a Consciência abstrata, não-física e as experiências conscientes subjetivas podem eventualmente emergir da matéria – ou se, de fato, o fazem.

Até recentemente, os cientistas geralmente não tinham levado a Consciência a sério como algo para estudar. Esta é a consequência natural de uma prática da ciência que tem tudo a ver com os objetos estudados, e não tem nada a ver com o sujeito que estuda o objeto. Este tem sido o impulso central da ciência durante os últimos cem anos. Tem posto de lado a subjetividade como demasiado variável e condicional, e procurou em vez disso observar, medir, compreender, e manipular o mundo material, físico.

Nos meus estudos e pesquisas médicas, a Consciência como tal nunca foi um tema de estudo. Aprendemos sobre sono, sonho e vigília, bem como vários estados alterados de Consciência, tais como estados vegetativos e coma. As questões afeitas à essência da Consciência, de onde ela vem ou como se relaciona com o físico, foram deixadas para o campo da filosofia, e, em certa medida, ao da psicologia e da investigação psicanalítica. Foi só quando comecei a praticar a Meditação Transcendental® e conheci Maharishi que comecei a compreender a plena relevância da Consciência.

A antiga tradição védica da qual Maharishi provém fornece uma teoria e ciência completas com tecnologias práticas para o estudo, compreensão e aplicação da Consciência. Da mesma forma que a tradição ocidental tem enfatizado os aspectos exteriores e a percepção física da existência, na antiga tradição védica a ênfase foi colocada no mental, no interior, na Consciência. A ciência moderna desenvolveu várias técnicas de investigação e métodos computacionais com uma vasta gama de aplicações no campo material. Da mesma forma, a antiga tradição védica tem técnicas e métodos com uma vasta gama de aplicações no campo da Consciência.

Porém, não nos enganemos: o foco nos aspectos físicos da existência teve um enorme valor e transformou a forma como vivemos. Contudo, esses avanços e as suas utilizações abusivas trouxeram também uma capacidade destrutiva sem precedentes, poluição, aniquilação de espécies e mesmo de ecossistemas inteiros, e outros horrores na sua esteira.

Um portal para uma forma diferente de pensar foi aberto no início do século XX, quando um pequeno número de cientistas que trabalhavam em física subatômica descobriu que a Consciência do observador não podia ser completamente separada ou desligada do comportamento do objeto de observação.

Alguns pensadores profundos sabem disso há séculos. Colocado nos seus termos mais simples: a Consciência é fundamental para toda a experiência, seja no contexto das nossas percepções cotidianas, seja naquele das medições minuciosamente calculadas e executadas pela ciência. Os cientistas, empenhados na objetividade, também chegaram relutantemente a esta conclusão. Em uma observação frequentemente citada, John Wheeler, o distinto professor de física de Princeton, disse:

> Nada é mais importante sobre o princípio quântico do que isto, que destrói o conceito de mundo "sentado lá fora", com o observador separado dele em segurança por uma placa de vidro de 20 centímetros de espessura. Mesmo para observar um objeto tão minúsculo como um elétron, ele deve partir o vidro. Ele tem de

chegar lá dentro. (...) Além disso, a medição altera o estado do elétron. O universo nunca mais será o mesmo depois. Para descrever o que aconteceu, é preciso riscar a velha palavra "observador" e colocar no seu lugar a nova palavra "participante". Em certo sentido estranho, o universo é um universo participativo. (9)

Este reconhecimento da primazia da Consciência tornou-a não apenas um campo de estudo respeitável, mas colocou-a na vanguarda do pensamento científico e da investigação. Chamando a atenção para "um novo campo estimulante: a ciência da Consciência", o psicólogo de Harvard Steven Pinker salientou que "questões outrora confinadas a especulações teológicas e sessões noturnas de dormitórios estão agora na linha da frente da neurociência cognitiva". (10) Não somente este é um tema quente entre os pensadores progressistas e avançados, como até os livros escolares conservadores da universidade dedicam, agora, pelo menos um capítulo ao tema.

No entanto, o campo familiar e íntimo da nossa própria Consciência é, desde a atual perspectiva científica, uma espécie de anomalia. Como afirmam os autores dos livros-texto padrão da neurociência fundamental, "a Consciência vem como uma surpresa total; não parece seguir-se de nenhum fenômeno na física ou biologia tradicional". Para que haja uma ciência da Consciência viável, argumentam os autores, esta deve ser capaz de responder à pergunta crítica: "Qual é a natureza da relação entre a mente imaterial e consciente e a sua base física nas interações eletroquímicas do corpo?" A ciência está longe de ter essa resposta. (11)

O filósofo David Chalmers está no mesmo ponto com a sua própria investigação e raciocínio. "Penso que estamos numa espécie de impasse aqui", disse ele em uma palestra do TED em 2014 (12). "Temos esta maravilhosa, grande cadeia de explicação (...) onde a física explica a química, a química explica a biologia, a biologia explica partes da psicologia." Mas, ressalta ele, a Consciência não se enquadra neste quadro. Por um lado, é um simples fato que estamos conscientes. Por outro lado, "não sabemos como acomodá-lo na nossa visão científica do mundo". Portanto, penso que a Consciência neste momento é uma espécie de anomalia, que precisamos integrar na nossa visão do mundo, mas que ainda não vemos como. Face a uma anomalia como esta, podem ser necessárias ideias radicais. Podemos precisar de uma ou duas ideias que inicialmente pareçam loucas antes de podermos dominar cientificamente a consciência.

É notável que a Consciência tenha levado tanto tempo para ser vista como uma área de estudo legítima e significativa, pois não só é absolutamente fundamental para toda a experiência humana, como é também um campo muito vasto, complexo e multidimensional.

De um ponto de vista, é extremamente simples: trata-se apenas de estar desperto e consciente. Mas depois, há o subconsciente e o inconsciente, há estados alterados, estados mais elevados de Consciência, bem como estados disfuncionais e deficientes. Há a interação da nossa experiência subjetiva e o material físico do sistema nervoso. Com tudo o que aprendemos sobre Consciência, há muito mais que ainda não sabemos. Afinal o que é a Consciência, e como é que ela surge?

Consciência e matéria, mente e cérebro, foram por vezes considerados como estando interligados, e, por vezes, como separados e distintos. O chamado "dualismo cartesiano" postulado pelo matemático e filósofo francês do século XVII René Descartes traçou uma linha divisória nítida entre mente e corpo que influenciou profundamente o pensamento no mundo ocidental durante séculos. Ao relegar a mente e a matéria a separar categorias ontológicas (embora ele propusesse, incorretamente, que elas poderiam interagir através da glândula pineal no profundo do cérebro), Descartes diferenciou o que se tornou o materialismo objetivo e científico do reino subjetivo do pensamento e da espiritualidade, uma separação que contribuiu para o início da era científica moderna, mas que também gerou enormes mal-entendidos. Esta divisão está agora sendo curada por novos conhecimentos que apoiam a sensação de que a vida é um todo indivisível.

Nada é mais íntimo e central para a vida de um ser humano do que a nossa consciência. É o fundamento de toda a nossa experiência. Seria difícil – se não fosse uma impossibilidade categórica – imaginar uma experiência que poderíamos ter sem estarmos conscientes. Todas as nossas percepções, toda a nossa compreensão, e toda a nossa comunicação com os outros, estão baseadas na Consciência. Pensamento, emoção, discernimento, memória, planejamento, tudo depende da Consciência. É o elemento único, fundamental na base de tudo o que pensamos e fazemos, tudo o que experimentamos, tanto internamente como em todo o mundo à nossa volta.

Nas palavras de António Damásio, professor de Neurociência na Universidade do Sul da Califórnia e professor adjunto no Instituto Salk:

> Sem a possibilidade de mente consciente não teríamos qualquer conhecimento sobre a nossa humanidade, não teríamos qualquer conhecimento sobre o mundo. Não teríamos dor, mas também não teríamos alegrias. Não teríamos acesso ao amor ou à capacidade de criar. (...) Sem Consciência, não teríamos acesso à verdadeira felicidade, ou à possibilidade de transcendência.

"Consciência" é uma parte do nosso vocabulário diário. Desde que o Movimento das Mulheres nos anos 70 popularizou a ideia de "elevação da consciência", conceitos paralelos tais como: consciência ecológica, consciência social, consciência nacional, consciência de saúde, consciência coletiva, e consciência global tornaram-se predominantes, todos com um fio comum de que é importante estar desperto e consciente, e, sempre que possível, tornar-se mais desperto e consciente, e mais conhecedor, se quisermos resolver as miríades de problemas com os quais nos deparamos.

Como Albert Einstein salientou, não podemos resolver os problemas que enfrentamos usando o mesmo calibre de inteligência com que criamos os problemas. Nestas poucas palavras, o grande homem resumiu o nosso dilema humano e estabeleceu a razão mais persuasiva para o estudo e expansão do desenvolvimento da Consciência. Pede-nos que consideremos qual nível de inteligência e compreensão temos, tanto como indivíduos, quanto como espécie, e nos convida a elevar esse nível. Quão claramente percebemos, quão profundo (ou superficial) é o nosso pensamento? Será que temos, talvez, um conhecimento profundo apenas de uma pequena largura de banda de informação, mas não a compreensão de largo espectro do todo em que se enquadra esse segmento estreito de conhecimento? Ou, formulado de forma diferente, somos especialistas em um campo, ao mesmo tempo em que não vemos – e, talvez, nem sequer consideremos – como é que o conhecimento que temos interage com outros campos e afeta a vida dos outros, sejam eles humanos ou não?

No entanto, a ciência, na sua tentativa de estudar apenas o que é mensurável e quantificável (ou talvez considerando-se puramente relegada a esse requisito), durante muito tempo excluiu completamente o estudo da Consciência, com o fundamento de que não somente é subjetiva, mas também abstrata e não-física, portanto, não mensurável. Só nos últimos anos é que o estudo da Consciência tem regressado, e agora está fazendo isso em grande estilo.

Uma pesquisa recente no Google por "consciência" produziu 91 milhões de resultados; a *Amazon* listou mais de 30 mil livros sobre o assunto. Milhares de artigos, blogs, seminários e conferências em todo o mundo são dedicados à compreensão da Consciência. Os laboratórios científicos das universidades estão estudando os seus correlatos neurofisiológicos: o que é que sucede no cérebro quando experimentamos vários estados de consciência? Alguns investigadores de Consciência estão se bifurcando em campos muito além das áreas usuais do escrutínio científico: estados alterados de Consciência, fenômenos psíquicos e estados superiores de consciência estão todos começando a ficar sob a alçada e escrutínio minucioso da investigação da Consciência. Este não somente é um trabalho de importância crítica: ele também está muito atrasado!

Como será descrito mais à frente em detalhe, proponho que haja uma Consciência final que seja independente de qualquer proprietário, pessoa ou entidade. É uma essência não-material e impessoal e um tecido do qual tudo emerge. Refiro-me frequentemente a ela como Consciência Pura – a única, a realidade unificada. Escrevo esta Consciência com um C maiúsculo quando me refiro não à minha consciência, à sua consciência, ou a qualquer forma de consciência individual, localizada, mas à Singularidade que é a própria Consciência.

O QUE A CIÊNCIA "SABE" SOBRE A CONSCIÊNCIA – OU O QUE NÃO SABE

Para a compreensão científica moderna, a Consciência ainda é essencialmente um enigma. Não sabemos o que é ou de onde vem. Há muitas teorias, mas não há consenso. Vários filósofos, psicólogos e mesmo físicos têm as suas próprias abordagens. É um campo cheio de agitação e desacordo, um campo maravilhosamente ativo, borbulhando com ideias.

Podemos compreender facilmente por que é que as ciências físicas são tão universalmente perplexas pelo fenômeno da Consciência: é certamente um mistério como um feixe de neurônios, uma massa de matéria cinzenta e úmida. É capaz de realizar os milhões de cálculos que dão origem à experiência subjetiva de um indivíduo (ou se é isso que realmente está ocorrendo na cognição humana).

De alguma forma, se teoriza que o cérebro evoluiu de um estado anterior, mais primitivo, de um mingau biológico, para gerar obras-primas como a *Nona Sinfonia* de Beethoven, as complexas equações da matemática superior, *Hamlet* de Shakespeare, *David* de Michelangelo, e o *Grande Colisor* de Hádrons. No entanto, a resposta de alguns dos mais brilhantes cientistas da humanidade tem sido, na realidade, olhar para além do dilema, como se saltasse sobre a percepção da divisão entre o nosso ser físico e os fenômenos da nossa consciência como se tal divisão não existisse de fato.

Francis Crick, o biólogo molecular e neurocientista que recebeu o Prêmio Nobel pela sua codescoberta da estrutura molecular do DNA, é representativo da visão ocidental prevalecente da Consciência, o modelo fisicalista, quando afirma: "Você, suas alegrias e as suas tristezas...o seu sentido de identidade pessoal e livre arbítrio não são de fato mais do que o comportamento de um vasto conjunto de células nervosas e as suas moléculas associadas".

Certamente, existe uma correlação entre os estados cerebrais e a experiência subjetiva, mas dizer que uma pessoa "não é mais" do que a atividade de um conjunto de células nervosas não é apenas confundir correlação com causalidade, mas desvaloriza a rica complexidade e dignidade de cada ser humano. Para nós, há mais do que isso.

Apesar da autoconfiança de muitos, cujo pensamento é condicionado pela velha concepção materialista da realidade, ninguém sabe realmente qual é a ligação entre a estrutura neuronal do cérebro e a experiência subjetiva interna, aquilo a que os cientistas chamam *qualia*; coisas como sentimentos, a apreciação da cor e da música, a sensação de atração e aversão, e assim por diante. *Qualia* são os aspectos qualitativos e aparentemente incomensuráveis da nossa experiência subjetiva: como é ver um belo e colorido pôr do sol, ouvir uma canção amada ou mesmo simplesmente perceber "verde" ou ouvir uma nota tocada no piano – que teria um "toque" diferente da mesma nota tocada em uma flauta. Estas experiências diferem nitidamente em função da descrição objetiva da mecânica neurológica de ver, ouvir etc. Sensações físicas como a fome ou o calor, a gama de emoções como a alegria e o medo, e estados de humor como o tédio ou a inquietação, estão todos no reino da qualia vivida pessoalmente.

O filósofo e cientista cognitivo Jerry Fodor resume tudo isto: "Ninguém tem a mínima ideia de como qualquer material pode ser consciente. Ninguém sabe sequer como seria ter a menor ideia de como qualquer material poderia estar consciente"[10]. (13)

Conhecimento. Alerta. Atenção. Foco. Vigília. Podemos reconhecer que todos esses são aspectos da Consciência. Consciência, poderíamos dizer (de forma demasiadamente simplista), é a capacidade de estar consciente de algo, de estar acordado, de nos autoavaliar e de avaliar o nosso ambiente.

No entanto, não é assim tão fácil estabelecer uma definição. Qual seria, por exemplo, a diferença entre **consciência** e **Consciência**? Suponha que está dormindo, e que há alguns ruídos na rua que você não os ouve. Não está ciente deles, mas continua a ser um ser consciente, não é verdade? Não perdeu o seu estatuto de ser humano consciente, mesmo que, momentaneamente, não esteja consciente dos acontecimentos ao seu redor (embora, para ser claro, ainda esteja "consciente" de fenômenos internos mentais, como os seus sonhos, e o seu corpo esteja "consciente" e constantemente a ajustar-se a uma série de variáveis externas e internas tais como temperatura, oxigenação do sangue etc.). Assim, a consciência pode ser definida como a nossa capacidade de estar consciente de algo, enquanto a própria Consciência seria um estado de ser.

No entanto, imagine outro exemplo. Você é um convidado numa grande festa, em um salão de baile lotado com todo o tipo de pessoas, na sua maioria em pequenos grupos, cada um tendo conversas diferentes. Como pessoa consciente, você está naturalmente ciente da essência de algumas, embora, certamente, não de todas essas conversas. Parte do problema é que vários cientistas e filósofos utilizam estes termos de forma intercambiável, pelo que não é fácil estabelecer uma definição precisa, e, de fato, a ciência não o fez.

---

10. Em Fodor, J.A. *The Big Idea: Can There Be A Science of Mind?*, The Times Literary Supplement, 1992

Um entendimento relativamente novo na ciência é que existem vários estados discretos de Consciência. Até os anos 50, a ciência reconheceu apenas dois estados de Consciência: vigília e sono. Se atribuiu a cada qual sua própria atividade correspondente no corpo e no cérebro, gamas de ativação metabólica, e marcadores bioquímicos. Em 1953, com o REM, (movimento rápido dos olhos), o sonho foi descoberto, levando ao reconhecimento do sonho como um estado de Consciência separado, à medida que ondas cerebrais únicas, características do sonho, vinham à luz.

Sonhar está, naturalmente, longe de ser um fenômeno novo. É muito referido na Bíblia, onde os sonhos e a sua interpretação desempenharam frequentemente um papel importante na vida de patriarcas como Jacó (lutando com o anjo), e José (prevendo sete anos prósperos, "gordos" e sete anos magros), para não mencionar na literatura popular de todo o mundo durante milhares de anos. Os estudantes de filosofia indiana deliciaram-se – e coçaram as suas cabeças em perplexidade – com os sonhos dentro de sonhos no texto clássico de *Yoga Vasistha*. Mas, até que a atividade fisiológica e neurológica mensurável que acompanhou a experiência subjetiva dos sonhos pudesse ser identificada, monitorizada e quantificavelmente descrita, no que diz respeito à ciência, o estado de sonho poderia muito bem não ter existido.

Isto porque a vigília, o sono profundo, e o sonho são estados de Consciência e não apenas na esfera subjetiva. Cada um tem o seu próprio modo de funcionamento fisiológico correspondente, a sua "assinatura" física característica. As suas ondas cerebrais durante a vigília e os padrões que a sua fisiologia assume – incluindo taxa metabólica, atividade cardíaca, química corporal – são diferentes de quando se está sonhando ou quando se está em sono profundo.

Sonhar é principalmente explicado pela ciência médica como um meio de libertação de estresse, encenação de desejos inconscientes, e alívio do sistema nervoso. Se o ato de sonhar for comprometido durante muito tempo, isso leva a perturbações mentais e físicas. Independentemente do papel e significado dos sonhos, é interessante realçar como um modo de funcionamento do sistema nervoso, como durante um sonho, faz com que a experiência individual, sinceramente, acredite como sendo real, algo que é puramente ficcional e imaginário. Isto realça como a nossa percepção da realidade é muito subjetiva e depende do funcionamento do nosso sistema nervoso. Enfatiza o fato de que, na realidade, só percebemos os aspectos da realidade que os nossos instrumentos de percepção (cérebro, aparelhos sensoriais, sistema nervoso etc.) nos permitem experimentar.

Isto é ilustrado pelo fato de existir uma condição neurológica bem documentada conhecida como sinestesia, na qual dois ou mais sentidos de uma pessoa estão ligados, formando uma relação. Excitar um sentido irá estimular a experiência do outro. O efeito mais comum está nas pessoas que veem certas palavras ou letras em determinadas cores, onde todo mundo pode apenas ver o tipo negro. Acredita-se que pelo menos uma em cada 10.000 pessoas tem esta condição. Se é possível que tantas pessoas vejam realmente as coisas de forma tão diferente das outras pessoas, então parece provável que haja um número infinito de outras formas nas quais todos nós poderíamos perceber a realidade de forma diferente – e absolutamente única – se os nossos cérebros estivessem apenas ligados de forma diferente.

A relação entre Consciência e fisiologia é íntima e recíproca: cada mudança no seu estado fisiológico, incluindo fatores tão mundanos como a comida que comeu no almoço e se está descansado ou cansado, é acompanhada por uma mudança no seu estado mental-emocional. Do mesmo modo, quando a Consciência muda, (quer se trate de grandes mudanças, tais como de vigília para sono, ou de pequenas mudanças, tais como mudanças de humor ou percepções), há uma mudança paralela na ativação fisiológica. Isto está muito bem estabelecido e é por vezes referido como o "princípio psicofisiológico".

Imagine que você esteve em um longo passeio em uma trilha de montanha, e que se dirige agora para casa; a noite está chegando rapidamente, quando de repente você vê à sua frente, enrolada e aparentemente pronta para atacar, uma cobra! A reação de medo cria imediatamente cascatas químicas na sua fisiologia, a adrenalina inunda a sua corrente sanguínea, a sua tensão arterial sobe e o seu coração acelera e bombeia mais sangue, e assim por diante. Esta reação em cadeia foi estudada minuciosamente e agora segue descrito com um termo bastante assustador, reação do sistema psiconeuroendócrinoimune, o que significa que a sua percepção desencadeou uma mudança em larga escala no funcionamento corporal. E a questão é: afinal não era uma cobra, era apenas um pedaço de corda! Foi o pensamento que criou a reação física.

Mas continuemos a nossa exploração de como e até que ponto as nossas modernas ciências físicas e computacionais vieram expandir a nossa compreensão da Consciência, e em particular as várias formas psicofisiológicas ou "estados" que a Consciência parece tomar.

Embora a vigília, o estado de sono, e o estado de sonho sejam o que geralmente são considerados "estados normais" de Consciência, também parecem existir numerosos estados de Consciência debilitados ou induzidos. Um exemplo é a condição induzida pela anestesia, em que a um paciente são administrados certos químicos e é como se o cérebro adormecesse, desligando temporariamente a consciência.

Este estado quimicamente induzido tem enormes benefícios, facilitando cirurgias que salvam vidas e permitindo aos pacientes contornar enormes quantidades de dor – pense só por um segundo em todos os soldados feridos do passado que tinham sidos esmagados, despedaçados, ou membros gravemente infectados, serrados com o benefício apenas de uma dose de whisky e "morder a bala".[11] Mas apesar de se ter tornado uma parte fami-

---

11. Antes da descoberta da anestesia, durante a cirurgia, as pessoas eram obrigadas a morder algo duro para impedir que gritassem. No campo de batalha, o que estava mais disponível era uma bala ou uma correia de couro. Assim, os soldados mordiam a bala para poderem suportar a dor.

liar da vida moderna, a anestesia não pode ser chamada um estado normal de Consciência.

E, de fato, existe uma espécie de "família" de estados de consciência debilitados, tipicamente causados por lesões cerebrais e que se assemelham uns aos outros. No entanto, investigações recentes têm demonstrado serem bastante distintos:

- **Síndrome do encarceramento** – Neste estado verdadeiramente terrível, a pessoa está consciente, mas todos os músculos voluntários do corpo estão paralisados. A pessoa não pode se mexer, e por isso não pode se comunicar – uma exceção frequente é que os olhos podem deslocar-se e piscar, e este se torna o único meio de comunicação possível. A síndrome do encarceramento é causada por danos no tronco cerebral e porções do cérebro inferior, mas o funcionamento do cérebro superior (córtex) permanece em grande parte ou completamente intacto. Assim, a pessoa mantém a consciência e pode mesmo pensar de uma forma normal, mas não tem forma de se comunicar. A pessoa está aprisionada no seu próprio corpo.
- **Estado vegetativo** – Esta é uma condição semelhante, mas de certa forma oposta, em que as porções superiores do cérebro (hemisférios cerebrais) são danificadas enquanto as porções inferiores permanecem ilesas. Uma pessoa neste estado parecerá passar por ciclos normais de sono e vigília, e mostrará movimentos oculares e alguns reflexos motores, mas não terá aparente consciência de si própria ou de pessoas e eventos no ambiente.
- **Estado minimamente consciente** – Como o nome indica, uma pessoa minimamente consciente tem um grave, mas não completo desligamento da consciência e capacidade de resposta. Quando as ondas cerebrais e várias funções fisiológicas da pessoa são monitorizadas, parece que ela está passando por ciclos de vigília, sonho e sono, mas

é alguém que mal responde a quaisquer estímulos. Este estado é semelhante ao estado vegetativo, mas não tão extremo. Só muito recentemente é que os neurofisiologistas foram capazes de os distinguir, e é uma distinção importante, uma vez que uma pessoa minimamente consciente tem um prognóstico melhor para uma recuperação pelo menos parcial do que uma em estado vegetativo.

- **Coma** – Este é o exemplo extremo de uma consciência deficiente, em que uma pessoa não passa por ciclos de vigília, sonho e sono, é completamente indiferente, e parece estar totalmente inconsciente. No entanto, foram relatados numerosos casos clínicos em que uma pessoa em coma descreveu mais tarde, com grande precisão, conversas e eventos que ocorrem no seu ambiente quando se pensava que estavam inconscientes, e que o cérebro mal funcionava. Estes casos desafiam a compreensão predominante de que a consciência é causada ou criada pelo cérebro.
- Uma categoria que quase todas as pessoas experimentaram em um momento ou outro é uma forma de **"estado alterado"**, envolvendo alterações na consciência, humor ou percepção que podem ser precipitadas tanto involuntariamente, por fatores tais como febre alta, privação de sono ou psicose, ou intencionalmente, através do jejum, ou o uso de drogas psicotrópicas (que alteram a mente) incluindo marijuana e alucinógenos tais como LSD, "ecstasy" e mescalina. Por vezes assustadoras, por vezes extasiantes, geralmente em algum ponto intermediário, os estados alterados são, em regra, limitados no tempo a algumas horas antes de desvanecerem.
- Algumas pessoas têm **sonhos lúcidos**. Esta é uma fascinante variedade de experiências conscientes em que se está realmente sonhando, sabendo que se está sonhando, e que se pode controlar o sonho. É o realizador: pode controlar a história, alterar o resultado se não parecer demasiado

favorável, adicionar ou subtrair personagens, mudar de local... quase tudo vale. Se se encontra voando durante um sonho e gostar, pode decidir voar mais um pouco. Se acordar de um sonho lúcido por causa de alguma perturbação como um barulho, pode decidir voltar a dormir e pegar no fio e continuar o mesmo sonho.

- O **sonambulismo** é outro estado de Consciência bastante paradoxal e alterado. A pessoa sonâmbula normalmente levanta-se da cama no primeiro terço da noite, durante a fase de "onda lenta" da atividade cerebral, no final do ciclo normal do sono. Os seus olhos estão abertos, no entanto, estão absolutamente adormecidos e não têm autopercepção do que estão fazendo. Nos seus episódios de sonambulismo, que duram entre trinta segundos e meia hora, podem realizar uma série de atividades, desde simplesmente ir ao banheiro para limpar, cozinhar, ou até mesmo dirigir, mas muito raramente se lembram de algo pela manhã. O sonambulismo é mais comum nas crianças do que nos adultos e é geralmente ultrapassado ao final da adolescência.
- A **hipnose** é outro estado em que os indivíduos estão despertos, mas incomumente abertos à sugestão, pelo que a sua tomada de decisões está de certa forma sob o controle do hipnotizador. Como definido pela Clínica Mayo, é um "estado de transe em que se aumentou o foco e a concentração". A hipnose é frequentemente utilizada para promover relaxamento e calma; pode ser autoinduzida ou auxiliada por um terapeuta.

Em todo o momento, o seu cérebro está ocupado fazendo centenas, se não milhares de tarefas simultaneamente. Enquanto lê estas páginas com a sua atenção consciente, o seu cérebro está monitorando e a regulando dezenas de processos corporais internos, decidindo quais das atividades em que está envolvido precisam de se tornar conscientes para eventualmente serem levadas a cabo, "etiquetando" algumas novas informações para armazenamento como memória enquanto descarta outros dados recebidos. Tudo isto – e muito mais – acontece fora da sua consciência. De fato, a grande maioria das coisas que o cérebro faz nunca atinge a Consciência.

Existe algum debate sobre que aspectos desta atividade não consciente devem ser rotulados como "inconscientes" e quais são "subconscientes", embora eu pense que a maioria concordaria que se trata principalmente de uma diferença de grau. Os dados que são subconscientes estão próximos da superfície da Consciência, como indicações para chegar àquela loja do outro lado da cidade, números de telefone, e os nomes dos filhos de familiares, coisas que se sabe, mas que nem sempre se utilizam e que podem ser relativamente facilmente chamadas à consciência. O inconsciente, por outro lado, abriga memórias, medos e outros sentimentos que esquecemos, talvez por serem dolorosos, e aos quais não podemos facilmente acessar. Segundo este entendimento, que tem sido proeminente na cultura ocidental desde a época de Freud, grande parte da nossa vida mental tem lugar no escuro, por assim dizer, abaixo ou fora da nossa consciência, mas tem um efeito poderoso sobre a nossa vida no presente.

Este domínio também inclui fatores tais como as nossas crenças, que ditam o que pensamos ser certo e errado, possível ou impossível. O filósofo francês Jean-Paul Sartre desde cedo recusou-se a acreditar que havia um inconsciente, porque queria enfatizar a liberdade e a responsabilidade, e a capacidade de tomar decisões e traçar o seu destino.

Com base na Teoria do Inconsciente, os psicólogos falam de "aprendizagem implícita"; uma forma muito comum de processamento de informação que não é totalmente consciente ou intencional. Aprendemos a nossa língua materna desta forma, e muitos dos padrões comportamentais que imbuímos nos nossos ambientes familiares e culturais são aprendidos implicitamente, através do exemplo e de uma espécie de "osmose", em oposição à forma intencional como podemos aprender geometria, programação informática ou neuroanatomia.

Um fenômeno relacionado é chamado "memória implícita". Aprendemos determinadas competências, esquecemo-las e, quando necessário, podemos recordá-las facilmente. Andar de bicicleta, cortar legumes, dirigir um carro, escovar os dentes são todas aptidões deste tipo. Aprendê-las requer intenção ativa e atenção, mas uma vez aprendidas, tornam-se automáticas.

Isto é interessante de uma perspectiva neurológica, na medida em que a fase de aprendizagem ativa requer uma produção substancial de energia no cérebro, pelo que o metabolismo cerebral – utilização de oxigênio – aumenta. Uma vez aprendida a informação ou comportamento, a ativação energética diminui à medida que a informação é armazenada na memória. Então, para acessá-la e utilizá-la é fácil, não temos de pensar nisso.

Muitos de nós já tivemos a experiência de conduzir um carro como se estivéssemos em um modo "piloto automático", conseguindo, de alguma forma, conduzir alguns quilômetros enquanto pensamos em outra coisa estando com as nossas mentes conscientes empenhadas em resolver problemas ou sonhar acordados enquanto o nosso inconsciente lida com o carro. Esta é mais uma variação do jogo da Consciência.

Podemos também diferenciar entre Consciência "de fundo" e Consciência "de primeiro plano" ou Consciência real do presente. A Consciência de fundo é o nosso sentido de Self – quem sentimos que somos, a nossa identidade humana e pessoal. Embora não pensemos ativamente sobre isso durante o dia, todos temos um sentido geral de quem somos, o nosso nome, a nossa profissão, os nossos papéis e relações com os outros. Tudo isso passa despercebido nos bastidores da nossa Consciência. Em primeiro plano estão as especificidades da experiência atual; aquilo em que pensamos e onde colocamos a nossa atenção, as nossas percepções, pensamentos, intenções, desejos, e as ações que empreendemos.

O quarto estado de Consciência

Anteriormente, delineei brevemente o que poderia ser coletivamente descrito como os conhecidos estados anômalos de consciência neurológica, que parecem apoiar e minar a teoria de que a Consciência tem origem na matéria – ou seja, a matéria orgânica física do cérebro e do sistema nervoso. No entanto, para além dos três modos de Consciência que todos nós experimentamos habitualmente, a investigação desde os anos 70 identificou um quarto estado de Pura Consciência de importância crucial.

Alcançado durante a meditação profunda e caracterizado por uma combinação paradoxal de uma mente desperta, alerta (porém quieta e até mesmo silenciosa), juntamente com um corpo relaxado e repousante, este estado era conhecido e descrito em textos antigos do Yoga como *Turiya:* "o Quarto". Esta não é uma consciência acordada comum, na qual existe o observador (o seu Ser), juntamente com um objeto de percepção; não é um sono profundo e sem sonhos; e não é um sonho. É um quarto estado natural da Consciência humana. Como qualquer estado de Consciência, o quarto estado é caracterizado tanto por um componente subjetivo, mental, como por um conjunto de correlatos fisiológicos.

Muitas pessoas, na atualidade e ao longo dos séculos, relataram ter experimentado este estado de silêncio interior, conhecido na tradição do Yoga como *Samādhi,* embora eu me refira a ele como "Consciência Transcendental" ou "transcendência". Envolve uma quietude da mente e transcendência final que vai para além dos estados mentais ativos ou excitados para uma Consciência interior silenciosa e pacífica, muitas vezes luminosa. Neste estado, o indivíduo não experimenta qualquer pensamento ou objeto de percepção em particular, mas apenas a própria Consciência: a Consciência está desperta e aberta a si própria.

No budismo é o Nirvana. Em todas as tradições espirituais esta é uma experiência de algo para além dos sentidos, da mente e do intelecto. Sendo tão única, tão abrangente e tão realizadora levou as pessoas à busca espiritual e à rendição a algo superior e maior do que qualquer coisa que a mente e o intelecto possam conceber. A derradeira verdade está no Ser. Não apenas nos sentidos, não na mente ou no intelecto e nem mesmo no ego, mas no grande Ser, no Ser.

Em contextos religiosos ou espirituais, é, por vezes, caracterizada como comunhão com o divino, ou aquilo a que a Bíblia se refere como "a paz que ultrapassa todo o entendimento". Alguns descobrem que ela traz uma consciência que se desenvolve e amadurece na evolução da Consciência para além do estado transcendental interior, em direção a um sentido de unidade ou totalidade de toda a vida.

Muitos dos famosos santos da história descreveram este tipo de experiência, mas para aqueles de nós que nunca tiveram tais experiências é difícil apreciar que a Consciência é possível sem um objeto fora de si. Brentano, Husserl e Sartre, por exemplo, que provavelmente nunca tinham tido tal experiência, não conseguiram concluir que a Consciência pode existir sem um objeto e, por isso, o processo de autoconsciência na sua visão exigiu primeiro a percepção de um objeto. O que eles e outros não se aperceberam é que o objeto de Consciência pode ser (e, de fato, é sempre), a própria Consciência num processo de autorreferência ou autorreferencial. As suas conclusões basearam-se no raciocínio filosófico, na lógica e na sua experiência da realidade. Não tendo experimentado a Consciência Transcendental onde a Consciência se observa a si própria, não tinham forma de apreciar esta possibilidade. Husserl no final da sua vida postulou, contudo, a existência de um ego interior como um potencial objeto primário de Consciência.

Resolvendo o problema "difícil" sobre Consciência

Mais adiante neste livro terei muito a dizer sobre este crucial "Quarto Estado de Consciência" e o potencial que ele oferece à qualidade de vida de cada um. Mas, antes, quero deixar claro que estou apresentando a teoria de que a Consciência é fundamental, e o cérebro não é a fonte da nossa Consciência. No entanto, como já vimos, quando o cérebro é danificado ou prejudicado, acontece frequentemente que a Consciência da vítima fica diminuída ou parece desaparecer por completo. Se a Consciência é perturbada quando o cérebro não funciona normalmente, alguns podem ver isso como evidência de que o cérebro produz a Consciência.

A melhor maneira de tentar responder a isso é com uma analogia. Um rádio está sobre uma mesa. Até você ligar, ele não faz nada. Ligue-o e você ouve música. Se perguntarmos: "É a próprio rádio que produz a música?". É claro que a resposta é não. O rádio é um transdutor. Pega as ondas que vêm através da frequência de rádio e as transforma em ondas sonoras, e você ouve a música. Então, você pode dizer que o rádio produz a música porque se quebrar o rádio não obtém qualquer música. Mas o rádio não é a fonte da música. A fonte são as ondas.

O cérebro é um transdutor da Consciência. Ele pode experimentar a Consciência. Se o danificar, perderá a Consciência e então não ouvirá a música. Mas será o próprio cérebro o criador da Consciência? Não é.

A Consciência, na sua natureza essencial, está para além do cérebro e para além da individualidade. É um Ser puro ilimitado, o Ser de tudo e de todos, o Campo Unificado. Além disso, se a Consciência é tudo o que há, os neurônios, com as suas redes, são eles próprios padrões de Consciência. Neste caso, a modificação desses padrões de Consciência (fisicamente descritos como danos ou alteração da atividade neuronal), leva a uma experiência diferente na consciência do indivíduo. Isto seria então quase evidente ou mesmo óbvio.

**A Consciência, na sua natureza essencial,
está para além do cérebro.
e para além da individualidade.
É um Ser puro ilimitado,
o Ser de tudo e de todos, o Campo Unificado.**

A nossa fisiologia humana é uma máquina incrível, um instrumento sensível que pode experimentar diferentes aspectos da Consciência e mesmo vivê-la na sua totalidade. Mas não é o gerador, o criador da Consciência. Como veremos, o nosso corpo é um instrumento, ele próprio feito de padrões e redes de Consciência que aparecem como a estrutura a que chamamos o nosso "eu". Essa estrutura permite que aspectos específicos da Consciência sejam expressos, e que se desenvolvam para estados superiores.

Até onde a Consciência alcança?

Isso leva naturalmente à questão: quem mais possui a Consciência? *Homo sapiens* são conscientes, mas, e os macacos? Os cães? O que é a consciência de uma árvore? A Consciência é apenas uma característica humana?

Não há muito tempo, vários cientistas acreditavam que nós, humanos, éramos únicos na nossa capacidade de ser conscientes. Esta visão foi desacreditada, uma vez que a riqueza da investigação revelou os exemplos, por vezes espantosos, de inteligência animal. O notável primatologista, Frans de Waal (2016), em seu livro *Somos inteligentes o suficiente para saber quão inteligentes os animais são?*[12], destacou que:

> Quase todas as semanas há uma nova descoberta sobre a sofisticada cognição animal.... Ouvimos dizer que os ratos podem lamentar as suas próprias decisões, que os corvos fabricam ferramentas, que os polvos reconhecem rostos humanos, e que os neurônios especiais permitem que os macacos aprendam com os erros uns dos outros. Falamos abertamente sobre cultura entre animais e sobre a sua

---

12. Tradução livre de *Are We Smart Enough to Know How Smart Animals Are?*.

empatia e amizades. Já não há nada fora dos limites, nem sequer a racionalidade que por tempos foi considerada a marca registada da humanidade". (14)

Os elefantes, por exemplo, a que o filósofo grego Aristóteles chamou "o animal que ultrapassa todos os outros em inteligência e mente", têm uma memória a longo prazo que por vezes remonta a décadas e foi observado que chora a morte de um camarada caído. Um artigo recente na *Scientific American* observou que os elefantes (15) "(...) são utilizadores competentes de ferramentas e solucionadores cooperativos de problemas; são altamente empáticos, reconfortando-se uns com os outros quando perturbados; e, provavelmente, têm um sentido de si próprios".

Orangotangos, chimpanzés e outros primatas não-humanos desenvolveram vocabulários de até duzentas palavras e podem construir frases simples, usando sinais, símbolos, cartões de memória, e até mesmo, um teclado de computador simplificado.

A maioria das pessoas pode aceitar que alguns dos mamíferos "superiores" pareçam ter Consciência. Mas até que ponto a Consciência "desce" na escala evolutiva? A inteligência e a utilização de ferramentas dos corvos estão se tornando lendárias, e a proeza de navegação das aves e borboletas migratórias é espantosa. E, claro, todas as criaturas grandes e pequenas procuram segurança e alimentação. Procuram comida, reconhecem o que é apropriado para elas e passam por outras opções. Alguma vez observaram uma mosca engenhosamente fugir às tentativas de abatê-la, ou uma aranha apressar-se em busca de segurança? Estes pequenos seres podem não estar, (certamente que não estão), conscientes da nossa forma de ser, mas reconhecem o perigo e onde está a segurança. Claramente, eles têm consciência do seu ambiente. Mesmo as criaturas unicelulares têm um mínimo de Consciência na medida em que se movem em direção à comida e para longe do perigo e da dor, o que significa que estão "conscientes" da diferença.

Mudando agora da terra e do ar para a água: em *O que um peixe sabe: a vida interior de nossos primos subaquáticos*[13], Jonathan Balcombe, (16) diretor de Sentimento Animal do *Human Society Institute for Science and Policy*, modifica, habilmente, muitos conceitos comuns e errados sobre os peixes demonstrando o seu comportamento surpreendentemente consciente.

Os peixes, afinal, podem utilizar ferramentas: membros de uma espécie, por exemplo, escavam os vôngoles da areia e levam as suas presas na boca a uma longa distância até encontrarem uma pedra adequada sobre a qual esmagar esses mariscos repetidamente para abrir a sua casca. Muitas espécies de peixes empregam elaborados rituais de cortejo e desenvolvem laços duradouros com parceiros. Outros caçam cooperativamente, "punem os malfeitores, se agradam, e enganam-se uns aos outros", escreve Balcombe. "Os peixes possuem sentidos sofisticados que rivalizam com os nossos", continua ele; muitos podem identificar peixes individuais por padrões faciais e comunicar entre si "usando sinais elétricos".

Segundo Balcombe "os peixes não são movidos pelo instinto e nem agem como máquinas. As suas mentes respondem de forma flexível a diferentes situações". Com a paixão de um cientista que passou muitos anos aprendendo sobre os seus temas, ele quer que saibamos que "peixes não são apenas coisas; são seres sencientes com vidas que lhes interessam. Um peixe tem uma biografia, não apenas uma biologia".

E as plantas, que geralmente não são consideradas seres conscientes apesar de um livro popular dos anos 60 – *A vida secreta das plantas* – (17), afirmar que as plantas podem sentir emoções, ter preferências musicais definidas, (mais gosto pelo clássico do que pelo *rock and roll*), e responder aos pensamentos das pessoas próximas e até mesmo das distantes? As plantas

---

13. Tradução livre de: *What a Fish Knows: The Inner Lives of Our Underwater Cousins*.

inclinam-se para a luz, e estendem as suas raízes para a água, tão claramente, que estão conscientes do seu ambiente. Mas a sua consciência, estudos recentes têm demonstrado, vai muito além dessas simples respostas.

De acordo com Michael Pollan, autor de livros de ciência populares como *O Dilema do Omnívoro*, as plantas exibem numerosos "comportamentos sofisticados". São capazes de sentir e responder adequadamente a tantas variáveis ambientais, incluindo "luz, água, gravidade, temperatura, estrutura do solo, nutrientes, toxinas, micróbios, herbívoros, sinais químicos de outras plantas" que parece que podem possuir "algum cérebro como sistema de processamento de informação para integrar os dados" e chegar a uma resposta comportamental. Elas têm, de acordo com Pollan:

> (...) entre quinze e vinte sentidos distintos, incluindo alguns análogos aos nossos cinco: olfato e gosto, (elas sentem e respondem aos estímulos químicos no ar ou nos seus corpos); visão, (reagem de forma diferente a vários comprimentos de onda de luz bem como à sombra); tato, (uma videira ou uma raiz "sabe" quando encontra um objeto sólido); e, foi descoberta, a audição. (18)

Como pode ocorrer algo dessa magnitude em seres que não têm cérebro e nem um sistema nervoso de alguma forma parecidos com o nosso? Pollan cita estudos que encontraram sistemas de sinalização química e elétrica em plantas análogos aos dos sistemas nervosos dos animais, e à presença de neurotransmissores incluindo serotonina, dopamina e glutamato.

Essas descobertas sugerem que, longe de ser uma característica exclusivamente humana como há muito se acreditava, a Consciência e a inteligência permeiam toda a gama da vida. Se, como creio ser o caso, Consciência é tudo o que há – que é a base, o fundamento, a fonte e o único conteúdo de tudo o que existe – então não deveria ser surpresa que todos os seres vivos "possuem" e expressam Consciência. Esta ideia, que teria sido considerada bastante absurda há apenas alguns anos, começa agora a ganhar força entre alguns cientistas.

Agora, se pudermos razoavelmente atribuir algum grau de Consciência às plantas e mesmo às formas de vida unicelulares, que tal alargar a discussão um passo à frente, às entidades não vivas? Penso que qualquer consideração da Consciência no nosso tempo, e avançar para o futuro, tem de ter em conta as novas formas de "vida" que são um produto da tecnologia: máquinas com inteligência artificial (IA).

Os computadores, robôs, e outras máquinas movidas pela IA estão conscientes? Filósofos e cientistas cognitivos estão ocupados a elaborar critérios indicativos da Consciência, tais como a Consciência do ambiente e a capacidade de responder a ela de formas adequadas, e depois procuram ver se a inteligência artificial está à altura.

Um exemplo ultrassimples: os termostatos estão conscientes porque podem detectar alterações de temperatura e fazer modificações apropriadas em um sistema de arrefecimento por aquecimento? A capacidade de acumular e armazenar informação e usá-la para responder a consultas, jogar xadrez, fazer cálculos, ou prever e monitorar a rota de um foguete indica Consciência? Siri é consciente ou apenas um bom programa criado por seres que são conscientes? Podem as entidades de IA rivalizar realmente com a complexa inteligência dos humanos, ou estão destinadas a ser sempre – para além da ficção científica – servidores úteis para a humanidade?

O antigo jogo de Go, jogado continuamente por dezenas de milhões em toda a Ásia Oriental durante mais de 2.500 anos, requer não só pensamento estratégico, mas também criatividade e intuição, e é considerado "exponencialmente mais complexo" e difícil do que o xadrez. Em 1997, o supercomputador IBM, Deep Blue, ganhou pela primeira vez o torneio contra o campeão mundial de xadrez Garry Kasparov, em uma partida considerada um ponto de virada na eficácia da IA. Foram precisos quase vinte anos mais para que um computador fosse campeão internacional de Go, mas em março de 2016, o programa *DeepMind AlphaGo* do Google derrotou o mais alto classificado campeão profissional de *Go*, Lee Sedol, em uma partida de cinco jogos. E venceu novamente o campeão mundial de *Go*, Ke Jie, em maio de 2017. De acordo com um extenso artigo na Wikipedia:

> *AlphaGo* é significativamente diferente dos esforços anteriores de IA na medida em que aplica redes neurais, nas quais a heurística de avaliação não é codificada por seres humanos, mas sim, em grande medida, aprendida pelo próprio programa, através de dezenas de milhões de jogos anteriores de Go, bem como os seus próprios jogos consigo mesmo.

Em outras palavras, é largamente e continuamente autodidata, a tal ponto que mesmo a equipe de desenvolvimento da *AlphaGo* é incapaz de explicar "como a *AlphaGo* avalia a posição do jogo e escolhe a sua próxima jogada". Isto torna ainda mais difícil determinar se as máquinas de IA podem ser consideradas conscientes.

Há outra questão, mais vasta: será que a Consciência não é apenas um fenômeno individual, produto da organização e ativação de um único sistema nervoso, mas sim uma característica universal da vida? Se assim fosse, então a natureza da sua expressão, como "parecia" ou "sentia" para cada caso individual seria dependente da qualidade e do caráter do sistema nervoso e da estrutura fisiológica que o reflete, assim como a luz branca é uma qualidade universal, uma qualidade "pura" que veste a si mesma com uma roupa diferente de acordo com a natureza do meio refletor.

O fato de a Consciência estar presente pelo menos nos reinos humano e primata, e estar quase certamente presente entre cães, gatos, elefantes, golfinhos, aranhas, abelhas, amebas, e plantas, levanta a questão: existem graus, ou níveis, de Consciência? Certamente, não suporíamos que a formiga fugindo do perigo, ou mesmo o cão olhando para você com a sua melhor atitude de pedinte, tentando lhe persuadir para receber um pouco de seu alimento, seja tão consciente, ou consciente da mesma forma, como nós somos. Então é correto perguntar quão consciente é qualquer entidade em particular?

Podemos analisar esta questão a partir de duas perspectivas bastante diferentes. Do ponto de vista puramente fisiológico, o termo "nível de Consciência" refere-se ao grau de estado de alerta e de excitação de uma pessoa, e à sua capacidade de responder a estímulos do ambiente. Sem dúvida que podemos estar mais despertos e alertas, ou menos alertas. A maioria de nós já experimentou claramente que quando não dormimos o suficiente e os nossos corpos estão cansados, os nossos sentidos não são tão agudos e a nossa mente não é tão aguçada como quando estamos descansados. Com menos fadiga, estamos mais conscientes do que nos rodeia, tal como um motorista próximo mudando de faixa no limite da nossa visão.

O mecanismo que modula o nível de Consciência no sistema nervoso humano é a formação reticular no tronco cerebral. É como um termostato que aumenta ou diminui o nosso grau de consciência. Quando se está entorpecido ou sonolento, é a formação reticular que dá as ordens, baixando o termostato para nos conduzir ao repouso. Quando é hora de acordar, a formação reticular é responsável por catalisar o sistema nervoso autônomo e o sistema endócrino, acelerar o ritmo cardíaco, aumentar a pressão arterial, e promover o estado de alerta sensorial.

Mas há outra forma de pensar sobre os níveis de Consciência, e isto tem a ver com o desenvolvimento psicológico e espiritual. Não se trata tanto de alerta e excitação sensorial, mas sim de uma visão ampla e aberta da vida contrariamente a uma apreensão estreita e restrita das outras pessoas e das suas possibilidades de percepção, comportamento, crescimento e realização humana.

Alguém que desfruta de um nível superior de Consciência compreende mais, não está vinculado a padrões de pensamento e comportamento do passado, e, assim, tem mais liberdade de escolha e ação. Para além de uma experiência mais rica da superfície, dos estratos físicos da vida, ele ou ela está desperto para a unidade subjacente que liga todos a um nível profundo de consciência silenciosa.

Em uma conferência de 1994 intitulada "Para uma Base Científica da Consciência", o filósofo australiano David Chalmers (19) fez uma distinção que se tornou amplamente conhecida, entre o que ele chamou os problemas "fáceis" e o problema "difícil" da investigação da Consciência. Os problemas fáceis envolvem a descoberta da base neural ou correlatos para funções mentais, como a memória e o esquecimento, enquanto o problema difícil é compreender e explicar o porquê e a maneira como estas funções resultam em experiência subjetiva.

Os problemas fáceis implicam desvendar o equivalente de tais questões como quantas galáxias existem no universo – e, talvez, quantos universos dentro do que pode ser um multiverso –, o que é o *Bóson de Higgs* e qual é a sua importância. O que são a energia negra e a matéria negra, e quantas dimensões existem? Não é fácil, você disse? Claro que não, mas a questão é que todas elas são perguntas que os físicos e cosmólogos acreditam que, com o tempo, poderemos responder. São consideradas "fáceis" porque são como outras perguntas que foram respondidas. Envolvem objetos que podem ser medidos e quantificados: "Quanto?", "Quantos?", "Quão grandes?", "Quão rápido?".

Os problemas fáceis no campo da Consciência são também problemas que os cientistas se sentem confiantes de que um dia serão capazes de resolver, envolvendo processos neuronais que podem ser medidos e, com tempo suficiente, compreendidos e explicados. Como funciona a nossa visão para nos permitir ver é um exemplo de um "problema fácil" que já está largamente resolvido, embora, do ponto de vista da neurociência, seja uma questão altamente complexa.

Aqui está o esboço básico, deixando de fora pormenores técnicos específicos: quando se olha para uma rosa vermelha, fótons de várias frequências entram no olho e viajam através da córnea, da lente, e do corpo vítreo no meio do globo ocular. Chegam à retina, um tecido extraordinariamente sensível que é melhor entendido como uma extensão do cérebro, onde ocorre uma série de eventos neurais complexos. Aqui a luz excita alguns neurônios e inibe outros. (Para as células receptoras individuais na retina, não existe tal coisa como uma "flor" ou qualquer outro objeto. Em um processo semelhante ao código binário que corre no seu computador, as células são essencialmente "uns ou zeros" biológicos – ou seja, ou estão ligadas ou desligadas). Estes neurônios libertam substâncias químicas específicas que catalisam a atividade elétrica que vai primeiro para o tálamo, depois para o seu córtex visual primário no lobo occipital, (a parte de trás do cérebro), depois para a área de associação visual. Esta informação combina depois com a sua memória, e você sente: "Esta é uma rosa vermelha".

Delinear tais processos neurológicos é a tarefa fácil. A questão difícil é: como é que o cérebro físico dá origem à experiência subjetiva da Consciência? Como é que experimenta subjetivamente a vermelhidão do vermelho? Como é que isto é possível? É um fenômeno universal que todos nós aceitamos sem qualquer crítica, mas que na realidade é espantoso: como pode uma massa de neurônios dentro dos nossos crânios ser traduzida, ou transmutada, ou manifestada, como a experiência do amor, ou a cor verde, ou a sonolência, ou o entusiasmo?

A ciência não sabe a resposta, e alguns referem-se a isto como "a lacuna explicativa". O fato de uma parte específica do cérebro se iluminar em um scanner PET quando experimentamos algo não responde realmente à pergunta; é a resposta mecânica, mas não toda a verdade. Diz que existe uma correlação entre a experiência e o cérebro, mas não revela como esta realidade abstrata – a minha percepção, a minha experiência interna, subjetiva e a minha *reação* a ela, de que a ciência fala agora como *Qualia* – pode vir desta mesma atividade física do sistema nervoso. A questão mantém-se: como é que os acontecimentos objetivos da mecânica física da percepção saltam o abismo para se tornarem experiências subjetivas?

Existem, claro, muitos problemas "fáceis" para os quais ainda não temos uma resposta completa, ou em muitos casos nem mesmo uma pista, mas os investigadores acreditam que não há obstáculo a que um dia se atinja esse objetivo. Com Consciência, eles não estão tão confiantes. O filósofo Daniel Dennett, no seu livro *Consciência Explicada*[14], admite:

> Ainda não temos as respostas finais para muitas das questões de cosmologia e física de partículas, genética molecular e teoria evolutiva, mas sabemos como pensar sobre elas... Com a Consciência, porém, ainda estamos numa terrível embrulhada. A Consciência permanece hoje sozinha como um tópico que muitas vezes deixa até os pensadores mais sofisticados atados e confusos. (20)

Uma das características mais notáveis da busca humana para compreender a natureza e o universo é a extraordinária correspondência entre as nossas formulações conceituais das leis da natureza, especialmente as suas formulações matemáticas, e o "modo como as coisas são" no universo físico. Esta correspondência surpreendeu os cientistas durante séculos e levou muitos, especialmente em épocas anteriores, a verem a matemática como uma janela sobre a "mente divina", essa inteligência ou Consciência, independentemente da forma como as concebemos, subjacente ao funcionamento tanto dos fenômenos naturais como da mente humana.

A correspondência entre matemática e natureza é o instrumento principal – talvez o instrumento quintessencial – do método científico moderno. Descobertas como a complementaridade e a não-localidade na teoria quântica desafiam a nossa confiança de que qualquer teoria física descrita matematicamente poderia

---

14. Tradução livre de *Consciousness Explained*.

alguma vez corresponder perfeitamente à realidade física. No entanto, o desenvolvimento da física e da matemática permitiram-nos compreender a natureza com muito maior precisão do que estava disponível nos séculos passados e, com base nisso, desenvolver tecnologias poderosamente eficazes para melhorar a nossa qualidade de vida.

Embora saibamos agora muito mais sobre as ligações específicas entre matemática e lei natural, o princípio básico da sua correspondência foi proposto há mais de dois mil e quinhentos anos pelo matemático e filósofo grego Pitágoras. A sua máxima de que "tudo é número" permaneceu fundamental para o progresso da ciência durante vinte e cinco séculos. Foi ensinado também por Aristóteles que disse que "os princípios da matemática são os princípios de todas as coisas", na era clássica. Foi repetido por Galileu no início da era científica: "O livro da natureza é escrito na linguagem da matemática" e tem a sua expressão moderna nas palavras de Einstein: "Como pode ser que a matemática, sendo afinal um produto do pensamento humano, seja tão admiravelmente apropriada aos objetos da realidade?".

Em um influente artigo, *A Eficácia Não Razoável da Matemática nas Ciências Físicas*[15], o físico Nobel Eugene Wigner expressou a sua admiração pelas formulações matemáticas dos físicos "conduzirem, em um número assombroso de casos, a uma descrição incrivelmente precisa de uma grande classe de fenômenos" (21).

No espírito dos grandes filósofos e cientistas gregos, homens como Tales, Anaximandro, Anaxímenes e Heráclito, que tinham a intenção de descobrir as verdades da natureza, Pitágoras buscou um princípio unificador para conectar todos os fenômenos da natureza em uma teoria abrangente. A diferença era que, para os outros, esse fator unificador era concebido como uma substância,

---

15. Tradução livre para *The Unreasonable Effectiveness of Mathematics in the Physical Sciences*.

um elemento físico como a água ou o fogo, enquanto para Pitágoras o tema unificador estava no reino puramente abstrato do número. Como explica o astrofísico contemporâneo Marcelo Gleiser: "Se todas as coisas têm forma, e as formas podem ser descritas por números, então o número torna-se a essência do conhecimento, a porta de entrada para a sabedoria superior". E ainda, "Se o conhecimento é o caminho para apreender o divino, os números tornam-se a ponte entre a razão humana e a Mente divina".

Eu diria algo diferente à luz da nossa teoria de trabalho de que a Consciência é tudo o que há: porque tudo o que existe não é, na sua essência, senão Consciência, e tudo "mais", quer sejam pensamentos, árvores, planetas ou universos, são padrões e modos de Consciência – o jogo dinâmico da Consciência dentro de si mesma. Esses padrões e modos de ser e interagir operam tanto no domínio "externo" dos "objetos" como no domínio subjetivo "interno" da conceitualização. Assim, encontramos esses padrões, ou modos de ser, tanto no mundo como nas nossas mentes.

Estes padrões de Consciência constroem as nossas mentes, os nossos sistemas nervosos, e o nosso universo; todos são jogos dentro da Consciência única. Assim, o que faz sentido para as nossas mentes no interior também se aplica no exterior. A matemática reflete o universo porque as complexidades das nossas mentes, as nossas fisiologias e o universo ocorrem todos dentro da Consciência única.

Esta correspondência não se restringe à Matemática. Cada ramo das ciências, artes e humanidades – em suma, cada campo do conhecimento e da atividade humana – reflete a dinâmica das leis da natureza. As várias estruturas das línguas humanas, as narrativas que contamos uns aos outros, e as nossas práticas culturais tradicionais, todas exibem os mesmos padrões de Consciência expressos nos nossos sistemas nervosos e no nosso universo.

Capítulo 6

O que é a Consciência?

Antes de entrarmos em detalhes, o que é realmente essa coisa a que chamamos Consciência? E de onde é que ela vem? A Consciência é uma coisa em si mesma, autoexistente de alguma forma, ou é um produto do cérebro, surgindo e transformando-se devido a infinitas modulações na atividade cerebral?

Porque todos os modos de Consciência que os cientistas cognitivos, psicólogos, psiquiatras, e outros investigadores têm observado ao longo de muitas décadas estão associados a vários estilos de funcionamento fisiológico, e porque as mudanças na fisiologia, e em particular no cérebro, têm demonstrado inequivocamente induzir mudanças na Consciência e na percepção. Até já foi feita a suposição de que a Consciência é um produto da neurofisiologia, da bioeletroquímica do cérebro material.

Esta é uma hipótese sensata e é amplamente tomada como verdade e não como teoria, mas os meus estudos com Maharishi conduziram-me a uma forma completamente diferente de compreender a Consciência, uma forma que se apoia sobre princípios há muito estabelecidos de culturas antigas, cuja especialidade era a Consciência. Essas tradições – sobretudo a civilização védica da Índia – estudaram não só a natureza e a origem da Consciência, mas a maneira de como facilitar o seu desenvolvimento para muito além dos estados habituais conhecidos pela ciência contemporânea.

Tudo aquilo de que temos falado até agora tem sido baseado na visão predominante, na perspectiva ou paradigma da ciência moderna e, na verdade, da cultura moderna em geral, de que o que é real é o mundo material tal como aparece aos nossos sentidos – e, claro, as extensões tecnológicas dos nossos sentidos, tais como microscópios eletrônicos, ressonância magnética (RM), rádio e telescópios ópticos.

Este é o material que podemos tocar, pesar, medir, desmontar e analisar; o material tangível, físico, material da vida cotidiana. Tudo isto é real, e a Consciência, que é intangível e não mensurável, é um fenômeno que sabemos subjetivamente que existe, embora não saibamos realmente o que é, muito menos onde se encontra exatamente.

Este paradigma materialista domina de tal forma o nosso pensamento que quando consideramos alguma ideia ou fator irrelevante ou sem importância, dizemos que é "imaterial" ou "insubstancial". Argumentos que desejamos criticar ou desacreditar, podemos chamar "tênue", "leve" ou "fraco". Se um produto, como um aparelho de cozinha, por exemplo, não for considerado sólido e substancial, não o compraremos.

Eu acredito, no entanto, que a Consciência não é apenas real, e não é apenas primária, mas é a única realidade. Todo o resto, tudo o que vemos, ouvimos, tocamos, cheiramos ou medimos, é, portanto, um jogo, ou manifestação, dessa única Consciência.

Mencionei acima que a teoria científica, e a teoria matemática em particular, avança por meio de axiomas, que depois são testados logicamente e pela eficácia da sua aplicação. Eis o que pode ser considerado como o axioma fundacional primário da teoria que estou propondo:

> **A Consciência existe,**
> **Consciência é tudo o que há,**
> **e a Consciência é consciente.**

A ideia de que a Consciência é tudo o que há pode parecer bastante escandalosa no início, mas da perspectiva do que se sabe hoje sobre a natureza do universo, é uma avaliação muito mais razoável e justificável de como as coisas são do que a perspectiva que leva a matéria como sendo a realidade fundamental.

Eu sei que isto é contraintuitivo. Como podemos duvidar da realidade das coisas que nos rodeiam, e daquilo que mesmo nós, seres humanos, parecemos ser feitos? No entanto, este parece ser exatamente o desafio que as pessoas enfrentaram quando lhes foi pedido que compreendessem que o Sol não se levantava no Oriente de manhã e viajava por cima para mais tarde se pôr no Ocidente, que o mundo em que viviam não era plano, com o Sol, a Lua e os planetas a rodeá-lo, mas que era um globo que girava no seu eixo a cada vinte e quatro horas (a mil milhas por hora!), criando a ilusão de que o Sol estava nascendo e pondo-se. Como poderia alguém acreditar numa história tão bizarra quando cada um podia ver com os seus próprios olhos que não era verdadeira?

Assim, sabemos que a nossa percepção sensorial intuitiva é por vezes enganadora – e, em muitos casos, errada – sobre a realidade das coisas.

Na sua constante busca do que é a substância ou fonte última e consistente que dá origem ao mundo material, a física sondou cada vez mais profundamente a estrutura da realidade e descobriu o fato espantoso (que, mesmo que estejamos familiarizados com ele, permanece bastante espantoso) que o material básico da natureza não é de todo físico.

Os chamados "blocos de construção" do universo material não são feitos de matéria. De fato, nem mesmo aquilo a que chamamos matéria é feito de matéria! Abaixo da superfície vive um reino estupendamente dinâmico de energia ilimitada e zumbidora. Como energia, ela é não-material, mas ainda pertence ao reino físico.

Ainda mais fundamental, mais fundo no coração criativo das coisas, é o que muitos cientistas acreditam agora ser um campo completamente unificado, a nascente da fonte de toda a criação física com os seus campos de energia e matéria.

Os físicos sugerem que é o local de nascimento constante não só do nosso mundo, do nosso planeta, mas de todo o universo, borbulhando e fervendo para sempre nas finas partículas do reino quântico. Esta singularidade, um campo ininterrupto de pura existência não expressa, é o que se poderia chamar "a verdade", pelo menos a verdade daquilo de que o nosso universo é feito – e estamos dizendo que é totalmente não-físico.

Como Niels Bohr comentou, "tudo o que chamamos real é feito de coisas que não podem ser consideradas reais", ou seja, se o "real" equivale a "coisas" físicas ou materiais. Então o que é, se não for matéria nem energia?

O trabalho de Sir Arthur Eddington convenceu-o de que "o material do mundo é matéria mental", ou seja, a Consciência (22).

E esta é a minha tese: que a Singularidade no coração da natureza e do universo é a Consciência. Enquanto nós mortais experimentamos a Consciência como um fenômeno pessoal e subjetivo, eu proponho que existe uma Consciência que existe em e por si mesma, independentemente de qualquer "dono" pessoal dessa Consciência. E que essa Consciência é tudo o que há.

A Singularidade no coração da natureza e do Universo é a Consciência

Esta ideia não é nova. Os seus proponentes mais antigos eram os videntes e professores da tradição Védica do conhecimento na Índia, particularmente Vedanta, um ramo do conhecimento Védico que significa "fim do Veda", como em "conclusão" ou "objetivo". Este é o mais alto nível de conhecimento, que Maharishi trouxe à luz e expôs.

Deste postulado deriva o corolário de que tudo o que parece estar separado desta Consciência não está, de fato, separado dela. Não é uma dualidade, não é uma multiplicidade, mas sim, é uma realidade. E essa única realidade – a única realidade unificada – é a Consciência, que escrevo com uma maiúscula C quando me refiro não à minha consciência, à sua consciência, ou a qualquer forma de consciência individual, localizada, mas à Singularidade que é a própria Consciência.

Consciência: a Singularidade suprema

Para esclarecer: Ao propor que a Consciência é primária, quero dizer que existe uma Consciência Primordial, uma realidade não-material, não-física, nem clássica nem quântico-mecânica, nem um fenômeno, nem um epifenômeno, algo que existe inteiramente por si só. É autossuficiente, absoluta, e não depende de mais nada para a sua existência. Referir-me-ei também a ela como Consciência Pura para enfatizar que não é misturada e não está ligada a nada, exceto a si mesma.

A Consciência é, portanto, a Singularidade última, conhecendo-se por si própria, sem qualquer agente ou meio externo, como um sistema nervoso humano. Embora permanecendo como uma Singularidade (Unicidade), porque a Consciência é consciente, traz, de maneira inerente, dentro da sua natureza, os três papéis de Observador, processo de Observação e Observado. Como é que isto acontece? Simplesmente porque estamos falando de Consciência e não se pode estar consciente sem ter os três seguintes valores:

1. Alguém (ou algo) que é o sujeito – o Observador consciente,
2. Um Objeto de Consciência – a entidade da qual se está consciente (ou coisa que está sendo observada), e
3. Um processo que liga o Observador ao Observado.

E, devido ao fato de a Consciência ser Singularidade, não há nada a não ser ela própria olhando para si própria. Assim, o Observador é o processo de Observação e é também o Observado.

Por ser primário, não temos de nos preocupar em resolver o "problema difícil" de como o sistema nervoso físico cria a Consciência, porque isto não acontece; nem como, por outro lado, a Consciência cria qualquer coisa física fora de si mesma.

Sugiro que não crie nada físico ou qualquer entidade fora de si própria. Pelo contrário, todos os aspectos físicos e materiais do universo manifesto são modos de consciência. São expressões ou aspectos da Consciência – as suas próprias aparências dentro da Consciência.

Em outras palavras, considero "a Consciência como o material a partir do qual tudo é concebido para existir". De forma semelhante a dizer que uma cadeira de madeira, uma mesa de madeira, e uma casa de madeira são todas diferentes, mas todas são constituídas por madeira; estamos dizendo aqui que todos os objetos, sujeitos e processos no universo são diferentes na sua aparência exterior, dinâmica, capacidades nos seus níveis superficiais de realidade, mas todas são, no entanto, concebidas a partir de uma só coisa e essa coisa é a Consciência.

A DIFÍCIL SOLUÇÃO

Poder-se-ia argumentar que trocamos um "problema difícil" por outro. Como é que o universo concreto, palpável e sólido que experimentamos com os nossos sentidos, obedecendo a leis que estudamos (mesmo que as compreendamos apenas parcialmente), surge de uma Consciência abstrata, que, em termos materiais, não é Nada?

Proponho chamar a resposta a esta pergunta como uma "solução dura" – dura porque é difícil para nós humanos aceitar que aquilo em que mais confiamos, nomeadamente os nossos sentidos ("ver é acreditar", dizemos nós), são enganosos. De fato, esta solução destaca a natureza frequentemente enganadora e em constante mudança da percepção sensorial humana; reconhece que o que parece mais abstrato, (Consciência), é o mais real e que o que parece mais palpável, (o material do mundo físico), é o mais ilusório. Está apenas um passo além do que universalmente entendemos da física sobre a estrutura da natureza, tão concreta e localizada na superfície, mas construída de abstrações e ondas de probabilidade.

Não estou apresentando uma noção metafísica sobre uma hipotética realidade anterior ao Big Bang, onde, antes de existirem planetas, galáxias, e a abundância de formas de vida à nossa volta, a Consciência existia sozinha e tudo o que podia fazer era observar a si própria. Essa é uma ideia interessante e pode muito bem ser verdade, mas não é o ponto importante. O que estou sugerindo é que neste momento, incluindo em qualquer altura e em qualquer lugar, a Consciência é tudo o que há, e tudo o que parece existir e acontecer é apenas e sempre um jogo de Consciência.

Isto não quer dizer que os objetos não existam e interajam de todas as formas belas e fascinantes que tornam a vida possível. Estou sugerindo que todas essas "coisas" não existem independentemente e por direito próprio, porque o Observador está sempre, a qualquer momento, inextricavelmente ligado, não simplesmente ao Observado, mas aos meios ou processos de Observação.

Mas como podemos compreender que ao mesmo tempo não há nada mais do que Consciência? Há também carros e jatos, há pessoas, há planetas, há universos; eles são reais. Se eu cair, me machuco. Se eu disser algo de errado, as pessoas me criticam. Se eu fizer algo de errado que seja prejudicial à propriedade ou prejudicial aos outros, a reação volta para mim e eu sinto a dor disso. Estas são coisas absolutamente reais. Será possível encontrar uma forma lógica de compreender como é possível que a realidade ilimitada da Consciência Pura – o Ser Puro – jogue este jogo de aparecer tal como experimentamos ser a realidade?

> "Mesmo quando, a partir do estado de vigília, não há materialidade nos objetos vistos em um sonho (embora sonhando os objetos pareçam sólidos), este mundo parece ser material, mas na realidade é pura consciência." – Yoga Vasistha

Para voltar à estrutura da natureza tal como definida pela física: todos os objetos que conhecemos são construídos de entidades mais finas, mais sutis, menos concretas, mais abstratas (células, moléculas, átomos, quarks etc.), cada nível é uma expressão do nível subjacente "abaixo" dele. O nível mais sutil (menor) que conhecemos, conhecido como a escala de Planck, é inimaginavelmente minúsculo. As entidades aí existentes dificilmente merecem o rótulo de "coisas".

Alguns fatos considerando a escala de Planck, para trazer luz a quem não está familiarizado com os reinos quânticos: são necessários 10 trilhões de comprimentos de Planck para igualar o comprimento de um único átomo de hidrogênio; a menor "partícula" real – o elétron – é cerca de 1.020 vezes maior do que a escala de Planck, equivalente à diferença entre um único cabelo e uma grande galáxia. A Consciência é mais sutil do que isso.

A Consciência é o fato mais íntimo da nossa existência; de fato, a única coisa que sabemos com certeza é que estamos conscientes. Isto aponta para o pensamento experimental de Descartes, o que o levou a concluir: "Penso, portanto existo". Da mesma forma, a nossa própria consciência, a nossa certeza de Ser e de estar consciente, é a única coisa que podemos saber absolutamente, e ter a certeza. No entanto, é importante compreender, Descartes sustentou que o seu, agora famoso, axioma afirma a única coisa que podemos saber a respeito do "Eu Sou", ou da existência do eu consciente ou do espírito. Enquanto o que proponho é uma perspectiva monística baseada unicamente na Consciência.

Assim, a parte "dura" desta teoria é que enquanto eu proponho que a Consciência é Singularidade, os nossos sentidos percebem multiplicidade. Vemos pessoas, ouvimos o canto dos pássaros, cheiramos e provamos alimentos diferentes, e sentimos o calor do Sol.

O que não vemos, ouvimos, sentimos, provamos, cheiramos ou detectamos de qualquer forma sensorial, é a própria Consciência, ainda que seja a realidade subjacente às nossas vidas, de forma semelhante à forma como uma tela de cinema é a "realidade subjacente" do espetáculo passageiro de cores e formas projetadas nessa tela. Esta analogia aparentemente útil falha enormemente, porque a Consciência é também o projetor e o conteúdo do que está sendo projetado.

Então, se a Consciência é de fato a realidade fundamental, será que a nossa percepção sensorial é realmente enganosa, ou, na melhor das hipóteses, uma ferramenta lamentavelmente inadequada? Este parece ser certamente o caso. E, de fato, os nossos sentidos dão-nos apenas um vislumbre parcial dessa realidade fundamental. Certamente as descobertas da ciência moderna deram-nos modelos do universo que muitas vezes contradizem a nossa experiência sensorial, mas que fornecem imagens mais precisas, repetidamente confirmadas pela observação experimental.

Talvez o exemplo mais notável tenha sido a mudança de uma visão do cosmos centrada na Terra (geocêntrica) para uma visão centrada no Sol (heliocêntrica) como resultado do trabalho de Copérnico, Kepler e Galileu. A luta com o modelo heliocêntrico de Copérnico era um "problema difícil" para os povos dos séculos XVI e XVII, pois ia contra a sua experiência diária e o que lhes tinha sido ensinado – que a Terra era o centro do universo.

Se pensa que esses corajosos e inovadores cientistas desconheciam o alvoroço que estavam causando – e o perigo em que se colocavam ao abraçar estas ideias radicais – ouçam essas palavras de Copérnico, contidas no Prefácio ao seu livro de 1543, *Sobre o movimento dos planetas*[16]:

> Atribuir o movimento à Terra deve, de fato, parecer uma atuação absurda da minha parte àqueles que sabem que muitos séculos consentiram no estabelecimento do juízo contrário, nomeadamente que a Terra é colocada firmemente como o ponto central no meio do Universo.

---

16. Tradução de *De Revolutionibus Orbium Cœlestium*.

Imagino que quando as pessoas ouviram que ele abraçou "tais pontos de vista, deveria ter sido imediatamente desaprovado". No entanto, Copérnico prosseguiu com a sua investigação, pois o seu objetivo, disse ele, era "procurar a verdade em todas as coisas até onde Deus permitiu que a razão humana o fizesse".

Alguns proponentes das novas ideias emaranhadas tiveram apenas de enfrentar argumentos ou ridicularização. Por outro lado, como aludido anteriormente, o brilhante astrónomo e filósofo Giordano Bruno foi executado por abraçar o modelo copernicano, e um Galileu envelhecido foi levado perante a Inquisição e, por ser um amigo do Papa, foi poupado de ser condenado à morte, mas foi condenado à prisão domiciliar durante a década restante da sua vida.

Tais histórias trágicas não são invulgares na história da ciência. Avançar a causa do conhecimento nunca é fácil.

Tal como o modelo Copérnico, outras revelações científicas têm sido igualmente contraintuitivas e difíceis de digerir ou aceitar de todo. Nos últimos cem anos, investigações sobre escalas de tempo e distância muito pequenas e muito grandes na teoria da relatividade, mecânica quântica, teoria de campo quântico e cosmologia mudaram radicalmente as nossas crenças sobre a natureza da matéria e fenómenos físicos tal como os nossos sentidos os percebem e os nossos intelectos os compreendem.

Einstein começou por dizer algo que parecia inconcebível: que o espaço e o tempo estão relacionados, e que ambos são relativos. De acordo com esta teoria, as coisas em que mais confiamos e das quais dependemos – que estamos neste terreno sólido, que o tempo passa pelo tique-taque do relógio, que a nossa esperança de vida é de X anos – não são fixas e absolutas, mas relativas. Se viajasse à velocidade da luz ou perto dela, o tempo pararia, e você não envelheceria. O espaço também mudaria completamente, dependendo da sua velocidade, ou se dilataria ou se contrairia. Então, qual é a realidade "verdadeira"?

Não é certamente o mundo familiar, sólido, tangível e cotidiano em que todos nós crescemos acreditando. As análises da função das ondas e outras descobertas da mecânica quântica nos dizem que os sentidos transmitem uma ideia muito vaga, e mesmo ilusória, da realidade. De acordo com as teorias mais amplamente aceitas na física quântica, existe um aspecto fundamental da natureza em que as partículas não estão localizadas. Ou seja, elas não existem em um único lugar, como a maioria das coisas acontece na nossa realidade perceptiva "ordinária". Pelo contrário, elas têm uma probabilidade de estar em qualquer lugar.

Um elétron, por exemplo, tem uma probabilidade de estar em muitos lugares, de fato quase em qualquer lugar no espaço, e é apenas quando é observado ou medido que colapsa num ponto relativamente preciso no tempo e no espaço e, portanto, pode teoricamente ser interpretado como estando definitivamente "aqui". Uma vez que somos todos feitos de partículas, significa que estamos também potencialmente em cada parte do espaço, e que colapsamos em algum lugar, e apenas quando somos "observados"?

Há uma crença generalizada de "senso comum" de que "se não se pode medir, não é real". Mas temos de perguntar, real de que forma? E qual o dispositivo de medição e critérios estão sendo utilizados? O amor que sente pelo seu parceiro de vida é real, ou pelos seus filhos ou pelo seu cão fiel ou pela sua canção favorita? Certamente que estes são reais; apenas não são físicos ou materiais – ou mensuráveis em um peso de balança. E ainda assim há a noção de que nada é real se não for físico. Esta crença ou dogma, coloriu (ou talvez tenha turvado) a nossa compreensão e diminuiu a nossa apreciação da vida, roubando tanto do que mais prezamos; beleza, amor, justiça, sabedoria... que são completamente não-físicos e só têm lugar dentro da Consciência. Estes são conceitos que guiaram e inspiraram a humanidade durante séculos, e, no entanto, alguns cientistas nos diriam que são irreais porque não podemos tocá-los ou quantificá-los – ou explicá-los! (Esta visão pertence ao que alguns pensadores chamam "cientificismo", um sistema de fé ou crença bastante oposto ao espírito aberto e não dogmático da investigação científica autêntica).

Observação e suposição

Quando algo é descrito como ilógico, então é automaticamente posto em dúvida. Em muitos casos, porém, pode ser que os pressupostos originais sejam o que está errado. Será lógico, por exemplo, que uma coisa possa estar presente em vários lugares ao mesmo tempo? Será lógico que o mesmo evento específico tenha acontecido exatamente ontem para Maria, mas só acontecerá amanhã para o seu vizinho João, que vive ao fundo da rua?

A resposta que emana do que parece ser o senso comum é: não. Estas não são possibilidades lógicas quando baseadas no pressuposto comum de que os objetos e eventos estão localizados no tempo e no espaço, tendo o tempo e o espaço como referências absolutas. Todos os cálculos quânticos teoricamente demonstrados e praticamente confirmados, contudo, indicam que as partículas não são locais até serem observadas e podem, portanto, estar em locais diferentes ao mesmo tempo. O tempo e o espaço são relativos.

Vamos empreender um exercício que demonstre como os princípios da relatividade einsteiniana do tempo e do espaço – interpretados de forma literal e precisa – podem conduzir a questões sérias e desafiantes. Imagine que João, Maria e Jane estão em Nova York e desejam embarcar no mesmo ônibus, no mesmo lugar, ao meio-dia de uma segunda-feira. Maria chega cedo e já está de pé na parada do ônibus. João chega tarde, vindo do lado leste. Jane está na mesma rua que João e está atrasada, mas vem do lado oeste. É quase meio-dia enquanto João e Jane se dirigem constantemente para a parada do ônibus. Quando, tanto João como Jane quase chegam à estação de ônibus, toca um sino da igreja local. É exatamente meio-dia.

Em um planeta muito remoto[17], a três milhões de anos-luz de distância, os habitantes (ou "alienígenas" para João, Maria

---

17. Nota do tradutor: Considerando o ponto onde cada um se encontra ao meio-dia, em Nova York, próximos da parada de ônibus, vamos imaginar que, com a mesma distância entre eles, isso acontecesse nesse planeta remoto.

e Jane) estão tendo uma eleição. Mary diz: "As urnas acabam de fechar. Os alienígenas estão esperando os resultados das eleições". João diz: "Os extraterrestres ainda nem sequer começaram a votar, isto vai acontecer dentro de dois dias". Jane diz: "A eleição foi há mais de dois dias e o novo presidente já deu uma série de ordens executivas". A teoria da relatividade de Einstein, as equações confirmadas experimentalmente, e cálculos matemáticos precisos indicam que Maria, João e Jane estão todos corretos. A relatividade diz que eles discordariam do que está acontecendo neste momento a 3.000.000 anos-luz de distância e, no entanto, todos os três estão corretos nos seus pronunciamentos.

Temos a tendência de pensar que em qualquer momento os acontecimentos que estão acontecendo no universo são os mesmos para todos os observadores em qualquer parte desse universo, incluindo para todos os indivíduos do planeta Terra. Dependendo do seu quadro de referência, no entanto, a rapidez com que se move, e em que direção, os eventos que ocorrem para si neste momento podem ser eventos que já aconteceram no passado para outra pessoa; ou só acontecerão num futuro próximo ou distante para mais uma pessoa. E isto não precisa ser apenas para aqueles que se movem em alta velocidade.

Como o exemplo dado acima mostra, mesmo uma diferença na localização e na velocidade de caminhada contribui para a escala cósmica não tão distante (3.000.000 anos-luz é minúsculo no universo em expansão) para vários dias de diferença no tempo dos eventos. Isto é multiplicado por muitos fatores à medida que as velocidades se tornam cada vez mais altas e as distâncias se tornam cada vez mais distantes.

Há condições em algum lugar no universo, a milhares de milhões de anos de distância, onde ainda estamos no século XIX na Terra e há outros lugares onde já estamos no século XXII. Assim, para alguns, os nossos bisavôs ainda não nasceram; para outros, os nossos bisnetos vão se casar.

Embora isto não seja significativo para a nossa vida cotidiana no planeta Terra, levanta questões sérias e profundas sobre o tempo, o presente, o passado, o futuro, o espaço, a liberdade, o determinismo, e os tecidos da realidade tal como pensamos conhecê-los através dos nossos sentidos.

A primeira reação a esta estranheza é dizer que ela é uma loucura e duvidar dela. Duvidamos porque pensamos saber como funcionam o tempo e o espaço, com base nas nossas experiências sensoriais diárias. Sentindo-nos tão seguros de que o tempo e o espaço são fixos, recusamos as conclusões por conta do que a lógica e os cálculos matemáticos nos conduzem inexoravelmente. Esquecemo-nos de que não é a lógica que está em falta, mas sim as nossas suposições originais. Posso imaginar que, de forma semelhante, os contemporâneos de Copérnico e Galileu simplesmente não podiam conceber que a Terra estava dando voltas ao redor do Sol; os seus sentidos mostraram e confirmaram o contrário todos os dias e as suas crenças colocam a nossa existência no centro de tudo, incluindo o Sistema Solar.

Aparência *versus* realidade

Pessoas atenciosas sempre notaram que há "mais na vida do que aquilo que aparece na superfície". Todos fomos aconselhados a não "julgar um livro pela sua capa", porque "as aparências enganam". Isto não é apenas senso comum; é também sobre a necessidade na ciência e filosofia de olhar mais fundo do que a superfície na busca da "verdade" – no sentido de que "verdade" constitui o que é conhecimento real e completo em vez de impressões e teorias ilusórias ou parciais.

Em qualquer consideração da natureza da experiência humana, surge inevitavelmente a questão sobre a relação entre o que percebemos e o que realmente é, ou como é enquadrada, em alguns livros de filosofia, a questão da "aparência *versus* realidade".

O QUE É A CONSCIÊNCIA?

Será que o mundo que percebemos é verdadeiramente o mundo tal como ele é? Já exploramos alguns exemplos de formas comuns que os nossos sentidos nos enganam, tais como a percepção de que o Sol gira em torno da Terra ou que a própria Terra é plana. Há muitos outros exemplos, é claro. O mundo que geralmente tomamos como sendo real é apenas uma versão do mundo, aquela que os nossos sentidos e a nossa mente apenas nos permitem experimentar, e essa experiência é diferente para cada ser humano.

"A imagem do mundo de cada homem é e permanece sempre uma construção da sua mente, e não se pode provar que tenha outra existência", declarou Erwin Schrödinger. (23)

Estamos presos dentro das limitações dos nossos sentidos, que só podem dar impressões dentro do alcance que foram concebidas para reconhecer. Como escreveu o autor americano Robert Anton Wilson: "As únicas realidades que conhecemos são as que o nosso cérebro fabrica. Um cérebro recebe milhões de sinais a cada minuto. E nós os organizamos em hologramas que projetamos fora de nós próprios e chamamos 'Realidade'".

Para levar isto um pouco mais longe, considere o fato de que os nossos olhos só conseguem perceber na gama de frequências bastante estreita entre 430.000 e 770.000 giga-hertz. No entanto, acima e abaixo desses limites estão os comprimentos de onda ultravioleta e infravermelha que estamos eternamente impedidos de perceber diretamente. Do mesmo modo, sabemos que os cães conseguem ouvir frequências muito mais elevadas de qualquer coisa que podemos ouvir, e o seu sentido de olfato é estimado em cerca de um milhão de vezes mais sensível e agudo do que o nosso.

E se os nossos sistemas nervosos funcionassem para que pudéssemos ver todo o espectro do campo eletromagnético? Então todo o espaço à nossa volta, que agora parece vazio, estaria de fato, cheio. Poderia tornar-se opaco, devido a todas as ondas, incluindo ondas de rádio, micro-ondas, infravermelhos, ultravioleta etc. Se pudéssemos ver todas estas ondas, o nosso sentido de visão seria inundado. Se os nossos ouvidos pudessem ouvir frequências de rádio, e sintonizá-las, não precisaríamos de rádios para ouvir música transmitida.

Estes exemplos tornam bastante evidente que existem mundos e níveis de realidade para além da nossa habitual e bem acostumada zona de conforto, devido diretamente às limitações inerentes aos nossos mecanismos sensoriais. Será isto tão estranho?

"Tal como os cérebros dos animais têm as suas limitações, nós temos as nossas", escreveu o psicólogo de Harvard Steven Pinker. "Os nossos cérebros não conseguem manter uma centena de números na memória, não conseguem visualizar o espaço de sete dimensões, e talvez, não consigam perceber intuitivamente porque é que o processamento de informação neural observado a partir do exterior deve dar origem à experiência subjetiva no interior". (24)

Tal como o nosso aparelho sensorial, as nossas mentes estão igualmente circunscritas por uma série de fatores, incluindo os fatores abaixo, mas não limitadas a eles:

- Categorias de Kant: tempo e espaço, existência e inexistência, possibilidade, necessidade, quantidade (incluindo unidade, pluralidade, totalidade), e vários outros, através dos quais, ou em função dos quais, percebemos e avaliamos o mundo. Estes são fatores universais que se aplicam a todos.
- A nossa educação e a acuidade intelectual nativa, o que estudamos, o que acreditamos saber, o que compreendemos. Um matemático que olha para uma equação vê algo completamente diferente do que um não-matemático veria; um artista que vê uma pintura vê cor, composição e técnica de formas que as pessoas sem formação em arte nem podem começar a compreender. Estreitamente relacionados com isso estão o nosso nível de consciência, desde a fadiga monótona, passando por vários tons de vigília até uma visão unificada, e as nossas crenças, tais como o que pensamos ser possível ou impossível. Estas são considerações individuais que variam de pessoa para pessoa.

O que é a Consciência?

- O nosso paradigma cultural – quais os tipos de "óculos" que usamos – tais como: modelo materialista, modelo físico ou um modelo religioso. Este é um fator social e cultural.

Todas essas considerações acima são aspectos da Consciência. Eles determinam, em grande parte, a realidade que habitamos, e que nos leva a levantar a questão: o que é realmente real? De quem é a realidade real? No mundo físico, tudo está sempre mudando, e estamos sempre constrangidos pelos nossos mecanismos limitados de percepção. Se não podemos ter confiança nas nossas percepções e a "captação" de todos sobre o mundo é individual, em que podemos confiar? E mais perto de nós: quem somos nós, e quem sou eu, em consideração geral?

Olhando de dentro, em termos da nossa consciência, parece óbvio: eu sou eu. O mesmo que eu sempre fui. Pelo menos, é assim que a pessoa se sente. Mas os nossos corpos mudaram enormemente desde que éramos crianças, e estão mudando sempre. Em tempos fomos uma menina, ou um rapazinho, e depois crescemos. Agora é um corpo diferente, com uma estrutura diferente. E o seu papel na vida mudou à medida que o seu corpo mudou. A certa altura, o seu trabalho era brincar e ser feliz; depois vieram os anos de escola, depois assumir um emprego ou uma carreira, apaixonar-se e constituir uma família – ou talvez não, caso decida por algum outro modo de vida menos tradicional.

Os seus interesses também evoluíram, assim como as suas ideias e a forma como escolhe passar o seu tempo e concentrar a sua atenção. As preocupações de um estudante ou de uma criança em um jogo podem ter passado sem se notar para as preocupações de um pai ou de um empregador. Então, qual destas realidades é você?

Esta análise torna-se mais interessante se considerarmos o corpo do ponto de vista da física. Há a forma externamente visível, e todos os órgãos e funções fisiológicas associadas. Mas um momento de reflexão revela que tudo isto é feito de átomos, "partículas" subatômicas, e o que parece ser "muito espaço". Onde está o "você" em tudo isso?

E, no entanto, através de tudo isso, embora possa não haver sequer um átomo no seu corpo agora dentre aqueles que existiam há uma ou duas décadas, ainda tem aquele sentido de Ser, esse "Eu Sou". Parece que a Consciência é o único aspecto que fica com você, que tem alguma medida de permanência – isto é você, isto é o Ser. Como é que mantemos esse sentido de Ser e nos referimos a ele ao longo da vida e o reconhecemos como tal, enquanto o físico é completamente alterado e tantos pontos de referência internos – as nossas amizades e amores, os nossos ganhos e perdas – também sofreram mudanças incessantes?

Espero que agora possam ver a partir do nosso simples ponto de vista humano que a coisa mais próxima de nós, aquilo que melhor conhecemos e em que mais podemos confiar, é a nossa consciência. Do ponto de vista material e físico, porém, experimentamos o universo manifesto como sendo feito de objetos – casas, árvores, animais, pessoas, planetas... O que são eles? De onde vêm? A ciência moderna tem procurado responder a estas questões e descobrir quais são os constituintes básicos de todos os objetos? O que os faz se agruparem para formar entidades complexas e inteligentes, como os seres humanos e as sociedades?

No capítulo seguinte, examinaremos algumas das descobertas científicas que lançam luz sobre os blocos de construção do universo manifesto – a energia e a matéria. Isso nos levará, portanto, à perspectiva da ciência dura da física – a disciplina que a maioria das pessoas provavelmente consideraria como a ciência fundamental dedicada à medição e quantificação do universo físico.

Os temas abordados no capítulo 7 não são essenciais para compreender os pensamentos apresentados neste livro. No entanto, para os cientificamente interessados, eles destacam descobertas que não só estão em sintonia, mas apoiam fortemente o modelo que eu ofereço neste livro. A mente e a matéria acabam por convergir.

Capítulo 7

A ciência moderna e as perspectivas físicas sobre o universo

Antes de avançar com a minha proposta de uma solução para reconciliar o que geralmente percebemos como o universo físico com a realidade não-física, ou afirmar de forma diferente, para reconciliar a matéria perceptível com a Consciência, o Manifesto com o não-manifesto, é necessário rever concisamente o que a ciência moderna diz sobre a matéria e os aspectos físicos da realidade.

Isto ajudará a analisar os resultados da ciência que dão apoio ao modelo que está sendo discutido neste livro e destacar outras áreas da ciência para as quais o próprio modelo pode oferecer soluções. Discutiremos brevemente a natureza e os constituintes do físico e do material e as leis e forças que regem as interações físicas e materiais na perspectiva da ciência moderna.

Realidade clássica

Se você pegar qualquer objeto e o dividir em peças cada vez menores, pensaria que acabaria chegando a um ponto em que ele já não poderia ser dividido.

- O filósofo grego Demócrito, 2.500 anos atrás, teve a mesma ideia e concebeu os menores constituintes básicos da matéria, chamando-os de "Átomos". O prefixo "a" é para negação e a palavra "tomos" refere-se à divisão ou corte. Átomos ou átomo significava, portanto, indivisível.

- Outros filósofos gregos da época pensavam que a realidade era uma só e era indivisível. Tudo o resto era uma ilusão, e, consequentemente, Demócrito foi ridicularizado por outros filósofos. Se houvesse constituintes básicos da matéria, então o que haveria entre esses constituintes? Espaço vazio, portanto, nada? Mas como é que o nada pode realmente existir? Para eles, isto era claramente óbvio, porque nada não pode existir, pois de outra forma seria algo!

Como se verificou, chegou uma altura em que a ideia atômica ou o conceito de partículas elementares se tornou uma referência imutável na ciência. Contudo, mais recentemente, poder-se-ia dizer que os opositores de Demócrito ganharam potencialmente alguma validade do seu ponto de vista!

- Somente há cerca de duzentos anos é que John Dalton reavivou a ideia de átomos na sua Teoria Atômica, afirmando, entre outras coisas, que a matéria é feita de minúsculas partículas indivisíveis chamadas Átomos.
- Alguns cem anos mais tarde, J. J. Thomson, um físico que trabalhava com raios catódicos suspeitou que mesmo as partículas mais finas constituem átomos. A primeira partícula deste tipo (subatômica) a ser descoberta foi o elétron, seguida mais tarde por prótons e nêutrons que acabariam também por ser feitos de partículas elementares ainda menores.
- Um marco na compreensão humana de como os objetos interagem entre si ocorreu no final do século XVII, quando Isaac Newton formulou as leis do movimento e mostrou que a gravidade atuava a distância, explicando por que razão as maças caem ao chão e definindo matematicamente a atração entre diferentes massas, incluindo planetas e estrelas. Este foi o início da mecânica clássica.

Era mensurável, fiável e revolucionária, mas muito desconcertante à época! O que liga a maçã ao solo e a lua à terra? Por que é que estas forças se comportam como se existisse alguma ação a distância?

- Cerca de cem anos após Newton, Pierre-Simon Laplace postulou que deve haver campos de gravidade no espaço que têm valores diferentes de acordo com as massas e as suas posições dentro desses campos. Ele sugeriu que havia de fato uma espécie de "coisa" chamada campo de gravidade!

Campos de energia

Foi através do trabalho de Faraday e Maxwell, do início a meados do século XIX, que a ideia moderna do "campo" foi formulada. Isto levou à compreensão da verdadeira natureza física dos fenômenos elétricos e magnéticos em termos de uma única entidade, o campo Eletromagnético. Para ter uma noção de como é um campo, pense em um mapa topográfico mostrando as várias altitudes do terreno. Existem áreas altas, colinas e montanhas, assim como áreas baixas como desfiladeiros e vales. Ou, para empregar um modelo mais tridimensional, imagine-se traçando um gráfico da temperatura em cada ponto de uma sala em que há um fogão quente em um canto dela.

Cada ponto da sala terá a sua temperatura única e específica, com a temperatura mais próxima do fogão mais alta do que outros locais da sala (teoricamente, pelo menos, porque as correntes de ar também teriam algum efeito nesta dinâmica). Podemos chamar isto de um campo de temperatura, embora isto seja apenas uma analogia e, tecnicamente falando, não é um campo típico. Os campos típicos são, por exemplo, o campo de gravidade e o campo eletromagnético. Em diferentes lugares nestes campos haverá variações na gravidade, eletricidade e magnetismo.

Campos quânticos
(Veja o caderno de fotos, pág. 1)

Com mais exploração, a equivalência entre matéria e energia tornou-se clara e os físicos descobriram que a natureza utilizava pequenas quantidades discretas (ou quanta) de energia em vez de um espectro contínuo. Descobriram que a maioria das partículas elementares não obedece estritamente às leis da física clássica e, portanto, o seu comportamento (mecânica) necessitava de novas equações para explicar como a natureza funcionava nestas escalas muito pequenas. A mecânica clássica newtoniana conduziu assim à mecânica quântica.

Com uma compreensão crescente, as partículas elementares acabaram por não serem partículas pontuais clássicas. A peculiaridade da sua natureza era que estavam dispersas. Isto é semelhante ao mapa topográfico ou aos exemplos do mapa de temperatura que utilizamos anteriormente.

Se procura altitude (tipicamente medida acima ou abaixo do nível do mar), então pode olhar para o mapa topográfico e saber que existem locais onde se pode esperar uma altitude elevada. Se estiver à procura de calor na sala, o mapa de temperatura o conduzirá ao fogão quente. Isto leva-nos ao que ficou conhecido como a função de onda de uma partícula. A função de onda é como o mapa topográfico ou o mapa de temperatura, exceto que em vez de representar a altitude ou a temperatura, representa a própria partícula. Portanto, é um gráfico que mostra onde a partícula pode estar.

Porque estamos habituados a pensar que uma partícula está localizada aqui ou ali no tempo e no espaço, é preciso alguma imaginação para aceitar que a partícula está, de fato, espalhada mais como uma nuvem ou uma geleia fluida do que como uma bola de bilhar. Observações e cálculos mostram que o campo da partícula pode ser espalhado por um espaço muito grande – e até, teoricamente, por todo o espaço.

No entanto, não se estende igualmente por todo o espaço. Como no exemplo da temperatura, há áreas onde o calor (ou o frio) é mais provável do que em outras. Da mesma forma, a função de onda mostra a probabilidade de onde a partícula pode ser encontrada.

Voltando ao nosso exemplo da temperatura ambiente, suponha-se hipoteticamente que exista uma "criatura" que só consegue detectar temperaturas tão elevadas como a do fogão quente. Quando na sala, esta criatura em busca de temperatura concluirá que a temperatura só está presente no fogão. A criatura não pode perceber que existem diferentes graus de temperatura em toda a sala porque simplesmente não é capaz de detectar temperaturas mais baixas do que a do fogão quente.

A condição humana, os nossos sentidos de tato, visão e audição, bem como os nossos sentidos de tempo e espaço, permitem-nos apenas detectar coisas dentro de certos limites. Além disso, o nosso sistema nervoso só pode ter uma experiência quando está excitado de uma forma específica num local específico, pelo que a partícula ou qualquer objeto de experiência tem de ser localizado.

Uma vez que se verifica que as chamadas partículas elementares são espalhadas – de uma forma semelhante à forma como, no nosso exemplo, a temperatura é espalhada – só podemos perceber as partículas e os objetos como entidades localizadas no tempo e no espaço. Essa percepção ocorre também devido às nossas limitações e às condições de nossa existência. Os físicos assumem que isto se deve ao que eles chamam "o colapso da função da onda". Isto significa que, devido à nossa observação, a partícula se recolhe subitamente em um ponto no tempo e no espaço e a probabilidade de encontrá-la em um lugar diferente torna-se agora zero. A partícula está agora aqui e não em qualquer outro lugar.

No modelo único que apresento neste livro, como veremos mais tarde, não há colapso da função de onda. A partícula permanece virtual e a probabilidade de encontrá-la em locais diferentes permanece a mesma, tal como descrito pela sua função de onda. Mas tal como a criatura que só consegue detectar uma determinada temperatura, decidimos que a partícula está apenas onde as nossas limitações humanas e as circunstâncias nos permitem vê-la a qualquer momento. A realidade fundamental de uma partícula elementar (e, aliás, de qualquer objeto) permanece espalhada, mas nós a "calculamos" e declaramos: "está aqui agora!". Como a criatura no nosso exemplo ao dizer: a temperatura está apenas no fogão!

Unificação dos campos

As forças da natureza e os vários constituintes da matéria, as partículas elementares, são agora entendidas em termos de campos quânticos subjacentes e, portanto, poderiam ser tratadas por um formalismo matemático análogo. Isto tornou possível, em teoria, unificar de forma gradual estes diferentes campos graças ao trabalho de muitos científicos que merecidamente receberam o prêmio Nobel.

Isso levou os físicos da mecânica quântica à teoria dos campos quânticos e, mais fundamentalmente, às Teorias de Campo Unificado.

Além disso, com base em observações e cálculos rigorosos, a maioria dos físicos acredita que tudo no nosso universo está interligado. Na verdade, eles usam o termo "entrelaçado". Estender o conceito da função de onda ao limite máximo da cosmologia quântica dá origem à função de onda do universo, realçando a interconectividade e interdependência final de tudo com todo o resto.

Nosso universo

Como é que tudo isso surgiu? Presume-se que o nosso universo tenha surgido há cerca de 14 mil milhões de anos em um chamado *Big Bang*, quando um estado quase infinitamente comprimido de matéria com densidade de energia quase infinita e correspondente temperatura extremamente alta se expandiu muito rapidamente no "momento" da criação do universo. Da perspectiva clássica, o estado inicial do universo poderia ser concebido como uma singularidade "pontual" com energia infinita.

Avanços na cosmologia quântica e Teorias Unificadas de Campo Quântico, em particular a Teoria das Supercordas e a Teoria M, contudo, apontam para uma compreensão mais detalhada e para um entendimento diferente dos primeiros momentos da criação do Universo. Em particular, a gravidade quântica implica que o conceito clássico de espaço-tempo se decompõe à escala de Planck. (10-33 cm e 10-43 seg. (10-33 é equivalente a 0.000...0001 com 32 zeros após o ponto decimal antes do "1"). O que isto significa em termos práticos é que o nosso universo não pode ter emergido de um ponto real e que não se pode falar de um ponto exato e bem definido no tempo em que o universo foi criado, desde que este tenha tido um início. O que poderia ter sido "antes" do Big Bang – assumindo que havia algo antes – é uma questão de pura conjectura.

Os físicos tinham estudado uma grande variedade de cenários possíveis sobre como o universo poderia ter sido criado. Hoje em dia, duas categorias fundamentais de modelos para a cosmogênese são as mais amplamente aceitas. Na primeira categoria estão os Modelos Inflacionários que assumem uma fase em que o universo explodiu basicamente em um período extremamente pequeno. A segunda categoria assume que existia um universo "anterior" antes do início do nosso universo "presente". Esta segunda categoria é referida como o Modelo Ecpirótico/Cíclico, mas não será um tema de discussão para os fins deste livro.

Qualquer das duas categorias de modelos cosmológicos que seja a correta trará implicações de longo alcance (filosóficas). Uma das características dos modelos inflacionários é que o tempo emergiu com a criação do universo e que toda a matéria atualmente observada só foi criada depois do universo ter sido expandido por pelo menos um fator de 1.030. Por outro lado, a segunda categoria citada requer que o tempo também tenha existido antes da criação do universo "presente", enquanto a matéria foi criada logo no início do universo "presente".

Além disso, os muitos modelos cosmológicos inflacionários assumem agora a existência de um multiverso com separação espacial de regiões dentro do universo original. Cada uma destas regiões explode em uma fase inflacionária para formar um "universo" que não pode ser alcançado pelos universos "vizinhos".

Há outra ideia de multiverso proporcionada pela interpretação da Teoria Quântica dos Muitos Mundos. Neste caso, cada universo do multiverso tem origem através de inúmeras ramificações sucessivas que ocorrem em processos de medição quântica. Em ambos os casos, o multiverso provém de um único universo "original". Finalmente, pode-se conceber um tipo mais abstrato de multiverso no qual uma realidade quântica indiferenciada se expressa de uma forma infinita e assim dá ascensão a universos infinitos.

A partir de um certo ponto, a evolução do universo é basicamente a mesma para estas diferentes categorias de cenário cosmológico. À medida que o tempo avança e o universo arrefece cada vez mais, a maioria das partículas de matéria e antimatéria, bem como as partículas associadas a campos de força, desaparecem em processos de aniquilação de partículas. O que resta é uma pequena fração de partículas de matéria e uma radiação cósmica de fundo dos fótons sobreviventes.

Evolução, lei e a mente humana

À medida que a temperatura do universo caía ainda mais, as próprias partículas elementares se reuniam em átomos mais complexos, depois moléculas, matéria orgânica, formas primitivas de vida, células, tecidos, órgãos e organismos, conduzindo gradualmente ao ser humano. Assume-se que a mente e a consciência humanas emergiram desta complexidade ordenada – e presumivelmente física.

Neste ponto de vista puramente materialista, assume-se, portanto, que a mente é uma propriedade emergente que é determinada pelo sistema nervoso. Processos complexos no cérebro e em toda a fisiologia humana conduzem e motivam o pensamento e o comportamento. Estas motivações são determinadas pelo que está armazenado na memória, pelas necessidades individuais, e por fatores ambientais, entre outras coisas. Portanto, é lógico que a psicologia deva ser explicável estritamente em termos da biologia dos nossos corpos.

A biologia, por sua vez, seria explicada por todas as interações e reações químicas subjacentes às células, tecidos e órgãos. A própria química é fundamentalmente explicada pela forma como os átomos e as moléculas se comportam de acordo com as leis físicas rigorosas. Por conseguinte, por extrapolação, a física, a química, a biologia, a psicologia e mesmo a sociologia devem seguir leis físicas estritas.

Logicamente falando, então, todo o comportamento individual e social parece ser rigorosamente determinado. Pense nisto – se as condições originais forem estabelecidas e tudo seguir uma causa e efeito precisos, então todos os resultados devem ser previsíveis com precisão. Não parece haver lugar para qualquer ação que não esteja em sintonia com as leis imutáveis da natureza. De uma perspectiva puramente materialista, o determinismo é difícil de descartar. Não haveria lugar para escolhas dentro do domínio físico, e nenhuma liberdade entre os domínios psicológicos e sociológicos que derivam diretamente do domínio físico.

Contudo, quando sistemas complexos emergem através do processo de evolução, como células ou moléculas que emergem de coleções complexas de componentes minerais e orgânicos simples, ou seres humanos que emergem de coleções complexas de células, verifica-se que estas entidades emergentes são mais do que apenas as somas mecanicistas das suas partes. Neste paradigma, os sistemas complexos são vistos como capazes de evoluir, de desenvolver novas características, e têm propriedades que não podem ser expressas ou quantificadas em termos das suas partes e componentes subjacentes.

Em última análise, os sistemas complexos podem exibir propriedades emergentes que não são de todo explicáveis a partir das propriedades ou dinâmica dos seus constituintes. Os seres humanos, por exemplo, sendo mais do que coleções de órgãos, tecidos e células, presume-se que tenham assim desenvolvido a consciência como um novo – e mesmo sem paralelo – fenômeno ou característica. Esta classe de propriedades inovadoras emergentes da complexidade poderia estar sujeita a leis diferentes das leis físicas básicas, tal como consideradas no atual paradigma da ciência moderna.

No entanto, enquanto existirem leis da natureza, os argumentos a favor da liberdade continuam a ser difíceis de apresentar. A fim de defender o conceito de liberdade, deve assumir-se que as propriedades emergentes incluem a capacidade de escapar à lei. Caso contrário, em um universo ordenado, quer as leis sejam simples ou complexas, a regra da "causa e efeito" aplica-se de forma rigorosa e inalterável, e o determinismo seria inevitável.

Para ser verdadeiramente livre, é preciso ser capaz de escapar à causa e efeito mecanicista e fazer escolhas que, de certa forma, surgem do nada ou derivam de um capricho "fantasioso". Isto é desconcertante para a ciência e não faz sentido no contexto de um universo clássico e ordenado.

Há, no entanto, um senão nesta análise. As leis com as quais contamos ser rigorosos e bem definidos são as leis mecanicistas descobertas por Newton e outros físicos e cientistas clássicos. Elas aplicam-se a todos os objetos com que normalmente lidamos diariamente e mesmo a grandes formações de moléculas e células. E são bastante confiáveis nestes níveis. Esta é a Física Clássica.

Ordem e aleatoriedade

No entanto, como foi discutido, os cientistas não se limitaram aos níveis molecular e atômico. Os físicos sondaram mais profundamente a dinâmica fundamental dos constituintes mais básicos dos átomos e moléculas.

Neste nível mais fundamental da matéria, foi revelada uma realidade diferente da física clássica. As menores partículas elementares exibem aleatoriedade e mostram incerteza ou imprevisibilidade no seu comportamento. Quando deixadas a si próprias, não se comportam realmente como se esperava de acordo com as teorias clássicas sobre partículas. Não são de forma alguma previamente comprometidas ou predeterminadas.

O fenômeno pelo qual uma partícula quântica pode ser deslocalizada – o que significa que pode existir simultaneamente em um número infinito de pontos do espaço – é um caso especial do fenômeno em que uma partícula quântica pode existir simultaneamente em vários ou em um número infinito de estados. Este é o princípio da sobreposição. No entanto, qualquer possibilidade pode manifestar-se e pode não haver forma de prever qual das possibilidades se manifesta de fato. Isto acontece de forma aleatória.

A aleatoriedade, contudo, pode também significar caos. Se tudo fosse totalmente aleatório, não haveria lógica ou sentido em nada. Não haveria evolução, não haveria árvores, não haveria animais, não haveria seres humanos e não haveria sociedades. Se os constituintes mais básicos e mais elementares do universo exibem comportamento aleatório, como é que temos leis estritas da natureza sobre os níveis mais grosseiros de átomos, moléculas, células, órgãos e espécies vivas?

Para compreender como isso é possível, apesar do aparecimento da aleatoriedade no nível quântico, observamos um comportamento muito ordenado e virtualmente determinístico no nível clássico governado pelas respectivas leis da natureza, veremos agora que a dinâmica no nível quântico – apesar de exibir um elemento de aleatoriedade – apresenta padrões distintos de comportamento ordenado que se expressam no nível clássico de uma forma correspondente.

Vamos ilustrar através de alguns exemplos.

Quando muitos elétrons, com aproximadamente a mesma velocidade, são disparados através de uma fenda estreita e, subsequentemente, atinge uma tela fotossensível do outro lado da fenda, observa-se um padrão de ondas ordenado de faixas claras e escuras na tela.

Este chamado Padrão de Difração (por vezes também chamado Padrão de Interferência) é causado por faixas alternativas de maior e menor concentração de elétrons que se chocam com a tela e é claramente previsível pela Teoria Quântica se se conhecer a velocidade dos elétrons e o tamanho da fenda. Este padrão aparece independentemente de se disparar um grande número de elétrons quase simultaneamente através da fenda ou apenas um elétron de cada vez com um intervalo de talvez um segundo entre elétrons consecutivos (de tal forma que levaria cerca de quatro meses para se ter 10 milhões de elétrons colidindo na tela). Para cada elétron individual é completamente imprevisível onde colidiria com a tela e só se pode atribuir probabilidades sobre onde é mais ou menos provável que cada elétron incida na tela. Isto significa que a Teoria Quântica dá uma lei clara para o comportamento coletivo das partículas quânticas, mas permite um grande grau de aleatoriedade para a partícula quântica individual. Devido ao fato de se lidar com coleções de partículas no nível macroscópico clássico, pode-se assim, ter uma primeira ideia sobre a razão pela qual, no nível clássico, a natureza parece ser determinista. Esta não é, contudo, a história completa.

É de notar que uma vez observada a posição de uma partícula, de modo a que seja localizada em um ponto específico, leva algum tempo para ser deslocalizada e o tempo necessário para a deslocalização aumenta significativamente a sua massa. Portanto, um elétron é deslocalizado mais rapidamente do que uma partícula de pó, e uma partícula de pó é deslocalizada muito mais rapidamente do que uma laranja. Em segundo lugar, qualquer partícula que interage com outra partícula cria uma situação de medição que localiza as partículas até um certo ponto.

Grandes objetos como uma laranja têm uma taxa de interação muito mais elevada com, por exemplo, moléculas de ar ou fótons do sol do que pequenas partículas elementares, e, portanto, qualquer tendência de deslocalização de objetos clássicos como uma laranja é imediatamente contrariada pela sua interação com miríades de outras partículas como moléculas de ar, fótons do sol etc. É por isso que a posição de uma laranja real sobre uma mesa é prevista com bastante precisão. Uma laranja real ou uma bola de basquetebol seguem a mecânica clássica descrita por Newton – as leis do movimento –, se as atirarmos para o ar, a sua trajetória pode ser definida com precisão. Todos os objetos são, no entanto, feitos de partículas elementares. Cada partícula pode ser associada a uma função de onda correspondente, ou a um estado quântico misto mais generalizado com um número muito maior de possibilidades.

Entrelaçamento[18]

Uma das características mais notáveis da Teoria Quântica é que duas, ou várias ou mesmo muitas partículas quânticas podem, por vezes, estar em um estado quântico holístico onde as partículas estão correlacionadas de tal forma que não é possível atribuir individualmente estados quânticos separados a cada partícula independentemente do estado da(s) outra(s) partícula(s). Isto pode ser verdade mesmo nos casos em que as partículas se tenham separado muito entre si e já não interajam. Em particular, isto significa que as partículas quânticas que foram ligadas ou que interagem podem permanecer ligadas da forma mais inesperada. Esta correlação entre partículas que podem estar espacialmente separadas é chamada de "entrelaçamento". Este entrelaçamento não é mediado pelas forças físicas e ligações químicas que ligam partículas, átomos e moléculas em conjunto. No modelo e paradigma apresentados neste livro tudo está ligado e influencia o todo. O entrelaçamento é, portanto, utilizado de uma forma mais expandida para significar a ligação de todos os aspectos da manifestação.

---

18. N. do T.: O entrelaçamento é um fenômeno quântico, sem equivalente clássico, em que os estados quânticos de dois ou mais objetos devem ser descritos por um único estado envolvendo todos os objetos do sistema, mesmo quando os objetos estão separados espacialmente.

Os efeitos quânticos têm aplicações práticas

É importante notar que os efeitos quânticos são muito reais e não apenas algumas teorias matemáticas imaginárias. Os efeitos quânticos encontram a sua aplicação em lasers, transistores, circuitos integrados e em aparelhos de imagens médicas avançadas, para citar apenas alguns.

Os computadores quânticos que utilizam o princípio da sobreposição e entrelaçamento quântico já estão bem avançados no seu desenvolvimento e podem abrir perspectivas completamente novas na tecnologia da informática e na inteligência artificial. Estas aplicações já mudaram a forma como vivemos de forma profunda. Pense no que os computadores e a Internet têm feito. Sem transistores e circuitos integrados, não haveria computadores pessoais.

O entrelaçamento tem sido demonstrado repetidamente no laboratório e tem sido utilizado para teleportar átomos quânticos a grandes distâncias. O Tunelamento quântico opera na fusão nuclear no sol, na decadência radioativa e na biologia. O Tunelamento de elétrons é um fator chave na fotossíntese e respiração celular, bem como em muitas reações bioquímicas de redução/oxidação e na catálise enzimática. O Tunelamento de prótons é instrumental na mutação espontânea do DNA.

Dois aspectos da realidade

Temos, portanto, dois aspectos da realidade que são bastante diferentes:

1. Clássico
2. Mecânica quântica

O aspecto clássico (e o mais experimentável ou observável) da realidade está bem definido, segue leis rigorosas e é precisamente previsível dentro de nossa escala de tempo e espaço, e é contínuo – "contínuo" entendido como em contraste com discreto[19] ou quantizado. É como subir uma colina em uma rampa suave e contínua, em comparação com a utilização de degraus numa escada. Na ladeira, se pode estar em qualquer nível incremental desde o mais baixo até o mais alto. Na escadaria só se pode estar a níveis discretos[20] de altura e nunca entre esses níveis. Na mecânica quântica, há fenômenos em que a natureza ou exibe uma separação ou uma continuidade que é essencialmente perturbada – sendo estes muito diferentes na sua natureza.

As teorias da relatividade de Einstein foram essencialmente descobertas e descritas no contexto da física clássica. A relatividade é, no mínimo, invulgar, na medida em que não é imediatamente intuitiva, mas explica como o tempo e o espaço estão interrelacionados. Por exemplo, o tempo se dilata e o espaço se contrai com maior velocidade.

Isto significa que quando um observador, digamos João, olhe para um relógio e uma régua fixados em uma nave espacial que voa a uma velocidade extremamente elevada, então João perceberá que o relógio está funcionando mais devagar do que o seu próprio relógio e também perceberá que a régua é mais curta do que a sua própria régua. Por outro lado, um astronauta viajando naquela nave espacial em alta velocidade observaria o relógio de João correndo mais devagar do que o relógio da nave espacial e a régua de João seria mais curta do que a régua da nave espacial. Um indivíduo poderia experimentar mais espaço e menos tempo, e o outro mais tempo e menos espaço. No entanto, quando eles fatorarem espaço e tempo juntos, eles concordarão sobre o espaço-tempo combinados. Assim, estes fenômenos relativistas, algo invulgares e contraintuitivos, operam razoavelmente bem dentro

---

19. N. do T.: Discreto, aqui, significa que o conjunto de resultados é finito ou enumerável. Ao contrário de "contínuo" (expressa intervalos ou união).
20. Ver N. do T. acima.

do domínio da física clássica, particularmente quando comparados com a mecânica quântica, o que é muito mais estranho!

Isto porque o aspecto mecânico-quântico da realidade é um campo de incerteza, aleatoriedade e mera probabilidade que em alguns dos seus aspectos vai além das limitações do tempo e do espaço e é quantificado.

Einstein acreditava fortemente em uma realidade clássica determinista com uma contínua evolução no tempo em um espaço-tempo clássico, cuja geometria obedece às leis da relatividade geral. As experiências conduzidas com base na sua teoria provaram que os seus cálculos eram exatos. Mais tarde, a mecânica quântica também provou ser prática e descrever com precisão tanto fenômenos quânticos como clássicos, mas precisava de uma interpretação das suas fórmulas matemáticas para realmente "compreender" os princípios fundamentais por elas expressos.

Realismo local, decoerência[21], a função da onda e o seu colapso!

Um contemporâneo de Einstein, Niels Bohr, um eminente físico de Copenhague, foi um dos pais fundadores (juntamente com Heisenberg e Born) da chamada Interpretação de Copenhague da Mecânica Quântica, que é uma das abordagens proeminentes para compreender os princípios do mundo quântico não usual – em particular, para descrever como uma observação, ou medida, resulta no colapso da função da onda.

Outra interpretação da mecânica quântica chamada Interpretação von Neumann-Wigner, originalmente formulada pelo mais importante matemático John von Neumann em 1932, vai

---

21. N. do T.: Na mecânica quântica, a decoerência é a perda da coerência quântica ou ordenamento de ângulos de fase entre componentes de um sistema em uma sobreposição quântica.

um passo além e considera a consciência do observador como o elemento que causa o colapso da função de onda.

A questão era se, como Einstein acreditava, a realidade objetiva é independente do observador (realismo) ou, como John von Neumann e Eugene Wigner sugeriram, "a consciência do observador causa o colapso da função de onda, criando assim, de fato, a sua própria realidade".

Em qualquer caso, não importa se é favorecida a Interpretação de Copenhague ou a Interpretação de von Neumann-Wigner, ou mesmo alguma outra interpretação, tal como a Interpretação de Muitos Mundos. É claro que, se a mecânica quântica estiver correta – e por tudo o que sabemos, este parece ser o caso –, então uma observação ou, em termos técnicos, o processo de medição, faz algo ao objeto de observação. Essencialmente, colapsa a função de onda e, assim, o que era incerto devido à probabilidade, torna-se mais localizado no tempo espacial.

Einstein procurou, até ao fim da sua vida, por uma teoria determinista que pudesse explicar os fenômenos quânticos, mas que respeitasse a sua relatividade especial e geral. Ele lutou com as descobertas que sugeriam não existir outra realidade física objetiva (ausência de realismo) para além daquela que é revelada através da medição. E nunca foi capaz de se reconciliar com a ideia de entrelaçamento a que chamou ação assustadora a distância (não-localidade). Desde a morte de Einstein, muitas experiências indicam claramente que o conceito de realismo local é falso e apoiam o ponto de vista dos físicos quânticos.

Isto significa que, desde que o princípio da localidade seja verdadeiro para as leis da física – que é a visão geralmente favorecida pelos físicos –, então o realismo não pode ser verdadeiro. É importante salientar que a violação do realismo no sentido utilizado na física quântica significa que as propriedades reais definidas de um sistema físico "não existem" antes da medição, ou são expressas de forma diferente. O resultado de uma possível medição "não existe" antes do ato de medição.

Se, em termos de uma escala maior o universo segue ou não regras estritas, verifica-se que a nível quântico existem de fato eventos aleatórios e imprevisíveis. Estes poderiam teoricamente influenciar o processo de causa e efeito e, de uma perspectiva estreita das partículas individuais, poderia parecer que existe aleatoriedade em vez de lei ou ordem.

O universo poderia parecer construído sobre uma indeterminação fundamental no meio do potencial sempre presente para o caos. No entanto, é importante voltar a sublinhar que o quadro muda quando visto, quer da perspectiva de grandes coletivos de partículas, em vez de átomos individuais e moléculas minúsculas, quer da perspectiva de toda uma história de acontecimentos ao longo da linha do tempo de toda a existência. Ou seja, enquanto as partículas individuais podem comportar-se aleatoriamente, como grupo, o seu comportamento global tende mais fortemente para a previsibilidade.

Mesmo se consideradas como entidades individuais relativamente independentes, quando em um grupo as partículas se comportam dentro de limites e regras específicas, tais como distribuições de probabilidade, e seguem estas probabilidades com muita precisão. Por exemplo:

- Um isótopo radioativo individual tem uma probabilidade de decadência ou não-decadência dentro de uma janela de tempo muito específica.
- O urânio-238 tem uma meia-vida de 4,47 mil milhões de anos. O que significa que em um grupo de tais átomos, dentro de 4,47 mil milhões de anos, metade desses átomos terão decaído, libertando assim a radioatividade.
- Durante esse tempo, qualquer um desses átomos tem 50% de probabilidade de se decompor e libertar radiação nociva. Se a sua vida dependesse de um determinado átomo se decompor ou não, poderia estar ansioso e infinitamente à espera com uma probabilidade de 50/50 de sobrevivência!

- O átomo pode decair em um segundo, no dia seguinte, no ano seguinte ou não por milhares de milhões de anos, mas não há forma de prever qual ou quando cada átomo irá decair individualmente. Podemos dizer com relativa certeza, contudo, que metade dos átomos terá decaído dentro de 4,47 mil milhões de anos.

Mais concretamente, estes números mostram que em um quilo de urânio-238 é possível contar com cerca de 12,4 milhões de átomos decompondo-se a cada segundo. Não se pode dizer quais irão decair, mas pode-se dizer quantos irão decair – uma justaposição de previsibilidade "mensurável" e uma aleatoriedade imprevisível.

A evolução, a vida, a lei e a ordem não dependem de átomos individuais isolados, mas de um grande número de entidades, forças e processos que se misturam, e estes são largamente previsíveis com base na ciência atual. Quando sabemos que, de um quilograma de urânio mais de 10 milhões de átomos se decompõem por segundo, isto é geralmente suficientemente preciso em termos práticos e pode ser considerado como essencialmente determinístico no que diz respeito à vida e ao viver. Não importa de modo algum quais os átomos específicos que realmente se deterioram agora e quais os que se deteriorarão em 10 mil milhões de anos.

Da mesma forma, podemos compreender os processos neuronais no nosso cérebro humano, incluindo a libertação de neurotransmissores e o disparo neuronal. Estes têm um nível elementar quântico aleatório subjacente com um nível clássico potencialmente ordenado. Estão intimamente relacionados com os nossos processos de pensamento cognitivo e sentimentos baseados na emoção. Nos níveis mais fundamentais do nosso sistema nervoso temos, portanto, a dinâmica interativa e previsível de partículas elementares, átomos, íons e pequenas moléculas cuja dinâmica individual inclui, no entanto, uma componente aleatória. Enquanto as componentes aleatórias da velocidade, spin, posição e outras características das partículas individuais podem ou não importar, o que conta é se, na sua junção, conduzem a dinâmicas coletivas com propósitos (e previsíveis).

Uma análise cuidadosa dos diferentes cenários cosmológicos mostra que correlações mecânicas quânticas ou entrelaçamentos que ocorrem na dinâmica flutuante primordial do universo primitivo são o que leva a estruturas hierarquicamente ordenadas no nosso universo a partir do comportamento basicamente aleatório de partículas elementares individuais.

Isto, contudo, não é a história completa para compreender como a dinâmica aleatória no nível quântico é compatível ou consistente com a evolução ordenada do universo com todas as suas estruturas complexas.

Para compreender a relação entre a dinâmica quântica e a dinâmica clássica, no contexto da evolução temporal de todo o universo, desde o seu início, no presente e até no futuro, é necessária uma interpretação mais estendida da teoria quântica que vá para além da interpretação de Copenhague. Em uma perspectiva fisicista e materialista, a interpretação de Copenhague não é adequada para tal, devido a várias razões. No universo primitivo, bem como em regiões intergalácticas remotas, não existem observadores clássicos (que saibamos!), mas a interpretação de Copenhague requer um aparelho de medição, ou observador, tal como descrito pelas leis clássicas. Além disso, descrever o universo inteiro como um sistema quântico não permite a um observador "fora" desse universo observar o universo. Em termos técnicos, o universo como um todo é um sistema fechado. Por conseguinte, é necessária uma interpretação da mecânica quântica que permita "situações de medição" mais generalizadas ou, em outras palavras, é necessário generalizar o conceito de observação.

Além disso, ao lidar com o universo como um todo, este conceito tem de estar de acordo com o princípio da relatividade de Einstein, o que significa que não se pode utilizar o conceito de tempo absoluto de Newton. No entanto, na Interpretação de Copenhague as probabilidades são previstas para observações "em um dado momento de tempo". Também o foco da Interpretação de Copenhague está nas "experiências de laboratório" onde se realiza apenas uma ou um número limitado de experiências consecutivas. Atualmente, a única interpretação concebível e amplamente explorada da teoria quântica que lida holisticamente com o número infinito de eventos quânticos que ocorrem em todo o universo durante os milhares de milhões de anos de evolução cosmológica é fornecida pela Interpretação de Histórias Decoerentes (também chamada Interpretação Consistente de Histórias) introduzida pelos físicos Griffiths, Gell--Mann e Hartle (25). A Interpretação de Histórias Decoerentes centra-se nas probabilidades de sequências de eventos em que cada evento representa uma medição quântica ou uma situação de medição mais generalizada.

Na mecânica quântica comum, um processo de medição quântica é caracterizado pelo fato de o objeto de observação e o aparelho de medição, ou observador, entrar brevemente em um estado de correlação mecânica quântica, ou entrelaçamento. Devido à interação com o ambiente, este estado de correlação mecânica quântica diferencia-se em diferentes resultados potenciais para a observação – na linguagem técnica da física quântica, diz-se que o estado temporário de correlação mecânica quântica se decompõe em uma mistura estatística de resultados possíveis. Devido a esta diferenciação (ou decoerência), os estados potenciais do objeto de observação tornam--se correlacionados com os estados potenciais do aparelho de medição, ou observador.

Assume-se que não há colapso da função da onda, mas sim, uma ramificação do universo em vários universos. A partir das probabilidades relativas de diferentes histórias, pode-se então inferir correlações entre observadores e eventos, ou propriedades de objetos, que são observados.

Muitos mundos, multiverso

A interpretação da Teoria Quântica de Muitos Mundos diz que se for realizada uma observação (ou medição) relativa à localização de um objeto quântico, então a partícula ou objeto manifestar-se-á, de fato, em muitos lugares diferentes – provavelmente ao mesmo tempo, mas em universos paralelos diferentes. Assim, considerando uma analogia com uma laranja em vez de uma partícula quântica, haverá um universo onde uma laranja é observada na sua mesa, noutro universo estará na casa do seu vizinho, e ainda noutro aparecerá, digamos, em um estacionamento da cidade. Com cada nova possibilidade, os universos ramificar-se-iam em inúmeras e infindáveis formas.

Quando se senta em um destes universos e olha para o aparecimento de partículas elementares, pode-se vê-las manifestar-se aleatoriamente. De acordo com a interpretação dos muitos mundos, em cada caso está se vendo apenas uma possibilidade entre muitas possibilidades. Por mais rebuscada que esta ideia pareça, ela é hoje uma das interpretações favorecidas por um bom número de físicos. Esta interpretação substitui a chamada Interpretação de Copenhague, ou a Interpretação von Neumann-Wigner, cada uma das quais diz que a consciência do observador colapsou, de fato, a função de onda de uma forma específica.

Mais importante ainda, a hipótese de muitos mundos pode acomodar o quebra-cabeça de como a aleatoriedade pode levar à ordenação. A aleatoriedade leva a todo o tipo de possibilidades com todos os tipos de probabilidades, algumas das quais podem ser ordenadas e uma das quais criou o nosso próprio universo.

Como as bolhas de água gaseificada, os universos podem emergir de uma realidade quântica atemporal. Todas as possibilidades com todos os tipos de universos com todo o tipo de leis e constantes físicas podem teoricamente emergir.

No entanto, no final de tudo, nós vivemos em um destes universos e não temos de nos lembrar de como são ou se existem outros universos (a menos, claro, que estejamos cientificamente curiosos, como estamos). Também pode ser considerado irrelevante se as leis que temos no nosso universo foram especificamente preconcebidas por um criador ou se são apenas um conjunto aleatório de leis que se reuniram a partir de múltiplas, e talvez infinitas, possibilidades. O nosso universo no nível bruto da sua manifestação (incluindo átomos, moléculas, minerais, matéria orgânica e todas as entidades vivas) tem, no entanto, leis estritas e constantes imutáveis.

Normalmente, dever-se-ia concluir que tudo obedece a estas leis. Dado um conjunto de condições originais, uma causa leva a um efeito e tudo seria predeterminado. Não haveria lugar para a liberdade. No entanto, a maioria dos nossos sistemas jurídicos, sociais e religiosos, se não todos, trabalham no pressuposto de que os indivíduos agem com base nas suas próprias escolhas livres. A maioria das pessoas acredita que tem livre arbítrio e que todos os indivíduos valorizam muito a sua liberdade. Colocar quaisquer limitações à liberdade de cada um, como na prisão ou confinamento, é concebido e experimentado como castigo. Mesmo aqueles que acreditam no determinismo acabam por pensar e comportar-se como se fossem livres. Com a liberdade vem a responsabilidade. Esta é uma das principais razões pelas quais as pessoas esperam recompensa pela boa ação e estão dispostas (ou acreditam no direito) a punir os outros por ações contra a lei.

Ao encerrar este capítulo, vale a pena notar que os sistemas jurídicos, políticos e sociais também lutam poderosamente para julgar a liberdade pessoal e a sociedade de livre escolha através de formas democráticas e outras formas de governo. As leis são continuamente escritas, alteradas, revistas, invertidas e anuladas. Como anteriormente se verificavam circunstâncias impensadas ou imprevistas, ou casos únicos, esses são levados aos tribunais. Ocorre que por vezes o tribunal de um nível discorda do tribunal de outro nível!

Poder-se-ia mesmo dizer que a própria lei humana é inerentemente indeterminada, ou que não existe uma necessidade de causa e efeito diretamente "determinista" ou uma lógica subjacente "imutável" que força uma, e apenas uma, conclusão predeterminada. Por exemplo, foi homicídio, autodefesa ou apenas um acidente horrível? O "livre arbítrio" no sistema jurídico parece assim exigir um pensamento criativo, não determinista e livre entre legisladores, juízes, advogados e mesmo júris. Implica em uma revisão constante, em mudança etc., e, na realidade, não há qualquer elemento de "certeza" determinada envolvida.

Capítulo 8

Nada, Consciência, um e muitos

O capítulo 7 tratou de descobertas e conclusões científicas baseadas no pressuposto não comprovado de que tudo o que existe no universo provém de algum tipo de energia, forças físicas e objetos materiais. Neste livro, porém, proponho que existe uma "Singularidade" que é a Consciência, que é tudo o que existe. Esta singularidade é não-física e não-material. Não é uma "coisa" nem é composta de coisas, portanto, quando considerada do ponto de vista material, isto é Nada. No entanto, enquanto Consciência, trata-se de uma existência autoconsciente, autorreferente. Não é limitada por qualquer conceito de espaço ou tempo, não pode ir a lugar nenhum, nem pode ser a fonte de nada fora de si, porque não há nada fora dela.

Esta Consciência é absoluta, não muda, não tem princípio e nem fim. Se considerada em termos de espaço e tempo, ela é ilimitada pelo espaço, e infinita no tempo, eterna. Em virtude da sua natureza de nada, está para além da qualificação, da medição e da quantificação. Está para além do princípio e do fim.

Agora, vamos descompactar e expandir essa definição.

Primeiro, como já vimos, a Consciência requer três elementos. Deve haver um Observador, um objeto a ser Observado, e um processo de Observação que ligue o Observador ao objeto. Sem estes três não se pode ter Consciência, devido à natureza da Consciência. Ela é consciente. É a natureza da Consciência estar consciente, alerta, não adormecida ou desatenta.

Quando diz: "Eu estou consciente", o que quer dizer? Consciente de quê? Em virtude de estar consciente, estará consciente de algo, seja um objeto externo percebido pelos sentidos, como um carro, um livro, uma árvore ou um objeto interno, como um pensamento, um sentimento ou uma sensação. Poderá até ter consciência de estar consciente, caso em que a Consciência é de imediato o **Observador** e o **Observado**, o conhecedor e o conhecido. Em todos os casos, existe o observador, e algo observado. E, deve haver algum processo, algum mecanismo, através do qual esta **Observação** acontece, alguma mecânica da experiência, algo que ligue o observador ao observado. Assim, esta estrutura de três em um é inerente à natureza da Consciência. Isto é válido independentemente da qualidade, do nível, ou do estado de Consciência. Dizer que se está consciente é reconhecer a presença simultânea destes três papéis – caso contrário, não haveria experiência consciente.

Um pressuposto comum é que, na nossa experiência diária, de ser um indivíduo consciente, é o sujeito (o Observador) que tem consciência. E que é na "tela" dessa consciência que se dá a experiência. Como se o funcionamento do nosso sistema nervoso criasse uma tela interior e os objetos fossem então projetados nesta tela da consciência através de mecanismos cognitivos. A analogia é com uma tela de cinema em que as imagens são projetadas.

Nesta visão, as imagens seriam análogas aos objetos, que poderiam ser coisas materiais, sentimentos ou pensamentos – o que quer que nós, como sujeitos, estejamos a entreter na nossa consciência. Como enfatizarei mais adiante, esta não é uma descrição precisa do que é a Consciência ou do que acontece durante um momento consciente. A Consciência não é uma tela plana sobre a qual os objetos são projetados. Ser consciente é um processo resultante de três aspectos que se juntam.

Para poder explicar este paradigma sobre a Consciência e clarificar alguns dos seus conceitos fundamentais, tenho de dissecar e isolar alguns dos seus componentes inseparáveis antes de os voltar a juntar.

Experiência de Nada

Para começar, imagine por um momento, agora mesmo, que tudo o que você sabe ou não sabe desaparece. Não há você, não há eu, não há nada – não importa, não há energia, não há partículas ou forças, não há universo físico, não há física, química ou biologia – apenas um estado de vazio primordial, prévio ao Big Bang: nada. Não há tempo, não há espaço, não há dualidade, não há dois, três ou qualquer conceito de diferença, porque não há absolutamente nada.

Você poderá estar se perguntando "de onde veio este Nada?". Mas não podemos fazer esta pergunta uma vez que não há nada, e, portanto, não há lugar de onde ele possa vir. Não se pode perguntar quando começa ou acaba porque tempo e espaço são conceitos relacionados com objetos e não há objetos. Não há nada. Portanto, Nada não tem limite no tempo ou no espaço, porque por definição não há nada e, portanto, também não há tempo ou espaço. Pode pensar "quem o criou?". Mas não há nada para criar – é o Nada. Você nem poderia sequer falar de existência ou não existência, ou de vida, morte ou imortalidade.

É deste Nada que temos de derivar todo o campo da realidade, incluindo a imaginação e os sonhos, iPhones, naves espaciais, cedros, baleias, você, eu, Newton, Napoleão, unicórnios, alienígenas, Thor e Afrodite.

Mas, primeiro, vamos ter um vislumbre do Nada como uma experiência em vez de apenas um conceito mental. Faremos uma pequena experiência na qual não queremos experimentar Nada. Nós iremos fazer isto de olhos fechados assim que tivermos descrito o que fazer.

- Queremos experimentar como é o Nada. É o silêncio no nível do som e da audição, e a escuridão no nível da luz e da visão. Não é uma experiência sensorial de qualquer bondade. Nenhum pensamento, nenhum sentimento, nenhuma imaginação de nada.

- Queremos experimentar o Nada mesmo que seja apenas por um momento fugaz, para ter uma sensação de como o nada pode ser.
- Se for conveniente, seria melhor sentarmo-nos confortavelmente. Sem muita análise, sem experimentar nada, mas com a simples intenção de experimentar o silêncio – não experimentar nada ao fechar os olhos, e depois abri-los após alguns segundos. Não há pressa, tome o seu tempo, pare de ler agora, ou ponha o áudio em pausa, e feche os olhos.
- Quando os olhos estavam fechados, alguns podem ter sentido um momento mais curto ou mais longo de nada. Outros terão tido pensamentos, ou tiveram a sua atenção captada por algum ruído exterior, ou pela sua própria respiração, ou por um sentimento no corpo, intercalado com silêncio. Outros poderão ter sentido que a sua mente estava dizendo: "Eu não tenho silêncio porque tenho pensamentos e os pensamentos não são silêncio". No entanto, entre dois pensamentos ou dois sentimentos, havia silêncio.
- Os que praticam a Meditação Transcendental® podem ter experimentado a Transcendência, porque desenvolveram o hábito e experimentaram períodos mais longos de profundo silêncio interior. A experiência pode ser qualquer combinação das anteriores. Mas o silêncio e o Nada estavam lá, quer o sentissem clara ou vagamente, durante um curto ou um longo período de tempo.
- Mesmo que você pense que não estava lá, quando a sua mente passou de um pensamento para o outro, o espaço entre os dois pensamentos era Nada. Pode tentar novamente e ver como se sente. Não tentamos criar um vazio ou Nada – apenas temos a ideia antes de fechar os olhos de que queremos ver como se pode sentir o Nada, e, portanto, não temos qualquer antecipação ou expectativa em relação ao que estaremos pensando quando fecharmos os olhos.

- Logo depois de fechar os olhos o silêncio pode vir, e então os pensamentos ou os sentimentos invadirão o silêncio.
- Você pode dizer a si mesmo de tempos em tempos: "Tenho um pensamento, portanto isto não é silêncio" ou "Sinto a minha respiração, e isto não é silêncio". Neste caso, você está analisando intelectualmente o silêncio como sendo a negação de qualquer pensamento ou sentimento específico – e isto também é correto.

Para ser muito claro, este pequeno exercício não é uma técnica de autodesenvolvimento e certamente não é Meditação Transcendental®. Nós fizemos isso porque a experiência direta ajuda à compreensão. Uma vez que estamos falando de nada, isto pode trazer o Nada um pouco mais perto de nosso entendimento em vez de permanecer um conceito estranho e abstrato, apesar do fato de alguns poderem não ter tido uma experiência clara do Nada.

Teoria dos conjuntos: o Nada na matemática

Uma das teorias mais bem-sucedidas e úteis da matemática moderna é a teoria do conjunto baseado em conjuntos vazios. Esta teoria começa com o vazio e define um conjunto primário que não contém nada. Para mostrar o que é um conjunto vazio, são utilizados as seguintes chaves: {}.

Obviamente, entre as duas chaves não há nada e esse é o conjunto vazio. Agora, se colocar este conjunto vazio entre chaves, cria um novo conjunto contendo o conjunto vazio original assim: {{}}. Este novo conjunto não é considerado como vazio porque contém o conjunto vazio originalmente definido.

Um conjunto que contém este conjunto vazio não é, portanto, um conjunto vazio porque contém uma coisa: o conjunto vazio. E isto prossegue com o vazio dentro do vazio. Por mais contrário à razão e bizarro que isto possa parecer, é uma das teorias mais bem-sucedidas, práticas, e úteis em matemática. No nível físico, não há nada. O conjunto está vazio. Mas em um nível conceitual, estamos postulando um conjunto. Portanto, o que existe é o conceito.

O conceito é uma obra de Consciência. Reflete a "Consciência em ação". Se retirar a Consciência da equação, não se pode fazer nada ou construir nada. No entanto, a teoria matemática mais bem-sucedida requer o vazio como ponto de partida. Mesmo a geometria é construída sobre nada material.

O Nada em geometria é chamado ponto. Por definição, um ponto não tem dimensões. Não ter nenhuma dimensão significa literalmente nenhuma existência física. No entanto, é um conceito em Consciência e, baseado neste conceito, constrói-se uma linha, que tem apenas uma dimensão; um plano, que tem duas dimensões; e todo o espaço, que tem três dimensões.

Nestes exemplos, temos um "nada" de um ponto de vista material que não contém nada físico ou material. No entanto, damo-nos conta de que o nada é um conceito que requer consciência.

A Consciência não é uma coisa – no entanto, é Tudo

Agora vem o segundo passo da nossa teoria. Colocamos a Consciência no Nada e dizemos que o Nada tem uma qualidade, e que a qualidade é a Consciência. Ter uma qualidade não significa que se tenha tornado uma espécie de coisa em termos materiais ou físicos. É apenas que a natureza deste Nada é Consciência. Não é uma coisa. No entanto, vamos postular que é a partir deste Nada-coisa que todas as coisas emergem.

Nada como fonte de Tudo é um tema exposto no Vedanta e nos *Upanishads*, dois aspectos importantes da literatura védica. Como ilustração, nos *Upanishads* um rapaz pergunta ao seu pai de onde vem toda esta criação. O pai pede ao rapaz que abra a semente de uma árvore *Banyan* e que olhe para o seu interior. O rapaz abre as pequenas sementes e diz que não vê nada. O pai explica ao seu filho que a enorme árvore *Banyan* vem daquilo que ele não consegue ver com os olhos.

Este é um tema que se repete na tradição Vedanta da literatura védica. A analogia era para explicar que todo o universo vem do Nada. A origem de tudo o que podemos experimentar não é nada que possa ser apreciado em termos físicos ou materiais.

Este postulado é uma possibilidade, uma teoria. Mesmo que decidíssemos acreditar firmemente que faz sentido e que é assim que as coisas são, ainda não está provado. Mas como esta teoria será capaz de explicar muitas coisas "misteriosas", sentimo-nos confiantes de que é um modelo de trabalho sólido.

Ao postular que a origem de tudo é a Consciência, que não é nada físico, já resolvemos o problema e as questões sobre a sua origem. Não se pode perguntar quem criou a Consciência ou onde e quando ela começa ou acaba. Porque não é nada, não há nada para criar, e nada limitado no espaço ou no tempo.

Então, ao dar voltas e voltas, voltamos a duas naturezas distintas da existência, uma não-física, eterna, absoluta, e a outra física, mutável e relativa como Descartes postulava? A resposta curta é não. É preciso trazer a nossa teoria mais à luz antes que a resposta a esta pergunta faça sentido. Digamos apenas por agora que a Consciência não cria uma realidade física separada fora de si mesma.

Como é possível? Estamos dizendo que o nosso universo e todas as coisas que amamos, imaginamos, esperamos etc., são uma ilusão e não são reais? Isto também não é verdade. E isto nos traz ao terceiro e fundamental novo passo da nossa teoria, que agora vamos elaborar.

No desenvolvimento da teoria até agora, ressaltamos que a Consciência não é nada material. A natureza desta Consciência, nós dissemos, é "ser consciente". E como foi dito anteriormente, "estar consciente" requer um Observador, um processo e um Observado.

Para estar consciente, a Consciência Pura assume três papéis diferentes. Estes três papéis são inerentes à Consciência e não se separam dela. Cada papel é um ponto de vista diferente sobre a Consciência. Existe, portanto, uma Consciência absoluta que assume três papéis em virtude da sua natureza de estar consciente. A Consciência Pura olha para si própria de diferentes perspectivas.

É como um homem que diz: "Eu sou João, o observador consciente e pensador. Estou consciente de mim próprio. Sou também um médico. E eu sou este meu corpo e fisiologia". O mesmo João pode ver-se a si próprio a partir destas diferentes perspectivas. No entanto, ele é a mesma pessoa.

Exatamente da mesma forma, embora em um nível muito mais sutil, a Consciência Pura pode ver-se a si própria a partir destas três perspectivas diferentes. Estas perspectivas em si podem ser consideradas em um nível conceitual como aspectos separados da mesma consciência, com cada perspectiva tendo o seu próprio sabor diferente.

Para ilustrar isto, podemos utilizar outra analogia, ainda que as analogias tenham as suas limitações. Na teoria do conjunto vazio, os matemáticos diriam que o conjunto vazio é uma entidade escrita com duas chaves que não contém nada entre chaves como este: {}. Há uma necessidade de representar – dentro das limitações do meio impresso – a convenção de um conjunto por uma notação, embora este represente o vazio total, o Nada. A ideia permanece, no entanto, de que é apenas uma entidade – um conjunto vazio. Contudo, se se olhar para o conjunto vazio como um objeto, sentado como se estivesse fora da Consciência, não se compreende verdadeiramente todo o seu sentido e significado. Na realidade, o conjunto vazio é um conceito na Consciência. Podemos legitimamente dizer que o conjunto vazio tem três aspectos. E há de fato três componentes que fazem o conjunto vazio:

1. O Vazio
2. O conceito de um conjunto
3. Colocar o vazio no conjunto

O terceiro aspecto pode por vezes ser negligenciado porque é uma espécie de aspecto não-manifesto. No entanto, o vazio e o conjunto considerados separadamente não constituem um conjunto vazio. É preciso juntar os dois. E "ligar ou conectar os dois" é um processo.

Da mesma forma, um Observador e um Objeto não podem constituir uma observação, a menos que estejam ligados. Se tanto João como uma flor estiverem em uma sala, mas João não vir realmente a flor, então não há Observação: não há consciência da flor. O elo é essencial a qualquer processo de observação ou experiência consciente.

Os cientistas há muito se esforçam em separar o processo de experiência consciente do objeto de Observação. Isto foi considerado necessário para se ter uma avaliação objetiva da realidade. Esta lógica foi desenvolvida para evitar que o sujeito (Observador) interferisse com o processo de Observação e, por conseguinte, permitir-nos, de alguma forma, ver os objetos tal como eles são na sua essência. A lógica era que um Objeto seria visto apenas de um ponto de vista pessoal – o do sujeito específico que faz a Observação, em vez de ver o Objeto tal como ele é em si mesmo.

Durante muito tempo, na ciência moderna, apenas o físico e o material foram considerados como referências confiáveis. Mesmo nos últimos anos, quando os cientistas começaram a investigar a mente, o comportamento e a consciência, tem havido uma crença quase unânime de que todos os processos mentais, incluindo a consciência, são o produto de uma organização complexa da matéria, como o sistema nervoso humano. Isto, apesar do fato de nenhuma teoria se aproximar sequer de mostrar uma pista de como a Consciência pode emergir de fenômenos físicos.

No nosso paradigma, começamos com a Consciência. Postulamos que a Consciência é Singularidade, o derradeiro Campo Unificado, a unicidade imanifesta da existência pura.

Mesmo enquanto podemos prever um ponto de vista reducionista onde, de fato, a psicologia poderia um dia ser explicada pela biologia, a biologia explicada pela química, a química explicada pela física clássica, a física clássica explicada pelas teorias de campo quântico e, por fim, uma Teoria de Campo Unificado que explica tudo, dou um passo significativo e digo que "a Consciência é tudo o que há" e que a derradeira Teoria de Campo Unificado será uma Teoria de uma Consciência Autointerativa.

Um e muitos

A Consciência Pura é Singularidade, o derradeiro Campo Unificado, Unicidade imanifesta da existência pura. A Consciência não é apenas como uma tela em que objetos ou pensamentos são projetados. Esta é uma distinção fundamental do pressuposto habitual. E por isso é importante deixar claro que a Consciência Pura que estamos discutindo não é apenas a capacidade de observar ou aquilo a que poderíamos chamar a qualidade de *observerhood*[22].

Podemos definir **Observerhood** como a capacidade de perceber, detectar, sentir, testemunhar – em suma, experimentar – qualquer coisa. É uma potencialidade. Para ser consciente, por outro lado, implica e exige a consciência de um objeto dessa sensação, sentimento ou percepção e alguns meios de ligar o sujeito ao objeto, o conhecedor ao conhecido.

O aspecto do Observador é, portanto, apenas uma das características da Consciência. Esta característica pode ser quantificada em termos de *Observerhood*. Podemos dar-lhe uma representação simbólica como O^R. Também representamos, simbolicamente, as características que permitem que uma entidade seja experimentada como Objeto, a sua qualidade de **Observedhood** como O^D. E,

---

22. N.do T.: *Observerhood, Observinghood e Observedhood*. Estes três termos foram recentemente inventados e não correspondem aos termos usuais em inglês. Transmitem a medida em que qualquer entidade pode ser um observador (*Observerhood*), um processo (*Observinghood*), ou um observado/objeto (*Observedhood*).

utilizamos O^G para a ***Observinghood***, a capacidade de uma entidade participar na consciência como o processo de Observação.

Outro aspecto muito importante e fundamental a destacar é que o Observador, o Observado e o Processo não existem como entidades separadas. O que proponho é que os três papéis que a Consciência Pura assume são interdependentes e não existem como entidades separadas uma da outra, ou da própria Consciência Pura.

Para utilizar uma analogia, imagine uma peça fictícia que normalmente exigiria três atores. Digamos que é a história de um procurador e de um advogado de defesa a argumentar perante um juiz. Vamos assumir que existe apenas um ator que interpreta estes três papéis diferentes. Da mesma forma que ter o mesmo ator a desempenhar três papéis diferentes, a Consciência Pura (Singularidade) assume os três papéis de Observador, Observado e Processo de Observação.

A diferença com a analogia da peça é que a consciência assume estes três papéis simultaneamente e não sequencialmente. É a isto que chamaremos a Dinâmica Autointerativa da Consciência. A Consciência curva-se sobre si mesma. Ela interage consigo própria no processo de se tornar consciente. É assim que a Consciência é capaz de estar consciente de si própria.

Na peça fictícia, um ator interage consigo próprio à medida que assume diferentes papéis. O ator é um só. Os papéis são muitos e são diferentes, um do outro. A disponibilidade de papéis diferentes é o que permite interações dinâmicas, mesmo quando o ator é a mesma pessoa. Se não houvesse diferenças, nem multiplicidade, então não haveria interações, nem processos e nem dinamismo. Seria apenas Unicidade, quietude e silêncio.

No nosso caso, a Unicidade absoluta da Consciência Pura tem dinamismo em virtude da sua capacidade de desempenhar três papéis diferentes. Como é capaz de desempenhar três papéis? É devido à sua natureza, que é a Consciência. A natureza da Consciência é ser consciente. Ser consciente requer o triplo Observador, Observado e Processo de Observação que podemos escrever como Observador, Processo e Observado ou como Sujeito, Processo, Objeto.

As qualidades da Consciência Primordial são sem fronteiras, ilimitadas, para além do tempo e do espaço, porque está fora de qualquer outro ponto de referência. Neste modelo, a singularidade primordial da Consciência, na qual nada mais existe senão a Consciência, é ela própria o Observador.

O leque de possibilidades de ser Observador, o Processo de Observação, ou o Objeto de Observação, situa-se entre dois extremos. O primeiro extremo é o Nada, o que significa que não haveria capacidade de Observação, nenhum poder de participar em um Processo de Observação, e nenhuma capacidade de ser percebido ou visto como um Objeto de qualquer forma.

O extremo oposto é a capacidade última, o que significa que o valor infinito e ilimitado da Singularidade em si participa como Observador, Processo de Observação, e Objeto de Observação. Assim, o nível supremo ou máximo, mais elevado de *Observerhood* é Singularidade no papel de Observador; o nível supremo de *Observinghood* é Singularidade no contexto do Processo de Observação; o estado supremo de *Observedhood*, é Singularidade expressando-se como um Objeto de Percepção ou Observação.

Voltemos à nossa analogia da peça com três papéis desempenhados por um ator. As peças de teatro são fictícias. O juiz, o procurador e o advogado de defesa não existem, de fato, como pessoas reais. No entanto, também é verdade que o ator pode encarnar plenamente o papel que interpreta e, enquanto ator, sentir-se completamente imerso, investido e empenhado no papel. Neste caso, o ator tem uma nova perspectiva cada vez que o papel muda. Há a perspectiva do juiz, a perspectiva do procurador e a perspectiva do advogado de defesa. Estas três perspectivas aparecem como reais quando o ator se investe nelas. De forma semelhante, a Singularidade, a Unicidade da Consciência desempenha os três papéis interdependentes de Observador, Processo e Observado. Isto gera três "novas" e diferentes perspectivas.

Uma vez que tudo é Consciência, não há nenhum objeto independente, nenhum observador independente ou processo como tal. As perspectivas estão dentro da Consciência e sobre a Consciência. Contudo, sendo diferentes, criam a multiplicidade, o triplo (Observador, Processo e Observado) fora e dentro da Unidade. Este surgimento da multiplicidade a partir da Unidade está no nível da perspectiva. As perspectivas ou pontos de vista são diferentes.

Ter perspectivas diferentes gera "novas" formas de ser consciente. A forma primordial de estar consciente é a da Consciência Pura. Agora vemos que é possível ser consciente a partir de perspectivas mais limitadas – as do Observador, Processo e Observado.

É como se a própria Consciência Pura, estando consciente de sua realidade três em um, pudesse colocar-se no lugar de um dos papéis mais limitados que está desempenhando e assim ver as coisas a partir dessa perspectiva particular. Pode também colocar-se no outro papel e agora ver as coisas sob a perspectiva do outro papel.

Isto é comparável ao ator na nossa analogia que está tão completamente imerso, que vê as coisas completa e totalmente da perspectiva do procurador, depois do juiz, e depois do advogado de defesa. O ator deixa-se eclipsar por estes momentos e torna-se plenamente investido nos diferentes papéis à medida que os interpreta.

Novos sabores de percepção surgirão também – os do procurador que olha para si próprio, avaliando o juiz, pesando o impacto do advogado – e mais sabores de percepção ocorrerão quando interpretar o juiz ou o advogado. De uma forma semelhante, mas não exatamente da mesma forma, a Consciência cai em cascata de perspectiva em perspectiva *ad infinitum* – variando desde a perspectiva infinita e ilimitada da Consciência Pura até perspectivas cada vez menores.

O Ser, o intelecto, a mente, o espaço e o tempo

Na peça, há o "Ser" do ator, que podemos escrever com um "S" maiúsculo. O ator também pode ser plenamente investido no papel que desempenha. Quando ele assume o papel de procurador, por exemplo, poderia dizer a si próprio: "Este é o ser do procurador". O "ser" do procurador não é o mesmo "ser" do ator. É um papel que ele desempenha. Podemos escrever este ser com um "s" minúsculo. É óbvio, porém, que, na sua essência, o procurador é, de fato, o ator. Da mesma forma, temos o ser de um juiz e o ser de um advogado que são ambos o mesmo ator a desempenhar estes diferentes papéis. Existe, portanto, um grande "Ser" que desempenha o papel dos três "seres".

A Consciência está igualmente consciente da sua Unicidade e multiplicidade. Vê que cada aspecto de si própria tem o seu próprio sabor ou ponto de vista. Estes sabores ou pontos de vista individuais têm a sua própria identidade.

Há um termo em sânscrito para a identidade individual separada, ou Ego – esse termo é *Ahamkar*. Para diferenciar a singularidade da Consciência Pura dos múltiplos papéis que pode desempenhar, o termo *Atma* é utilizado em sânscrito. *Atma* significa também "Ser". É o Ser final, tal como o do próprio ator na nossa analogia. *Atma* é utilizado para realçar a Singularidade no contexto da multiplicidade. Ele diferencia a Singularidade de todos os outros possíveis seres individuais ou *Ahamkar*.

Na nossa analogia, o Ser do ator seria o *Atma* e os seres dos três papéis seriam os *Ahamkars* dos papéis. Existe, portanto, apenas um *Atma* e muitos *Ahamkars*. Da mesma forma que todos os papéis são desempenhados pelo mesmo ator, todos os *Ahamkars* são na sua essência *Atma*. O verdadeiro Ser de cada *Ahamkar*, é de fato *Atma*.

O sentido de autoidentidade do procurador, em contraste com os do juiz e do advogado, é chamado o Ego (*Ahamkar*) do procurador. O ator está obviamente consciente e sabe que os três papéis são diferentes. Este sentido de discriminação é o que chamamos de "Intelecto" – *Buddhi* em sânscrito. O termo *Buddhi* vem da raiz Bud, que significa estar acordado, saber. Estar consciente das diferenças, saber o que existe e o que não existe, é a qualidade discriminatória do intelecto: *Buddhi*.

A capacidade de assumir um papel e depois o outro para trás e para a frente é como a capacidade da mente de manter um ou outro pensamento para trás e para a frente. Chamaremos a esta capacidade – a Mente – *Manas* em sânscrito.

É assim que a única Consciência aparece como muitas e espontaneamente vê, inerente dentro de si mesma – identidade (o Ego), a capacidade de discriminar (o Intelecto), e a capacidade de se associar a vários papéis (a Mente).

As noções de espaço e tempo são também geradas espontaneamente no processo de a Consciência estar consciente de si própria ou conhecer-se a si própria. Definimos Espaço como uma noção que permite que diferentes "objetos" apareçam simultaneamente, ou seja, ao mesmo tempo. Se dois objetos ocupassem exatamente o mesmo espaço ao mesmo tempo, eles seriam o mesmo objeto e não dois.

O tempo, por outro lado, é uma noção que permite que diferentes "objetos" ocupem o mesmo espaço. Ocupariam este espaço em tempos diferentes. É importante ter em mente, contudo, que o espaço e o tempo reais não aparecem como reais até que a manifestação aconteça. Neste ponto da nossa discussão, tudo é imanifesto e tudo acontece instantaneamente. Não há velocidade porque não há relação espaço-tempo uma vez que o espaço e o tempo ainda não existem. São apenas conceitos.

Obviamente, como mencionado anteriormente, há muitas características da dinâmica da consciência que não são trazidas à luz pela analogia do ator na peça. Por exemplo, os três aspectos de Observador, Processo e Observado, bem como a cascata de perspectivas, são papéis que a Consciência desempenha simultaneamente e não sequencialmente.

É como se o ator tivesse a capacidade de aparecer no palco em cada um dos três diferentes papéis com as suas infindáveis nuances ao mesmo tempo. Para ter ao mesmo tempo o juiz, o procurador e o advogado – é necessário um espaço para cada um deles. Na nossa teoria da Consciência, é assim que o espaço se tornará uma realidade. O aparecimento simultâneo de entidades diferentes é o que gera a noção de espaço. O espaço é um conceito que permite que entidades diferentes apareçam ao mesmo tempo.

Isto seria mais como a situação do mesmo ator na peça que requer tempo para poder aparecer em três papéis diferentes. Em outras palavras, em um universo clássico, se houvesse apenas um espaço, muitos objetos clássicos poderiam estar nesse espaço, mas não ao mesmo tempo. Se existisse apenas uma cadeira, mas muitas pessoas, todos poderiam sentar-se na mesma cadeira, mas apenas em momentos diferentes.

A multiplicidade, o ego, o intelecto, a mente, o espaço e o tempo são gerados a partir da mesma consciência, que apesar de ser não-material e não-física, é dela que flui toda diversidade e, de fato, toda a existência.

No capítulo seguinte, começamos a explorar como a *Consciência é tudo o que há* – sendo simultaneamente tudo e "não-coisa", plenitude e nada, de uma só vez.

Capítulo 9

Existência, realidade e Ser

A natureza "três em um" da Consciência

A Consciência absoluta é Pura e Uma, uma realidade eterna de totalidade ininterrupta. A natureza três em um da Consciência é um conceito. No entanto, a simetria perfeita da Singularidade da Consciência é "quebrada" por este conceito. Nada diferente da Consciência emerge dela. De um ponto de vista, a Consciência é Singularidade e pura potencialidade. De outro ponto de vista, a Consciência é uma entidade real e consciente com três valores dentro de si mesma. Estes três valores são o seu próprio Ser (Observador), olhando para o seu próprio Ser (Observado), em um Processo autorreferencial de observação por meio do seu próprio Ser.

Esta quebra de simetria não ocorre devido a qualquer agente externo, pois não há nada fora da Singularidade. Acontece porque a Singularidade é Consciência e a Consciência é consciente, o que significa que tem uma natureza inerente de três em um.

Além disso, a quebra da simetria não é um processo sequencial que se desenvolve ao longo do tempo. Não há tempo na Singularidade e, portanto, não há tempo quando o três e o um estão separados. Não há tempo quando há um sem os três.

Outra analogia pode ajudar a ilustrar a natureza de três em um da Consciência e estabelecer o cenário para compreender como a Consciência desempenha um número infinito de papéis:

Imagine um homem chamado João que poderia facilmente ser visto de muitas maneiras. Ele poderia ser um cuidador de um pai doente, um voluntário de uma instituição de caridade local, um guitarrista, e um jogador de softball nos fins de semana, só para citar alguns. Por uma questão de simplicidade, começamos por imaginá-lo em termos de três papéis fundamentais que desempenha como engenheiro profissional com mulher e filhos. Ele pode dizer: "Eu sou engenheiro, sou marido, sou pai". Estes três papéis ou funções residem nele em todos os momentos. Ele é apenas um homem, mas pode ser visto e compreendido de três maneiras diferentes. A função a ser desempenhada destaca um ou outro dos seus vários aspectos. Da mesma forma, a única Consciência, quando assume a sua função de estar consciente, vê dentro de si três papéis diferentes – Observador, Observado, e o Processo de Observação.

Vejamos agora que a nossa noção de João, como engenheiro, se torna como que separada da ideia original, holística e tripartida de João. Quando João usa o seu chapéu de engenheiro e funciona plena e sinceramente como engenheiro, ele não é de certa forma um marido ou um pai. Claro que, de maneira inerente, ele é os três, mas quando esta função "engenheiro" é desenvolvida completa e inequivocamente, ela eclipsa as outras. Do mesmo modo, quando chega em casa do trabalho e lê uma história para a filha, a sua função "pai" eclipsa suas outras funções.

Embora esta analogia tenha as suas limitações, pode, no entanto, lançar luz sobre a forma como a Singularidade pode ser concebida se assumir os seus três papéis separadamente.

Esta é apenas uma noção teórica, pois não há tempo em que os três papéis e a Consciência Uma estejam separados, nem qualquer tempo em que a única Consciência esteja sem os três papéis. Contudo, para efeitos de análise, podemos conceber a Singularidade assumindo cada um dos três papéis isoladamente, sem que os outros dois papéis estejam presentes; ou seja, embora permanecendo tudo o que existe, a Singularidade assume separadamente apenas um dos três papéis.

Não é que a Consciência se divida em três. É a mesma Consciência vista a partir de três perspectivas diferentes. É por isso que o termo "conceito" tem sido enfatizado nas descrições anteriores.

Uma vez que, de acordo com a nossa teoria, Consciência é tudo o que há, a Consciência deve, necessariamente, ser Singularidade. Quando assume apenas o papel de Observador, então o Observador é tudo o que existe – não há Observação ou Observado. Neste caso, o único conceito é o Observador (o sujeito), representado por um triplo[23] em que a singularidade é escrita na primeira posição (Singularidade; 0; 0). Isto aplica-se da mesma forma para o papel de "Observação" (o Processo de Observação), representado por um triplo no qual a singularidade é colocada na segunda posição (0; Singularidade; 0) e o papel "Observado" (o Objeto), representado por um triplo no qual a singularidade é colocada na terceira posição (0; 0; Singularidade).

Existência: "bits de Consciência"

Nenhum dos três conceitos acima referidos pode existir por si só. Como tudo é Consciência, quando qualquer componente de um triplo (Observador, Observação, Observado) tem o valor zero, o que representa a ausência de um papel específico de consciência, o triplo é definido como apenas um conceito que pode ser considerado, mas que não existe verdadeiramente. Esta é a definição de um conceito, uma entidade virtual, um triplo em que pelo menos um dos componentes é igual a zero. Um conceito (virtual) está em contraste com o que é considerado como real. O que é considerado como real é quando um sujeito (um Observador) e um objeto (Observado) se juntam em um Processo de Observação. Isto é o que eu chamo "um bit de Consciência". Portanto, um "bit de Consciência" é o que é real. Fora dos bits de Consciência reais,

---

23. O triplo em matemática é um agrupamento de 3 elementos onde a posição de cada elemento pode ser definida com uma função específica. Neste caso, o primeiro elemento é o observador (sujeito), o segundo é o processo que liga o sujeito ao objeto, e o terceiro é o observado (objeto).

tudo é virtual. Quando Jane vê uma flor, este momento é real. A flor por si só, quando não observada, é considerada virtual.

O Objeto (o conhecido) é considerado como existente pelo sujeito (o conhecedor) que o está observando. Para Jane, a flor existe quando ela a vê, cheira ou sente. Na sua memória e imaginação, a flor também existe, mas é apenas virtual. Pensar em uma flor torna o processo de pensamento real e o pensamento existe, mas a flor permanece virtual até ser diretamente observada. Também para Jane, a flor existe tal como Jane a vê, cheira ou sente especificamente. Outro observador pode potencialmente vê-la, cheirá-la, ou senti-la de forma diferente.

A realidade e a existência são, portanto, relativas e não absolutas. Dependem não só do Objeto, mas também do Observador e do Processo de Observação.

Quando a Consciência Pura, o grande campo da Consciência Primordial olha para si própria a partir das três perspectivas primordiais do conhecedor, conhecer, e do conhecido, vê três realidades diferentes, separadas e novas. Estas realidades geram novos modos de percepção. Cada realidade acrescenta a sua própria perspectiva, modificando assim a percepção à sua própria maneira. Estas percepções modificadas são o que eu chamo "modos de percepção". Os próprios novos modos olham uns para os outros de novas maneiras, gerando uma infinita cascata de bits e modos.

Na nossa análise da realidade, encontramos dois tipos de entidades – entidades existentes (que têm a estrutura de três em um da Consciência), e entidades ou conceitos virtuais.

A parte "difícil" da solução para o problema da Consciência reside na nossa proposta de que aquilo a que praticamente todos chamam existente e real, os objetos "concretos" da vida cotidiana, são conceitos virtuais (quando considerados como objetos independentes sem um observador) – não têm uma realidade independente própria.

São conceitos na Consciência. Semelhante a dizer: penso em um unicórnio, penso em uma flor, penso em uma mesa, e assim por diante. Durante o processo de pensamento, o unicórnio, a flor, e a mesa não existem como entidades reais. São pensamentos reais, mas apenas objetos virtuais. São, na sua essência, figuras da imaginação.

Quando vejo realmente uma mesa ou uma flor, então a mesa e a flor existem e aparecem como reais para mim. É o encontro de mim mesmo com o processo de ver, e a flor ou mesa que constituem a realidade, em vez da flor ou mesa por si só.

Se eu não vejo, ou se na realidade ninguém vê um unicórnio, o unicórnio continua sendo um conceito virtual. O que é geralmente considerado mais abstrato – a Consciência – é o que é real. A realidade é feita de um Observador e de um Observado participando juntos em um Processo de Consciência. Sem que os três se juntem para criar uma instanciação[24] de Consciência – um "bit de Consciência", como definido no anteriormente – não há existência, não há realidade.

Realidade

A existência, a realidade e o Ser têm sido temas de discussões intermináveis ao longo dos tempos. No nosso modelo, "a Consciência é tudo o que há". Isto pode dar a impressão de que tudo o que aparece como real, tais como mesas, árvores, animais e afins, são apenas ilusões. Não é este o caso.

Os textos védicos antigos usam o termo *Maya*, que significa "ilusão" para descrever a impressão imprecisa que os humanos possam ter sobre a realidade.

Isto tem sido frequentemente interpretado no sentido de que nada existe e que vivemos em uma ilusão, convencendo-nos de que os objetos são reais. Esta interpretação, contudo, fica aquém de uma

---

24. Instanciação é um termo da área de Informática que significa "criar uma instância concreta". Refere-se à ação e ao efeito da criação de uma instância. Para criar em memória uma instância de um conjunto de dados.

representação completa da relação entre o real e o irreal, tal como expressa de forma mais tradicional no texto clássico indiano *Bhagavad Gita*: "O irreal não tem ser; o real nunca deixa de ser". (II, 16)

Enquanto o "irreal" é aquilo que está sempre mudando, ou aquilo a que chamamos "o relativo", o "real" é, por outro lado, aquilo que nunca muda – Consciência Pura, o Ser, a Singularidade, o Absoluto. Na nossa definição, consideramos como reais todos os "bits de consciência".

Quando Jane vê a flor, temos um momento de consciência – um pouco de consciência representada pelo triplo – Jane, visão, flor.

Este momento é real mesmo que se mantenha real apenas por um momento, porque Jane e a flor estão em constante mudança e são assim como entidades individuais, relativas e não absolutas.

A flor existe para Jane e Jane pode olhar para si própria e estar consciente de que Jane existe. Isto também é real.

O que não é real é considerar Jane e a flor como duas realidades que existem como entidades independentes da Consciência. Ela e a flor são apenas duas das infinitas formas pelas quais a Consciência olha para si própria.

Isto será mais esclarecido quando examinarmos em detalhes como a realidade relativa emerge da Consciência Pura Absoluta.

Assim, a cascata turbulenta ou fluxo de bits e modos de Consciência que se olham mutuamente de diferentes perspectivas, a Singularidade da Consciência dá origem à multiplicidade do mundo tal como o conhecemos.

A Unicidade do Ser torna-se diferenciada e aparece como indivíduos, como você e eu, e como toda a natureza multifacetada do universo. A Unicidade é realidade absoluta e a multiplicidade é realidade relativa. O que é irreal é a visão de que os muitos estão separados do único é a existência última. Na realidade, esses muitos são, na realidade, aspectos intrínsecos do único e o não-manifesto é o Ser último.

Como será elaborado em mais detalhes posteriormente, aquele se olha, se experimenta e se conhece a partir de uma infinidade de perspectivas. Essas perspectivas são os inúmeros e reais triplos-bits de Consciência. Seja permanecendo imanifesto, manifestando-se por um momento pontual ou pela eternidade, seja exclusivo para um grupo de indivíduos ou para uma espécie (como os humanos), seja distinto para uma cultura e tradição ou, ainda, seja peculiar como uma percepção distorcida como em um momento de droga ou de alucinação induzida ou um sonho, todos esses bits, no entanto, são momentos reais em que a Consciência, adotando papéis individuais como observadores específicos, olha para si mesma do ponto de vista de um observador ou de outro. O impacto desses momentos, seu poder causal em vários observadores e sua persistência no tempo – geralmente considerada como marcas da realidade – também são relativos e não absolutos.

A relatividade, neste contexto, é simplesmente uma referência que define as condições sob as quais a observação da chamada realidade foi feita. Essas condições são relativas ao(s) sujeito(s), processo(s) e objeto(s) que participam do bit de Consciência. Pode haver acordos dentro de grupos específicos de indivíduos que estabelecem padrões para o que um determinado grupo, ou outro, considera real ou irreal. A realidade permanece relativa a situações, circunstâncias, observadores e objetos individuais, raramente experimentados ou definidos coletivamente e aceitos por muitos indivíduos em um grupo ou por grupos inteiros de indivíduos.

O homem na rua à noite que confunde uma corda com uma cobra tem um momento real de experiência. Nesse momento, sua avaliação de que o objeto (a corda) é uma cobra se equivoca quando considerada do ponto de vista do que constitui uma cobra. Outras pessoas diriam que a experiência do homem não é real, mas, para ele, naquele momento, era real. A corda desencadeou um conjunto de impulsos no sistema nervoso do homem que levou à percepção de uma cobra. Portanto, o objeto sozinho não é suficiente para decidir o resultado do bit de Consciência, nem o sujeito ou o processo sozinho. Se o homem tiver um ataque cardíaco por causa dessa experiência ou pular na rua e causar um acidente no qual morre um pai inocente e trabalhador de uma grande família, as consequências daquele momento podem ser de longo alcance para muitos observadores e potencialmente muito persistentes no tempo. Importa pouco, para todas as outras pessoas, se era apenas uma corda e o homem estava enganado. Na verdade, se o homem nunca olhar para trás e continuar a dizer que foi uma cobra e todas as pessoas acreditarem nele, então a cobra, embora neste caso uma cobra praticamente inexistente, terá sido a causa de todo o tumulto e sofrimento das crianças que perderam o seu pai.

Todas as realidades, exceto a Consciência, são relativas. Por exemplo, quando um grande grupo de pessoas concorda que a cobra não é a Consciência, essas pessoas estão erradas. Eles têm uma concepção sob a qual, coletivamente, concordam que a realidade é de uma certa maneira. A realidade geralmente aparece para os humanos, no estado de vigília comum, como um material feito de objetos independentes e autocontidos de uma forma física clássica. Eles estão alheios ao emaranhamento – à natureza do campo quântico dos objetos – e à verdadeira, absoluta e plena essência de todas as coisas, sejam cordas ou cobras. Claro, de uma perspectiva humana específica, a corda, em nosso exemplo, é considerada absolutamente real e a cobra uma ilusão total.

A verdadeira, absoluta e plena essência de cada sujeito, processo e objeto é a Consciência. As essências individuais diferenciadas são conceitos virtuais. Como será descrito mais tarde em detalhes, essas essências parciais separadas (conceitos virtuais) se manifestam como entidades reais de um número potencialmente infinito de maneiras quando se tornam parte de relativos triplos--bits de Consciência.

Na manifestação, os objetos que incorporam uma essência parcial específica para um observador podem ou não ser experimentados como tendo a mesma essência para outro observador. Por exemplo, pegue qualquer objeto, como uma cadeira de madeira específica em um escritório. Para os humanos, uma cadeira é um conceito, uma entidade virtual, definida como uma estrutura na qual se senta. Qualquer cadeira "real" tem aquela essência principal e parcial de ser uma cadeira, no que diz respeito aos humanos. Na "realidade", a perspectiva de que é a cadeira real depende não apenas da cadeira em si como um objeto, mas também do observador e do processo de observação, incluindo as condições sob as quais a cadeira está sendo considerada.

Para os humanos como espécie, é de fato um objeto no qual se senta. Para um gato, pode ser um objeto no qual se dorme. Para um castor, um objeto para comer. Para o campo de gravidade, uma massa relativamente insignificante que distorce levemente a geometria do espaço-tempo. Para uma pessoa sob a influência de uma droga que leva a alucinações, a cadeira pode ser identificada, por exemplo, como uma arma ou uma máquina voadora.

E quanto à cadeira escondida na outra sala que eu não vejo, a galáxia distante que não posso observar a olho nu ou a criança escondida jogando uma bola de neve? Eles são reais para mim? Eles são reais, independentes de mim? Em nossa definição, se eu não os observei, para mim eles são virtuais. No entanto, a observação não significa necessariamente experiência direta por meio de um dos cinco sentidos. Basta que exerçam sobre mim a menor influência detectada por alguma parte de mim. Essa influência ou experiência pode ocorrer em um nível claramente consciente ou subliminarmente consciente. Então, eles existem para mim nesse nível. Experimentá-los torna-se parte do grande número de bits de Consciência que qualquer parte de mim pode experimentar. Pode ser tão insignificante quanto um pequeno efeito gravitacional ou eletromagnético.

Isso não significa que os objetos se tornarão reais para cada observador em sua essência. Sua essência completa permanece virtual. A essência completa da cadeira de madeira no exemplo acima pode incluir um objeto para sentar-se ou dormir, um objeto que pode ser usado como escudo ou arma, madeira que pode ser usada como combustível na lareira, etc. A apreciação da realidade de um objeto, no que me diz respeito como observador, sempre será limitada à essência parcial do objeto que sou capaz de conceber e sentir, e isso sempre dependerá dos modos, padrões e redes de minha consciência.

Por conta própria, todas as entidades têm uma miríade de maneiras de interagir com uma miríade de outras entidades, seja como observadores, processos ou objetos e, portanto, aparecem como reais em um número infinito de maneiras, para si mesmas ou para os outros.

Em resumo, existe a totalidade ilimitada e absoluta do não--manifesto, que é Consciência em sua totalidade, concebendo inúmeros observadores, processos e objetos virtuais. Esses nunca deixam de ser. Cada um participa integralmente da totalidade da Consciência e tem sua própria essência. Nesse estado não manifesto, cada um é equilibrado por seu igual e oposto – cada partícula por sua antipartícula. Cada um é virtual. No processo de manifestação (conforme descrito posteriormente), os bits podem existir localmente por algum tempo, independentemente de seus bits iguais e opostos e, assim, criar e precipitar em uma estrutura de espaço e tempo em que sua existência não é mais virtual, mas pode ser considerada "real" por qualquer coisa ou quem os está observando, isto é, pelo observador – pelo menos por algum tempo. Os bits de Consciência, assim como observadores, processos e objetos, existem virtualmente no não-manifesto; isto é, eles têm uma existência virtual e absoluta no imanifesto. Esta é sua realidade absoluta ou essência total. Alguns deles podem se manifestar e parecer existir no manifesto, mas apenas como realidades relativas ou condicionais em sua essência parcial, porque nenhum observador manifesto pode observar qualquer um deles em sua totalidade. Apenas o oceano ilimitado de Consciência pode observar ou conhecer a essência completa de qualquer objeto. Cada observador, processo, objeto e bit de Consciência, portanto, tem uma existência dual, uma virtual e absoluta e outra relativa: a primeira, a existência virtual, absoluta, sendo sua essência plena; e o último, a existência "real" em relação ao observador, sendo sua essência parcial. Os observadores, no manifesto, podem, é claro, ser qualquer coisa, desde um ser humano até uma partícula subatômica mediando uma força fundamental.

De três para muitos

Há várias maneiras de abordar esta questão de como os muitos emergem do um, a multiplicidade da unidade. Vejamos primeiro, um pouco mais de perto, as características dos três aspectos fundamentais da Consciência Pura – os três papéis inerentes à natureza unificada e indiferenciada da Consciência:

1. O **Observador** (Conhecedor) é o sujeito não ativo (silencioso), não envolvido, que é a testemunha que tem o valor total da consciência.
2. O **Processo** (Conhecer) é a mecânica de observação que faz a consciência mover-se como um processo envolvido, ativo e dinâmico que "procura" ou "permite" a experiência de se tornar consciente de algo. Tem também o valor total da consciência, mas como um processo dinâmico ativo.
3. O **Observado** (Conhecido) é o conceito de um objeto de observação, um objeto de conhecimento. O objeto é o que existe. A Consciência Pura sabe que existe pelo processo de se ver a si própria como um objeto. O objeto não é nem uma testemunha silenciosa nem um processo dinâmico, ao mesmo tempo que é Consciência Pura, uma vez que a este nível primordial não existe outra coisa que não seja Consciência Pura.

Quando o objeto é experimentado, ele domina a consciência e o sujeito e o processo passam para segundo plano. O objeto esconde assim tanto o aspecto testemunhal do sujeito como o aspecto dinâmico do processo. Esconder é uma característica fundamental dentro do conceito de qualquer objeto.

Para termos uma noção do que isto significa, vejamos como experimentamos os objetos.

Na experiência cotidiana comum, os objetos parecem existir como coisas, porque podemos percebê-los através dos nossos sentidos. O processo de percepção envolve muitos aspectos e passos que podem incluir atenção, seleção, transmissão de informação neural, processamento primário, comparação, interpretação, categorização, organização, ação e reação. Note, contudo, que quando você está consciente (ou quando "experimenta") um objeto específico, por exemplo, quando você olha para uma porta no seu quarto ou escritório, o objeto, a porta neste exemplo, domina a sua percepção enquanto outros aspectos se desvanecem para o fundo.

Durante o momento da percepção da porta e, possivelmente, do seu ambiente circundante imediato, desconhece em grande parte outras experiências perceptivas ou sensoriais. Não sente o peso da sua roupa e pode não estar consciente de alguns sons à sua volta, por exemplo. Isto acontece porque a atenção se concentra na percepção de um objeto específico. Acima de tudo, porém, o observador, você, não se encontra na imagem. Nesse momento, não está consciente de que é você que está se tornando consciente do objeto.

Apresentado de forma ligeiramente diferente, não pensa em si próprio, em quem é como ser humano, na sua idade, ou na sua profissão etc. Também não tem consciência do processo pelo qual é capaz de ver a porta, tal como a fonte ou tipo de luz que a ilumina e se reflete de volta pela própria porta para chegar à retina nos seus olhos, nem analisa como é que a porta chegou lá, em primeiro lugar.

Isto acontece porque a sua atenção se concentra em um aspecto específico da percepção e durante esse momento não pensa em si próprio (o observador), nem está preocupado em pensar no processo pelo qual é capaz de observar. Poderia certamente tornar-se (ou optar por se tornar) consciente desses e de outros aspectos, mas estas seriam experiências diferentes.

Nas antigas tradições de meditação e yoga, como trazido à luz por Maharishi Mahesh Yogi na sua Ciência Védica, "o esconder da verdadeira natureza do observador, o Ser infinito, pelos objetos de percepção, é considerada como a vinculação da consciência individual".

Libertação ou *Moksha* significa estar livre da influência de ocultação e ligação dos objetos.

Mesmo ao olhar para outra pessoa, o seu sistema nervoso passa por um processamento tanto linear como paralelo capturando vários aspectos da pessoa. Estes seriam objetos individuais de percepção que são colocados juntos para que se veja a pessoa como um só objeto. Decide então que isto não é uma coisa inerte, mas sim um ser humano semelhante a si que deseja ser visto como um sujeito e não como um objeto.

O nosso intelecto pode mesmo postular que tipo de consciência o objeto pode ter ao assumir, por exemplo, que uma pessoa como nós tem uma consciência semelhante, um cão tem alguma consciência, mas menos do que nós, e uma coisa, uma árvore, uma porta, todos parecem não ter qualquer consciência. A análise intelectual pode acontecer a uma velocidade muito elevada, parecendo ser instantânea, mas na realidade, é necessário tempo antes de se chegar a uma decisão consciente sobre a natureza e as qualidades dos objetos que observamos.

Voltando à Consciência Pura Primordial, descobrimos, tal como descrito anteriormente, que quando a Consciência se concentra na sua própria existência como Objeto, as qualidades de Observador e o Processo de Observação são ocultados. Chamemos a isto "Consciência Primordial da Existência". Contudo, a Consciência Pura está também consciente das diferenças entre os seus três aspectos. Como já descrevemos anteriormente, a capacidade de estar consciente das diferenças (de discriminar) é o que chamamos o intelecto. Estando consciente das semelhanças e diferenças, a Consciência Pura "tem" um intelecto que definiremos como o "intelecto primordial" que vê as identidades individuais do Observador, da Observação, e do Observado e as suas diferenças, ao mesmo tempo que reconhece que são fundamentalmente a mesma Consciência Pura. O intelecto primordial está, no entanto, consciente de que a existência do observador pode ser experimentada como diferente da existência do Processo, do Objeto, e da Consciência Pura. Cada um deles tem a sua identidade. Cada identidade é um ego específico.

A Consciência pode ser sobre um ou outro aspecto da sua existência. A isto chamaremos "a mente primordial". A mente primordial é, portanto, a capacidade da Consciência Pura de sondar ou experimentar os seus vários aspectos sem necessariamente os comparar uns com os outros ou analisar intelectualmente as suas características.

Se perguntarmos: "o que se passa na mente primordial?", a resposta é: "ela penetra nos seus vários aspectos inerentes". O que é que se passa no intelecto primordial? Discrimina entre os seus próprios vários aspectos. Estes vários aspectos existem – eles têm consciência e uma identidade, um Ego. Cada um deles tem o seu próprio ponto de vista.

O Observador silencioso, permanecendo na sua qualidade de testemunha infinitamente silenciosa, não pode estar consciente de nada fora de si se permanecer indefinidamente fundamentado na sua existência transcendental. Precisa de um Processo que lhe permita refletir ativamente sobre si próprio. O Processo de Observação infinitamente dinâmico não pode ter consciência de nada se não se acomodar a algo, a um objeto. Tem de haver um momento calmo, silencioso, para que possa testemunhar algo. O Processo precisa, portanto, de uma qualidade de Observador. O Objeto é aquele que afirma a existência e deve ser visto, mas sem o aquele que vê ou o Processo nada pode ser visto.

O intelecto pode, contudo, ver através de cada um destes egos individuais e postular várias perspectivas: uma com um caráter predominantemente silencioso; outra com um caráter predominantemente dinâmico; e outra ainda com um caráter existencial predominantemente objetivo, em que os graus de silêncio e dinamismo estão ocultos, mas podem ser de qualquer valor proporcional de silêncio e dinamismo – ou qualquer proporção do potencial para ser um Observador e um Processo de Observação.

Os vários pontos de vista individuais, cada um com uma proporção diferente de silêncio, dinamismo e características de objeto, são perspectivas novas, mais específicas e mais diferenciadas. Isto leva a um número infinito de pontos de vista. É assim que surge uma diversidade infinita com um número infinito de perspectivas.

Quando a nossa consciência humana pensa nos objetos e nas suas características, e os compara e categoriza, a nossa atenção vai para um objeto, uma característica, depois para outro. A nossa atenção desloca-se de um aspecto para o outro, embora por vezes de forma tão rápida ou em rápido processamento paralelo que podemos assumir que tudo acontece ao mesmo tempo.

No entanto, se considerássemos que o intelecto primordial também desloca a sua atenção como nós deslocamos de um aspecto para outro, este deslocamento estaria acontecendo a uma velocidade infinita. A "mente" do intelecto primordial funciona a uma velocidade infinita e isto, como veremos mais adiante em detalhe, é uma diferença fundamental entre o reino do **Imanifesto** e o do **Manifesto**.

A capacidade do intelecto primordial de ver simultaneamente a qualidade testemunhal silenciosa do Observador, o caráter revelador dinâmico do processo, e o aspecto oculto do Observado, ao mesmo tempo que se dá conta de que os três são uma Consciência Pura, são o que podemos qualificar como a suprema vigilância do intelecto primordial.

Um intelecto menos alerta, tal como encontrado, por exemplo, na experiência humana comum, só estaria consciente de um aspecto de cada vez. O intelecto supremamente alerta pode ver todos os aspectos, as suas identidades, a sua semelhança e as suas diferenças de uma só vez, mesmo quando têm características mutuamente contraditórias.

Outra forma de olhar para a emergência da diversidade é dizer que cada identidade abre a porta a um modo diferente de Consciência – uma forma diferente de estar consciente. Estar consciente com um sabor ou filtro Observador é diferente de estar consciente com um sabor ou filtro Observado ou com sabor ou filtro de um Processo. Olhando uns para os outros através dos filtros individuais ou perspectivas de Observador, Processo, e Observado novos modos são gerados, levando assim a cascatas de sujeitos, processos, objetos, e assim a infinitos novos modos de estar consciente.

A cascata de perspectivas cada vez mais específicas, portanto, mais estreitas, revela as partes da totalidade. É desta forma que a totalidade, deslocando a sua atenção para diferentes modos, pode experimentar todas as suas partes através de diferentes perspectivas. Este processo analítico eu chamo de viagem exterior, preâmbulo, ou jornada analítica. Da mesma forma, o inverso acontece com as partes que se juntam para criar "plenitudes" cada vez maiores até a singularidade final ou Integralidade da Consciência Pura. Esta é a viagem interior, de regresso, ou sintética.

Absoluto Imanifesto, Pessoal e Impessoal

À medida que a Consciência se curva sobre si mesma, torna-se consciente de si mesma e se dá conta que é simultaneamente uma e muitas. A autoanálise (autoconhecimento), é assim o motor espontâneo inerente que impulsiona o processo de aparecimento da diversidade dentro da unicidade da Consciência Pura.

Como acabamos de discutir, neste reino virtual, se o tempo fosse um fator, a mudança de atenção estaria acontecendo a uma velocidade infinita. Nesse estado primordial, porém, não há tempo nem espaço envolvidos. Tudo é instantâneo, e os processos da viagem analítica para fora e da viagem sintética para dentro cancelam-se mutuamente.

Para cada "A" há um "não-A" igual, mas oposto, e todos os "A"s e "não-A"s são simultâneos. Todos se cancelam uns aos outros, o que não resulta em nada. O tempo e o espaço ainda não existem. Todas as possibilidades são virtuais. Nada se tem manifestado. Pode ser descrito como o reino do Imanifesto.

Até agora tudo é puramente "mecânico" – não há vontade, não há intenção, não há objetivo! Este é o Absoluto Impessoal e Imanifesto na sua singularidade última e multiplicidade virtual. No entanto, a Consciência também está consciente das identidades específicas de cada uma das suas infinitas perspectivas, ou modos de estar consciente, e das diferenças entre elas. A consciência das identidades e das suas diferenças é aquilo a que chamamos intelecto. O intelecto primordial vê simultaneamente todas as diferenças dentro da singularidade. Isto acrescenta um aspecto pessoal ao Absoluto Impessoal.

Mesmo que consideremos, quer seja o Absoluto Impessoal, quer seja o Absoluto Pessoal com infinitos aspectos e modos de estar consciente, assim como a própria Consciência que se experimenta em diferentes "sabores", estados, níveis, e assim por diante, estamos, até agora, nessa nossa discussão, apenas considerando uma realidade que ainda não se manifestou. Não é física e não é material. Não é aquilo a que chamamos o nosso universo material. Talvez o paradoxo da Consciência seja que, embora permaneça para sempre uma na sua própria singularidade imutável, ao mesmo tempo "emerge" do seu estado unificado em diversos sabores, estados e expressões.

Mas na verdade, nada fora de si emerge, é tudo apenas um jogo dentro da Consciência. São ondulações ou flutuações dentro da sua própria realidade, **um oceano ilimitado de Consciência em movimento.** A Consciência olhando para si própria de uma forma primordial é um ser ilimitado. Mas, como a Consciência é o campo de todas as possibilidades, poderia ser menos do que um ser ilimitado. Poderia ser qualquer pacote entre zero e infinito.

Todos os pacotes possíveis de observador e objetos de percepção são inerentes à dinâmica interna do campo limitado da

Consciência Pura interagindo consigo mesma. É uma viagem perpétua daqui até aqui, um balanço interminável e sem começo do infinito para um ponto, desse ponto para o infinito, incorporando tudo no meio. E o que está no meio? Formas infinitas da Consciência se olhar a si própria.

Padrões de Consciência

E isso é tudo o que existe. Toda esta criação, insondavelmente infinita e universal, já existe como pacotes não-manifestados de padrões de Consciência. O termo "pacote" ou "padrão" de Consciência é aqui usado para se referir a agrupamentos de bits e modos de Consciência. Para ter uma sensação do que isto significa, vamos compará-lo à forma como os físicos descrevem tudo o que é físico e material.

Os físicos veem o universo como emergindo de um Campo Unificado (descrito mais completamente nas teorias M, Supercordas e Supergravidade de Onze Dimensões). Em resumo, e sem entrar demasiadamente em detalhes, este campo manifesta-se como os quatro campos subjacentes à gravidade, forças fracas, fortes, e eletromagnéticas e campos de matéria.

As excitações destes campos aparecem como grandes números de pequenas quantidades de energia chamadas *Quanta*. Daí os nomes Teoria Quântica de Campo e Mecânica Quântica que descrevem as escalas quase infinitamente pequenas subjacentes à realidade física do universo material.

Esses *Quanta* (partículas elementares) parecem se reunir de maneiras diferentes e se agrupar para criar átomos. Os átomos se tornam as unidades mais grosseiras do mundo mineral e orgânico. Eles se organizam em moléculas e as moléculas em células. As células se agrupam em tecidos, órgãos, animais e humanos. Todos esses são pacotes e padrões de constituintes mais elementares.

Da mesma forma, bits e modos de Consciência elementares juntam-se para formar pacotes e padrões de Consciência mais complexos e mais sofisticados. Os diferentes padrões são formas como a Consciência olha para si própria, e eles são tudo o que existe. No entanto, ainda são não-materiais, não-manifestos. A razão pela qual não são manifestos é porque nesse nível de realidade, tudo acontece em uma velocidade infinita e, para cada aspecto, há um aspecto igual e oposto que o aniquila.

No universo físico, partículas e antipartículas, bem como matéria e antimatéria, aniquilam-se umas às outras. Uma diferença-chave entre o Imanifesto e o Manifesto é que no Imanifesto, o que seriam partículas (de Consciência) existem sempre simultaneamente com as suas antipartículas, aniquilando-se instantaneamente umas às outras. Novamente, isso ocorre porque tudo acontece a uma velocidade infinita. E, como veremos, a separação entre valores iguais, mas opostos, devido ao abrandamento da velocidade, torna-se um fenômeno crucial que leva à manifestação.

Portanto, você e eu somos uma espécie de padrão de Consciência a olhar para si própria, ou a olhar para outros padrões dentro de si própria. E há um potencial infinito de padrões possíveis entre zero e infinito. Outros padrões são o planeta Terra ou o planeta Marte. A mesa. Uma árvore. Um golfinho. As estrelas e galáxias da "Ursa Maior". Quantos padrões existem? Um número infinito. São apenas padrões dentro da única Consciência ilimitada, movendo-se dentro de si mesma. Tudo o que se poderia pensar, imaginar, sonhar, e postular está lá, virtualmente reunindo e desmontando a uma velocidade infinita, em um campo imanifesto de todas as possibilidades. Nada pode existir que ainda não esteja lá!

Essa abundância de criatividade é, até certo ponto, aludida no imaginário budista conhecido como a rede de Indra, uma rede tecida, infinitamente vasta, na qual uma joia preciosa toma assento em cada junção dos fios ou fios da rede. A qualidade notável da rede é que cada uma das inúmeras joias se reflete umas nas outras, ou, na linguagem que usamos, cada uma é simultaneamente um Observador e um Observado. Como em um holograma, cada joia individual contém a essência de todas as outras na rede infinitamente vasta – o todo está contido em cada parte.

Agora, como esses padrões surgem? Existe uma sequência pela qual eles surgem e, portanto, também o tempo e o espaço?

Vamos analisar o primeiro padrão primordial: "Sou uma existência pura ilimitada, um Ser puro, uma Consciência Pura, não há nada além de mim mesma". Nada existe, exceto uma Consciência Pura. Mas como sou Consciente, também devo ser três valores em um. Será que isto significa que os três valores surgiram de alguma forma depois daquela primeira condição em que eu não estou vinculada e não há nada além de mim? Ou serão eles coexistentes?

Devem ser coexistentes, ou não pode ser Consciência, pois isto implica automaticamente na presença da estrutura de três em um, como vimos. Mas se a "divisão três em um" da totalidade ininterrupta da Consciência Pura for simultânea, então, todos os outros padrões – que não passam de várias configurações de Consciência apenas no seu jogo infinitamente variado entre o zero e o infinito – devem também ser simultâneos. Portanto, toda a existência, toda a realidade, todos os fenômenos, todos os padrões de Consciência, todas as possibilidades, estão sempre coexistindo dentro da Consciência. Este é um ponto crucial na nossa tese.

A simultaneidade significa que os processos de transformação, bem como a emergência e submersão de bits, modos, padrões e redes, acontecem a uma velocidade infinita. Mais precisamente, os conceitos de espaço, tempo e velocidade são inexistentes neste nível. A manifestação, contudo, acontece através do tempo. Mas o que é o tempo?

Capítulo 10

O tempo e o eterno agora

O tempo é algo constante e absoluto, como geralmente nos parece? Bem, a Relatividade Especial mostrou conclusivamente que o tempo – seja o que for – passa mais devagar em uma velocidade muito alta, um fenômeno conhecido como "dilatação do tempo". Se você pudesse fazer uma viagem espacial perto da velocidade da luz, quando voltasse para a Terra, todos que você conhecia teriam envelhecido dramaticamente em comparação com você. A maioria de nós concordaria que "o tempo voa quando estamos nos divertindo", mas as mesmas horas se arrastam terrivelmente quando você está com dor.

Os leitores mais velhos provavelmente terão notado que, à medida que envelhecemos, o tempo parece passar mais rápido; os meses de verão, por exemplo, que quando éramos crianças continham uma eternidade de novas percepções e acontecimentos excitantes, agora parecem desaparecer num piscar de olhos.

Algumas culturas têm uma noção cíclica do tempo, com "recorrências eternas", como as estações, (um modelo que tem alguns apoiadores na cosmologia contemporânea científica), enquanto o modelo ocidental padrão retrata o tempo como linear, fluindo de alguma forma para a frente em uma direção de A para B.

Os místicos, há muito que falam de um "Eterno Agora", um estado de Consciência que é transcendente em relação ao tempo. Einstein estava ligado a esta ideia. No final da sua vida, numa carta de condolências à viúva do seu amigo de toda a vida, o engenheiro Michele Besso, escreveu: "Pessoas como nós que acreditam na física sabem que a distinção entre o passado, o presente e o futuro é apenas uma ilusão persistente e teimosa".

Apesar de tais percepções, penso que no nível básico de nossa experiência, todos sentem que o tempo é algo real, pelo qual de alguma forma nos movemos, e que o fluxo de nossas vidas de um evento ou interação, para outro, ocorre no tempo. A menos que sejamos filósofos – ou especialistas em reinos quânticos, onde fenômenos como ações que ocorrem imediatamente antes de decidirmos fazê-las são seriamente contemplados – todos nós tomamos o tempo e a nossa progressão através desse tempo, totalmente como garantido.

Dentro do espírito de exploração, vou destacar, antes de elaborar minha proposta radical que deriva de nossa proposição fundamental sobre Consciência, que tudo, incluindo o que uma pessoa é e experimenta, já existe virtualmente, (embora nem todos os eventos, situações e objetos virtuais necessariamente ser experimentado como reais). É assim como ocorre na maneira pela qual os três aspectos da Consciência, o Observador, o Observado e a mecânica da Observação existem simultaneamente na Singularidade da Consciência Pura.

Sugiro que, embora experimentemos certamente os acontecimentos das nossas vidas sequencialmente, eles são inerentes e sempre virtualmente existentes na Consciência. Tal como o Um coexiste com os três, (que vimos não são apenas três, mas um dinamismo infinito de bits, modos e padrões interagindo) todas as possibilidades coexistem como padrões na realidade infinita da Consciência.

Esses padrões permanecem "virtuais" no campo de todas as possibilidades da Consciência até serem observados dentro de uma *instanciação* ou de um bit de Consciência, como descrito anteriormente. Quando fazem parte de uma observação, esses padrões aparecem como reais para o sujeito (o Observador). Uma observação após outra dá o sentido da sequência e de tempo.

É na sequência de observações de um Observador que surge o sentido do tempo. Ao observar e interagir com os pais, amigos, trabalho, livros, viagens, música etc., o padrão que se torna o Ser individual, toma forma. É criada uma história. Para um indivíduo que passa por uma coisa e depois por outra, a sequência de percepções e experiências gera a sensação de uma passagem de tempo.

Mas não é que essas percepções, interações e experiências não existiam até que o Observador as observasse (embora, obviamente, seja a observação, a experiência ou a percepção, que as traz à consciência e, de certa forma, as torna "reais"). Elas já existiam virtualmente, e de fato, todos os componentes da sequência da experiência estavam presentes simultaneamente.

Como é que isto pode ser possível?

Estamos inseridos em um universo – e em um corpo – que tem um padrão de Consciência que nos obriga a observar objetos e acontecimentos de uma forma sequencial. Experimentamos isso, e depois isso, e depois isso, e depois isso.

Assim, quando sentimos que o tempo passa, e a vida progride desde aqui para aqui, é porque as leis da natureza e da nossa natureza humana exigem que experimentemos o processo de transformação das ondas dos padrões de Consciência, uma após a outra. Não somos simplesmente construídos para acolher tudo de uma só vez – não somos capazes de perceber simultaneamente todas as infinitas facetas da vida e da natureza – não podemos experimentá-las no "espaço" de um instante.

O filme da vida

Considere uma pessoa que se senta ao teclado de um computador pronta para explorar o seu conteúdo. Presumindo que o computador contém um número virtualmente infinito de imagens que podem ser acessadas com a ajuda de um *software* sofisticado incorporado. O *software* permite que você escolha qualquer imagem de que goste desde que cada nova imagem tenha uma ligação com a imagem anterior. Se você escolher a imagem de um gato debaixo de uma árvore; a imagem seguinte pode mostrar o gato dormindo, miando, ronronando ou saltando; o vento pode soprar através dos ramos da árvore, ou as folhas caírem sobre o gato; um cão, um humano, um pássaro podem entrar no cenário – um número infinito de escolhas possíveis, desde que haja alguma ligação entre as imagens sequenciais. As possibilidades armazenadas no disco rígido são infinitas. Suponhamos que a pessoa possa escolher a sequência de imagens que deseja visualizar. Quando as imagens começam a passar na tela, é criado um filme, uma sequência com uma história. Mas tudo de que esta história é feita, incluindo todas as histórias e histórias potenciais já estão lá, simultaneamente presentes no disco rígido em um "não tempo".

Em um dia de férias, você visita um museu. Talvez se trate de um museu de arte, e você vê uma sequência de pinturas à medida que se move pelas salas, ou um museu de ciência onde se podem ver ossos de dinossauros ou fragmentos de culturas antigas recuperados de escavações arqueológicas. Você se detém brevemente em uma exposição, depois em uma segunda, em uma terceira, uma quarta, e isto lhe dá a sensação de que o tempo passa – ou mesmo, em certo sentido, que você está vendo ou experimentando essas exibições em uma "sequência" significativa.

Quando você chega a uma quinta exposição, se não se tivesse uma memória das outras exposições, a exposição atual seria tudo o que existe para você – as exposições de um a quatro não teriam realidade. Mas, na realidade, todas elas existem. E quando você passou por elas na sequência, você pode se lembrar que já esteve na de número um, dois, três e quatro, uma após a outra, e você tem a sensação da passagem do tempo.

Devido à estrutura e limitações dos nossos corpos e cérebros, e às leis da natureza que operam sobre nós no planeta Terra, não podemos visitar todo o museu ao mesmo tempo e receber todas as exposições de uma só vez, mesmo que elas estejam todas lá, simultaneamente, durante todo o tempo.

Nas nossas vidas, passamos por uma sequência de experiências que parecem uma evolução ao longo do tempo, enquanto tudo, todas as potencialidades e realidades da nossa experiência, já coexistem no reino virtual não-manifesto. Todos eles são padrões dentro da Consciência que têm uma eterna existência virtual. Neste reino, todas as leis da natureza, tudo o que cria manifestação, todas as possibilidades e combinações de possibilidades coexistem completamente. Na Consciência de Unicidade, nos damos conta, para nossa surpresa, de que tudo existe o tempo todo. Tudo está aqui, agora mesmo. Este é o Eterno Agora enaltecido pelos poetas e pioneiros espirituais. Tudo existe o tempo todo, agora, e agora, e agora... O que vamos viver daqui a uma hora já existe nesse estado dinâmico de Consciência Infinita. O que vamos viver daqui a um ano, daqui a dez anos, o que vivemos há um ano, há dez anos, está tudo lá no museu, pronto para ser visto.

Tal como o nosso sentido do tempo, o espaço é também uma construção do nosso intelecto e das nossas capacidades perceptivas. De fato, tudo existe no mesmo lugar, que é um ponto e um infinito ao mesmo tempo. Se olharmos para ele como um ponto, não é nada; se olharmos para ele como infinito, é plenitude. A plenitude e o vazio são a mesma coisa. Cada ponto contém plenitude, totalidade.

> Para Ver um Mundo num Grão de Areia
> E um Paraíso numa Flor silvestre
> Segura o infinito na palma da sua mão
> E a Eternidade em uma hora.
> - William Blake, "Auguries of Innocence" (26)

Aqui está outra analogia que poderá ser útil. Você armazena inúmeros filmes nas unidades de memória do seu computador, a partir dos quais você pode enviá-los para uma tela ou leitor de vídeo. À medida que se acomoda com as suas pipocas e lanches, os créditos de abertura aparecem juntamente com a música; logo as personagens são introduzidas, desenvolve-se um enredo, e você é incluído na história.

Talvez ocorra uma crise, a personagem principal tem de fazer uma escolha difícil, ou haja algumas perseguições e explosões cintilantes, o herói escapa ao perigo, a resolução vem... e depois acaba.

Aqui está a questão: todas as imagens, sons, visões, ações e interações possíveis e imagináveis são armazenadas simultaneamente na vasta unidade de memória. Elas coexistem. Convencionalmente, observa-se algumas delas em uma sequência específica, presumivelmente ordenada pelo tempo, mas se desejar, pode entrar no banco de memória e captar qualquer momento da história, você pode escanear adiante ou rebobinar ou repetir um momento engraçado ou comovente.

Quando você assiste, sente que a história está se desenrolando, indo do início à crise e ao desenlace, e para você, ao prestar atenção, ela está ocorrendo dessa maneira. Mas, na verdade, está tudo na unidade de memória. Se você tivesse conhecimento e *know-how* suficiente (consciência suficiente) sobre as possibilidades infinitas do conteúdo dentro da memória, você poderia escolher ver as imagens que você gosta nas sequências que você gosta e, assim, mudar o enredo à vontade, e poderia fazer isso em um grau infinito.

VIDA, UM CAMPO DE TODAS AS POSSIBILIDADES

Estou sugerindo que as nossas vidas são exatamente assim. Todos os momentos possíveis e imagináveis são sempre coexistentes, como em um disco de computador com memória infinita e possibilidades infinitas, mas passamos por isso numa certa sequência, o que dá a impressão de passar o tempo com um resultado mais ou menos pré-determinado.

Isso traz muitas consequências. Será que tenho de passar pela sequência de acontecimentos na minha vida da forma como tenho passado? Estou aqui sentado no meio deste filme da minha vida, e se não estou tão feliz com a forma como as coisas estão funcionando para mim, porque não poderia ir para outro lugar no disco que contém escolhas diferentes, e escolher outra coisa? Poderia eu reestruturar o enredo, adicionar ou subtrair um personagem?

Bem, é um campo de todas as possibilidades. As possibilidades são infinitas. Então o que nos obriga a seguir um certo padrão, uma pista específica ao longo da vida? Ou será que estamos realmente limitados?

A maioria de nós está presa num conjunto de crenças sobre o que podemos e não podemos fazer, o que é e o que não é possível, tanto coletivamente enquanto seres humanos, como para nós em particular. Essas limitações de consciência fazem parte do nosso próprio pacote de qualidades pessoais, pontos fortes e fracos, condições sociais, expectativas familiares, pressões e imperativos religiosos ou culturais, e as ramificações de decisões e comportamentos passados que dão frutos (ou espinhos) no presente.

Além disso, estamos todos sujeitos às leis da natureza e ao nosso patrimônio genético pessoal e específico da espécie. O padrão da nossa individualidade tem de evoluir dentro dessas restrições específicas. Quanto mais se libertar desses limites, mais o rio da sua vida pode alargar-se e fluir mais livremente, e o seu padrão – você – pode transcender os limites percebidos que agora o prendem em seus limites. As possibilidades estão todas aí.

Imagine que o seu sistema informático é tão avançado que o seu armazenamento de memória contém todas as interações possíveis entre os atores, e uma infinidade de formas pelas quais a sua história poderia evoluir. Numa versão, uma pessoa sofre um acidente e morre, mas noutra versão, consegue desviar o seu carro mesmo a tempo de evitar a colisão. Ou a bala disparada pelo franco-atirador apenas falha. Ou acerta, mas a pessoa se recupera em vez de morrer. Pode colocar todas estas opções na memória do seu computador e criar a sua história da forma que quiser. Em cada passo, pode fazer uma escolha, apertar o botão, e a linha da história tomará qualquer direção ou mudança que você decidir.

O elefante em uma caixa

É aqui que reside a sua liberdade – de navegar pelas opções e fazer escolhas, dentro de certos limites, com base em quem você é e quais são o seu processo de tomada de decisão e as suas capacidades. A sua liberdade também se baseia no universo em que se encontra e nos seus próprios modos, padrões e redes, que são comumente chamadas de leis físicas ou as leis da natureza. Pois tal como existem modos, padrões e redes para cada indivíduo, também existem modos, padrões e redes para cada mundo e cada universo.

Alguns destes universos aparecem e desaparecem em um piscar de olhos, outros duram apenas um pouco, e alguns podem ser relativamente eternos. Eles fazem parte das infinitas possibilidades de emergência ou criação, interações, e submersão ou aniquilação.

Se o seu padrão não lhe permite muita liberdade para mudar e crescer devido ao que tem preconcebido, e o que todos nós, juntos, decidimos serem as únicas maneiras pelas quais as coisas podem acontecer neste universo particular em que vivemos, então você está confinado a um gama mais ou menos estreita, limitada de possibilidades, e você permanecerá lá, até que comece a desenvolver outras possibilidades.

Conforme você cresce em consciência, você tem cada vez mais liberdade. Mas o fato de você nascer com uma estrutura física particular e um padrão específico de qualidades e capacidades, dentro deste nosso universo com suas leis operacionais – todos esses fatores servem para limitar sua capacidade de fazer certas escolhas e mudanças substanciais –, você sempre pode decidir que cor de camisa usar, mas não é tão fácil decidir ser um atleta olímpico vencedor da medalha de ouro. Quanto mais restritos forem seus pensamentos, educação, fisiologia etc., menos opções você tem.

Por outro lado, quanto mais ilimitado for, mais possibilidades são abertas para você, conduzindo-o finalmente à capacidade de conhecer e viver todas as possibilidades, de ir aonde quiser e experimentar tudo o que desejar. No entanto, não precisa ir longe nem provar todas as experiências possíveis porque está tudo aqui, toda a multiplicidade de possibilidades e universos está aqui, neste momento. Cada bit está vivo dentro da totalidade da Consciência, tal como na Singularidade da Consciência, cada Observador, Observação e Potencial Observado é um jogo do Absoluto, uma expressão dessa realidade suprema que é o seu verdadeiro eu supremo.

Vivemos as nossas vidas como o fazemos porque somos um padrão específico, um conglomerado de qualidades e influências que se movem entre outros padrões, em um campo infinitamente complexo de padrões. Alguns desses padrões são em grande parte estáveis e imutáveis – chamamos-lhes de Leis da Natureza. Outros estão em evolução, sempre em mudança.

Provavelmente já ouviu a parábola de um grupo aleatório de pessoas a quem foi pedido para descrever um elefante que está escondido em uma enorme, mas relativamente apertada caixa. Cada "observador" tem apenas um pequeno olho-de-vidro para olhar, de modo que somente podem ver uma parte discreta do elefante. Não surpreendentemente, os relatórios são bastante variados.

"É algo grande, preto e áspero".
"Não. É branco, brilhante e liso".
"Parece uma grande cobra"!

A realidade que percebemos depende do nosso ponto de vista, do ângulo ou da perspectiva a partir da qual vemos as coisas. O que torna o nosso ponto de vista único e diferente dos outros está embutido no padrão do que somos, ou podemos dizer, na estrutura daquilo que somos. A estrutura refere-se, mais frequentemente, ao nosso corpo físico, como ele funciona, o que é capaz de realizar e perceber, e assim por diante.

No entanto, mesmo considerando a estrutura como física, ela é, na realidade, um padrão de Consciência, um padrão de formas pelas quais a Consciência é capaz de ver o seu próprio Ser. E existem muitas dessas formas. Na verdade, a Consciência está sempre olhando para si própria, experimentando a si própria, de uma infinidade de formas, em todos os tipos de padrões possíveis.

O ser humano, enquanto espécie, tem um certo padrão – uma estrutura física geral, uma gama de alturas e pesos, uma gama de capacidades perceptivas e funcionais tanto físicas como psicológicas – e, claro, cada mulher e cada homem tem um conjunto único de parâmetros operacionais, dentro dessa gama geral. Algo bastante diferente, uma girafa, por exemplo, partilha muitas das mesmas funções que os humanos; as girafas comem e dormem, correm e descansam, adaptam-se aos seus ambientes, e assim por diante, mas pense em como seria a experiência de ser uma girafa e de viver no seu meio: deve ser diferente do mundo em que vivemos. Provavelmente, você e eu não vamos jantar as folhas tenras e flores no topo da árvore – mas a girafa também não pode resolver uma equação quadrática ou recitar linhas de *Hamlet*. Cada "padrão" tem o seu próprio ponto de vista sobre a realidade, e esse ponto de vista dá--lhe o seu sentido único de tempo, espaço, relação e possibilidade.

Esses valores – o sentido de tempo, espaço e como as coisas estão e não estão relacionadas – provêm da nossa consciência individual, do que absorvemos e aprendemos com a nossa experiência, e da nossa capacidade nativa de experimentar o mundo. Essa capacidade varia de acordo com o nosso estado de consciência, que por sua vez, se baseia na nossa fisiologia.

Porque nós, seres humanos, temos uma grande variedade de tipos de consciência, desde o estado de coma e outros estados debilitados, até o sono profundo, sonho, vigília, e estados elevados de consciência e alerta, a nossa fisiologia é construída de tal forma que pode, e faz isso diariamente, percorrer diferentes estados de Consciência e várias modificações da sua própria estrutura interna e função.

Acordamos, ficamos ocupados, as nossas ondas cerebrais indicam alerta e concentração, o nosso metabolismo é mais elevado do que durante o sono; mais tarde dormimos novamente, para rejuvenescer e talvez para sonhar, e tudo muda mais uma vez. A nossa fisiologia também tem o potencial, através de modificações contínuas, de evoluir, de elevar-nos ao que iremos falar nos próximos três capítulos como sendo estados superiores de Consciência.

Cada estado de consciência, (ou inversamente, a falta de Consciência), tem o seu estilo único de fisiologia. Estar consciente neste corpo físico significa que existe um padrão de funcionamento fisiológico que o acompanha. Se perturbarmos esse padrão, seja para diminuí-lo ou melhorá-lo, obtemos uma experiência diferente em termos de consciência, e o mundo que percebemos, e como o compreendemos, será mais rico ou mais pobre. A realidade que você vê e vive depende do que você traz para ela, do que você é.

As possibilidades são potencialmente infinitas, mas, na prática, à medida que vivemos as nossas vidas e histórias, movemo-nos através de uma fina faixa de frequência finita dentro deste infinito vibrante e turbulento.

A faixa não é rígida ou incapaz de alteração, mas o que ela é agora, em qualquer ponto, é determinado pelo nosso próprio padrão, pela nossa capacidade única de observação, pelas leis da natureza que operam dentro, e à nossa volta, e que regem a forma como vivemos, e por todos os objetos ou padrões à nossa disposição. Uma pessoa que se move através do filme da sua vida é inevitavelmente restringida pelos seus próprios padrões, que criam uma limitação de perspectivas ou possibilidades potenciais.

Um microscópio específico pode fornecer a capacidade de visualizar até um nível específico de células ou estrutura molecular, mas um microscópio com maior ampliação pode ver mais. Bons binóculos darão uma visão clara de objetos, talvez a algumas centenas de metros de distância, enquanto até mesmo um telescópio doméstico pode ver montanhas e crateras na lua e os anéis ao redor de Saturno, para não falar do que os gigantescos observatórios no topo das montanhas ou o espaço Hubble podem ver da vida cósmica. Depende da qualidade do instrumento. Assim, a qualidade de nossos próprios instrumentos vivos, nosso cérebro e fisiologia, o essencial de nosso padrão, nos permitem viver apenas dentro de certos limites e restrições, e não além deles.

Karma e escolha

Portanto, também é verdade que o fluxo das nossas escolhas de vida no passado, (também conhecido como karma, uma palavra que literalmente significa "ação", mas também implica nas consequências das ações), tende a reforçar, dia após dia e ano após ano, os mesmos padrões de escolha e ação que tínhamos antes, que nós escolhemos e decretamos antes. As escolhas que fazemos e as ações que empreendemos hoje afetarão todas as nossas decisões e ações no futuro, apesar das restrições "externas" da nossa educação, educação, cultura, opiniões políticas etc., que parecem estar fora do nosso controle.

Um exemplo muito simples é que temos um enorme contributo, por exemplo, para a nossa saúde através daquilo que escolhemos comer, se escolhemos fazer exercício (ou não), e assim por diante. O mesmo é verdade em todas as áreas das nossas vidas. O trabalho que fazemos e a forma como o escolhemos fazer, como nos conduzimos nas nossas relações, bem como as pessoas com quem escolhemos nos relacionar ou nos associar – tudo isto nos afeta diretamente e determina se estamos progredindo ou não, se estamos felizes ou não, vibrantemente saudáveis ou a um passo da sala de emergência – ou em algum ponto intermediário.

Cada experiência que se tem, cada instância de Consciência que se tem, cria possibilidades que não estavam à nossa disposição antes de termos tido essa experiência. Cada instante de Consciência abre uma porta a possibilidades e cada modo de ser leva essas possibilidades para a frente.

A lição disso é que temos uma forma – simples, prática, prontamente disponível a cada minuto de cada dia – de influenciar o nosso desenvolvimento, e consequentemente a nossa felicidade e utilidade para os outros, escolhendo a quais possibilidades prestar atenção, a quais potencialidades escolher atualizar, bem como aquelas que decidimos rejeitar.

Este fato, que esquecemos com frequência, é, ao mesmo tempo, excitante e cauteloso – o que quer que decidamos e façamos, terá consequências que mudarão as nossas vidas, seja de forma pequena ou grande, seja de forma negativa, criando sofrimento e limitando a nossa liberdade, seja de forma positiva, progressiva e evolutiva, que expandirá a nossa liberdade.

Ao sermos seletivos quanto às possibilidades que desenvolvemos, temos influência na nossa própria evolução individual, e no bem-estar de toda a vida neste planeta e, possivelmente, para além dele.

A maior, mais abrangente e influente escolha que podemos fazer para a nossa própria felicidade e o nosso impacto no mundo é evoluir para estados superiores de Consciência, como exploraremos nos próximos três capítulos.

Capítulo 11

Transcendência, Consciência Pura e o Ser

A questão que vem em seguida é: se a verdade sobre a vida e a existência é ela própria, ou em outras palavras, é que "a Consciência é tudo o que há", e, se faz sentido apoiar intelectualmente e conceitualmente esta suposição, haverá uma forma de confirmá-la diretamente? Como somos seres conscientes que somos, não deveríamos ser capazes de confirmar isto a partir da nossa própria experiência? Não apenas compreendê-la intelectualmente e conceitualmente, mas "conhecê-la", de fato, através da percepção direta.

No entanto, nos três estados usuais de Consciência, não parece que tenhamos acesso direto a esta verdade, se, de fato, trata-se da verdade. Durante o sono, não estamos conscientes de nada. Nos sonhos, vivemos vicariamente em um mundo de objetos ilusórios e eventos fantasiosos, com superpoderes sem esforço, tais como voar sobre campos, montanhas e mares. Mesmo em estado de vigília, o que é que realmente sabemos? Objetos. Coisas. Vivemos num mundo de coisas e eventos – mas onde está a Consciência?

Estamos conscientes das coisas que percebemos, mas não da Consciência em si. De fato, normalmente quando experimentamos um objeto, o objeto domina, e o experimentador fica em segundo plano. Assim, para a maioria das pessoas, a noção de que "a Consciência é tudo que existe" é difícil; precisamente porque pode parecer contrária à nossa experiência vivida.

Contudo, muitas tradições, (especialmente delineadas com clareza na tradição védica, tal como trazidas à luz por Maharishi), descrevem estados de consciência que são superiores aos três considerados "normais", que são os estados habituais de sono profundo, sonho e vigília. Essas tradições descrevem estados de consciência superiores nos quais temos maior acesso experiencial à verdade de como as coisas realmente são.

Estados mais elevados de Consciência

A ideia de que existem estados de Consciência mais elevados que foram atingidos por alguns indivíduos evoluídos ao longo da história, não é nova ou hipotética, mas sim um tema de longa data da cultura global que entrou agora no cânone científico, embora de uma forma ainda não totalmente explicada.

Neste capítulo, entraremos finalmente na área fascinante e inspiradora dos estados superiores da evolução humana, particularmente como descrito por Maharishi, o expoente máximo do conhecimento védico na nossa era. O que é notável é que tanto o modelo científico, baseado na física da estrutura da natureza, como a explicação tradicional (especialmente Védica) da natureza da Consciência e do seu desenvolvimento gradual e último na Unidade correspondem tão elegantemente à proposta de que a Consciência é tudo o que há.

Apesar do fato de que a iluminação tem sido um tema importante dos ensinamentos espirituais e da reflexão filosófica durante séculos, só nas últimas décadas é que a ciência ocidental começou a considerar que pode haver substancialmente mais na vida do que o ciclo diário de vigília, sono e sonhos – que são a medida completa da realidade para a maioria das pessoas – mais discernimento, criatividade, capacidade e felicidade.

Começando com o inconsciente, postulado por Freud, Jung e outros pensadores da psicologia do início do século XX, através do "Movimento do Potencial Humano" de meados do século e a sua popularização da experiência de pico, do desempenho máximo, do estado de "fluxo", e outras noções de funcionamento ótimo, a ciência ocidental tem se movido na direção de reconhecer as capacidades superiores do ser humano, do saber e do fazer.

Uma razão óbvia para essa abertura a novos horizontes tem sido a crescente disponibilidade dos sistemas asiáticos de conhecimento, especialmente o Budismo e o Yoga, e os ensinamentos dos Vedas, dos quais, historicamente falando, tanto o Yoga como o Budismo são derivados.

Essas antigas escolas de pensamento e prática têm em comum o entendimento de que existe um estado último de evolução psicoespiritual humana, com nomes como Iluminação, Nirvana, Satori, Moksha, realização, autorrealização, libertação etc., e que no caminho para este estado mais elevado, o aspirante passa por uma sucessão de etapas ou níveis de despertar. Diferentes sistemas de pensamento, bem como vários pensadores individuais, classificaram essas etapas e construíram modelos para facilitar a compreensão do que são e de como surgem. Apesar desses esforços, qualquer pessoa que tenha lido ou estudado ensinamentos sobre a iluminação descobriu que as definições e descrições variam muito e podem até ser tão contraditórias a ponto de se tornar frustrante.

Uma questão primordial que os buscadores da verdade se perguntam é: "Quem sou eu, realmente?". Algumas escolas de pensamento ensinam que, em última análise, "não há um Ser", e perceber isto é o bem maior.

Uma visão aparentemente totalmente oposta sustenta que existe de fato um grande Ser, que abarca e alcança tudo, e o objetivo mais elevado na vida é despertar para esta realidade e vivê-la como a verdade cotidiana de cada um. No entanto, essas duas visões, aparentemente contraditórias, são, na realidade, a mesma coisa.

Dizer que não existe "nenhum Eu" significa que, em última análise, cada pequeno eu não é nada, porém é o campo ilimitado do Ser que é o Ser final de tudo e de todos. Isto significa que a consciência de um ego individual se deve apenas a uma perspectiva limitada e estritamente focalizada na realidade. A realidade última é que cada ego é na sua essência o Ser transcendental.

Algumas pessoas têm uma verdadeira paixão, não só pelo crescimento, mas também por atingir o auge da consciência humana – a maior felicidade, o maior amor universal, o supremo despertar. Para elas, a questão da "iluminação" é muito mais do que curiosidade acadêmica, é uma força profunda e convincente que motiva as suas vidas. Para tais pessoas, a definição mais clara possível da meta, e do caminho para alcançar a meta, são interesses convincentes e vitais.

Nos tempos atuais, Maharishi, cuja formação universitária foi em ciências, antes de passar treze anos com forte enfoque na obtenção de iluminação ao serviço de um grande mestre espiritual nos Himalaias, deu uma grande contribuição para o conhecimento humano, ao ser pioneiro na integração do antigo conhecimento védico da Consciência com a moderna e objetiva metodologia científica. Desde então, é claro, outros assumiram o empreendimento. Centenas de livros foram escritos e conferências convocadas para estudar e discutir a natureza e evolução da Consciência à luz da ciência moderna.

Um pilar central do sistema de pensamento abrangente de Maharishi, ao qual chamou de Ciência Védica, é um quadro que oferece definições claras de cada um de sete estados de Consciência, bem como dos procedimentos e práticas que promovem o crescimento de um estado superior para outro. Examinaremos cada um dos sete estados ao longo dos próximos capítulos, mas eles estão aqui listados para maior clareza:

1. Sono profundo
2. Sonho
3. Vigília
4. Estado Transcendental
5. Consciência Cósmica
6. Consciência Cósmica Glorificada ou Consciência de Deus
7. Consciência da Unidade.

Uma maneira interessante de pensar sobre o desenvolvimento progressivo da Consciência, é fazê-lo em termos do grau em que o valor do objeto – a Consciência e a atenção – predomina na experiência de uma pessoa *versus* o quanto o lado subjetivo – o observador – se mantém presente e não é esquecido quando se está experimentando um objeto específico. Tenha isto em mente ao discutirmos cada um dos sete estados.

É também importante lembrar que qualquer estado de consciência é a confluência de um estado mental subjetivo (vigília, sono, sonho), com uma combinação ou constelação de características fisiológicas e neurológicas. Para qualquer estado de Consciência, mente e corpo andam inextricavelmente juntos.

Assim, se existe algo como estados superiores de Consciência, cada um teria de ser caracterizado pelos seus próprios conjuntos únicos de parâmetros subjetivos e psicológicos correlacionados com padrões fisiológicos de excitação e função objetivamente mensuráveis. Sabemos agora que este é o caso, com base em provas científicas estabelecidas, que apenas iremos abordar muito brevemente. As referências e links serão fornecidos nas referências bibliográficas, ao final do livro.

Sono, sonho e vigília

Comecemos a nossa exploração e análise a partir do estado de menos consciência, ou seja, a inércia do sono profundo, e passemos através de níveis crescentes de vigília para o estado plenamente desperto de completa iluminação.

Todos estamos familiarizados com o fato de estar despertos, adormecidos e sonhando, trata-se de um aspecto tão fundamental das nossas vidas como qualquer coisa poderia ser, e a ciência tem uma compreensão bastante profunda do que acontece em nossos corpos e cérebros durante estes estados.

Subjetivamente, quando estamos dormindo, não temos experiência de nada. Não há percepção de nada, nem pensamento, nem consciência sensorial – nada. Fisiologicamente, estão em curso inúmeros processos de cura, revitalização e rejuvenescimento, mas do ponto de vista da Consciência, não há muito o que falar.

Quando sonhamos, experimentamos uma realidade muitas vezes fantasiosa que nos pode levar a qualquer lugar. Provavelmente, o termo mais comum para descrever o estado de sonho é que é "ilusório". Da perspectiva da realidade física, o que acontece no estado de sonho é simplesmente irreal. Qualquer coisa pode acontecer. Podemos estar explorando a superfície de Marte, um tigre pode estar prestes a atacar, algum desejo frustrado de estado de vigília pode estar se realizando, mas depois acordamos e dizemos: "Foi apenas um sonho. Não era real".

Tinha a sua própria realidade no estado de sonho, mas essa realidade é diferente da realidade tanto do sono profundo, onde nada está acontecendo, como do estado de vigília. Não é transferível. Ou seja, é necessária uma arma em estado de sonho para parar o tigre em estado de sonho; uma espingarda "real" não vai ajudar, nem uma espingarda em estado de sonho serviria para um tigre do mundo real.

Cada estado de Consciência é o seu próprio universo com as suas próprias regras. Ou, como Maharishi costumava enfatizar: "A realidade é diferente em diferentes estados de Consciência".

Quando dormimos e quando sonhamos, os nossos corpos descansam, mas a aparente inércia é enganosa. À medida que o corpo e o cérebro realizam milhares de processos e ajustes, a nossa bioquímica muda, as nossas ondas cerebrais mudam conforme estamos só dormindo ou dormindo e sonhando, e o cérebro executa um tipo de gerenciamento de arquivos, classificando as experiências em "armários de arquivos" cognitivos de memória de longo ou curto prazo, ou, em alguns casos, para serem, essencialmente, depositadas na "lixeira".

A maior parte do nosso tempo de sono (cerca de 75%), é passado em sono profundo, não-REM; o resto é tempo de sonho. O metabolismo fica mais lento; a temperatura, a pressão arterial e a taxa respiratória diminuem; os músculos relaxam e tornam-se inativos. Enquanto sonhamos, todas estas taxas, por vezes, aceleram novamente para corresponder ao que está acontecendo no sonho, mas a tendência geral é para o descanso.

Quando estamos despertos, os nossos sentidos estão vivos, experimentamos pessoas e coisas que conhecíamos antes de dormir, e elas "reaparecem" mais ou menos da mesma maneira. Temos uma sensação de base de quem e o que somos e de objetos e acontecimentos que se manifestam na nossa consciência. Estes objetos podem ser os objetos aparentemente sólidos e concretos apreendidos pelos sentidos, ou podem ser pensamentos, memórias, planos, ou fenômenos inteiramente imaginários.

Há sempre algo chamando a nossa atenção. No estado de Consciência de vigília, estamos sempre identificando a nossa consciência com algo: um objeto, um pensamento, um sentimento, um processo; e todo o nosso Ser é capturado pela experiência destes fenômenos. Olhamos para uma flor, e é a flor que capta a nossa consciência. Você se torna a flor, porque é isso que está ocupando sua consciência. É isso que a Consciência é para o estado de vigília, é uma flor, uma imagem, um pensamento, um sentimento. É o Observado – o que não está presente; aquilo de que não estamos conscientes – é o nosso próprio eu – o Observador.

O Observador perde-se na experiência dos objetos como se o observador fosse obliterado, ofuscado, ou aniquilado pela experiência de um objeto, então, na verdade, no que nos diz respeito, o observador não existe – não é experimentado. E apenas o objeto está presente na nossa consciência. De fato, é como se o observador não existisse. Na filosofia védica, este estado, em que o indivíduo esquece a natureza essencial do seu próprio Ser, é muitas vezes chamado "ignorância". O filósofo escocês David Hume, do século XVIII, descreveu esta condição de forma pungente:

> Quando entro mais intimamente no que chamo de mim mesmo, sempre tropeço em alguma percepção particular ou outra: de calor

ou frio, luz ou sombra, amor ou ódio, dor ou prazer. Eu nunca posso me pegar em nenhum momento sem uma percepção, e nunca posso observar nada além da percepção. (27)

Como a maioria das pessoas encontra exatamente o que Hume descreveu quando olham para dentro de si próprias, a suposição que foi feita pela maioria das pessoas foi a de que não há nada mais. Este é um grande erro. A mente é como um oceano com os pensamentos como ondas em sua superfície. Quanto mais fundo você mergulha no oceano da mente, mais silencioso e estável ele se torna.

O reino ocupado, cheio de objetos e eventos da mente no estado de vigília é como nadar na superfície; uma riqueza muito maior está dentro. No entanto, o que comentários como os de Hume, efetivamente nos mostram, é algo diferente do que apenas o pensamento do que precisa ser feito para experimentar a Consciência Pura.

Os buscadores que já ouviram ou leram sobre as experiências de pessoas em estados de consciência mais elevados aspiram ansiosamente ter essas experiências. Eles tentam e geralmente falham. Por isso, tentam cada vez mais.

Com o passar do tempo, a experiência de Consciência Pura, Samadhi, Nirvana, ou Satori começa a ser considerada difícil, exigindo anos de prática, foco e concentração. Isto foi o que aconteceu ao longo do tempo e era a forma como comumente se acreditava até meados do século passado, quando Maharishi trouxe ao mundo a técnica simples da Meditação Transcendental® e abriu a porta da iluminação a milhões de pessoas, de uma forma natural e sem esforço.

Transcendendo: conheça a si mesmo

A primeira experiência que se tem como sendo algo "mais" do que a consciência do estado de vigília é a experiência do estado transcendental, que pode ser facilmente experimentado através da técnica da Meditação Transcendental®. Fechamos os olhos e permitimos que a mente se aprofunde em si mesma, guiada por sua própria natureza.

Muito naturalmente, ela se move, (a atenção muda), de um nível de Consciência mais objetivo, "concreto", de referência ao objeto, para um nível subjetivo mais abstrato. Os objetos que estavam desviando a nossa atenção se desvanecem e, por fim, chegamos à tela metafórica que sustenta os objetos da percepção, que é o nosso Ser, nosso Ser puro, a nossa existência pura, para além de qualquer experiência limitada.

Transcender significa "ir além". Assim, a Consciência "Transcendental", na qual a atenção vai além dos limites do pensamento e da percepção, não é uma designação escolhida arbitrariamente, mas um termo descritivo preciso.

É assim que Patanjali, o grande sábio que escreveu o *Yoga Sutra*, frequentemente referido como o "livro didático do Yoga", descreveu esta experiência: "Yoga é o assentamento completo da atividade da mente. Então, o vidente está estabelecido no Ser (...)".

Quando a atividade mental diminui, o conhecedor, o conhecimento e o conhecido são absorvidos um pelo outro... tudo se acalma, e o que resta é uma vigília ilimitada. A vigília, neste sentido, é "ilimitada" de duas maneiras.

- a. Primeiro, as qualidades específicas de uma percepção, pensamento ou sensação em que a Consciência é temporariamente limitada ou confinada – uma memória, um som ouvido, o peito subindo e descendo a cada respiração – tudo desaparece silenciosamente, deixando sozinha a Consciência em seu estado natural.
- b. Em segundo lugar, à medida que a prática continua, essa Consciência Pura é ilimitada no espaço e no tempo, sem começo e sem fim, um oceano de puro Ser. Esta é a primeira vez que o sujeito experimenta realmente o seu Ser.

Transcendência, Consciência Pura e o Ser

Antes disso, sabe que é Maria e não Julieta, David e não José, e há um sentimento: "sou eu". Mas quem realmente é, não sabe. Se você olhar para dentro para descobrir, a sua mente passa por várias noções, sentimentos, memórias, conceitualizações, como na descrição de David Hume acima, mas não tem qualquer compreensão do Ser até transcender.

Assim, a Meditação Transcendental® ou qualquer forma de meditação que efetivamente abre a consciência ao núcleo mais íntimo do próprio Ser, é uma necessidade para todos, pelo menos para saber quem você é. E o que você descobre é o que você é, em contraste com os padrões sempre mutáveis dos reinos sensoriais, é um campo de silêncio e estabilidade, um estado absoluto e constante de pura percepção, Consciência Pura.

No campo "relativo" da vida, a mudança incessante é a regra. Não há constância. Esta pessoa hoje não é a mesma pessoa que era ontem. Mesmo fisicamente, ou cientificamente, tudo está sempre em movimento e mudando. E se tudo está sempre mudando, então o que é real? Para que algo seja considerado real, deve pelo menos ser estável durante alguns segundos.

Certamente, uma pedra parece existir de forma estável durante um período superior a alguns segundos, por exemplo – e parece ser algo real. Mas quando se sonda profundamente a sua natureza interior, verifica-se que ela também nunca é a mesma. As suas partículas constituintes (assim percebidas) estão sempre em movimento.

Assim, se considerarmos a fina construção interior da pedra, nunca podemos dizer que é verdadeiramente a mesma, mesmo de um momento para o outro. Você pode observá-la apenas de uma perspectiva limitada, porque seus olhos não são um microscópio infinitamente poderoso; você não tem um cíclotron em seu cérebro para ver as partículas em sua dança desordenada.

É a partir desta capacidade muito limitada dos olhos e ouvidos e de todos os sentidos que construímos um mundo e um universo que tem objetos estáveis e que existem. Contudo, a partir de uma consideração mais fundamental, ontológica da verdadeira natureza das coisas, somos obrigados a concluir que nada é realmente, tudo está sempre mudando.

Experimentando a Consciência Pura
(Veja o caderno de fotos, pág. 3)

Por outro lado, a Consciência Pura existe sempre e é sempre a mesma – é uma constante. Na verdade, é a única constante que existe; é sempre real. É a eternidade da vida. E é isso que se descobre em si mesmo quando se transcende. É a primeira vez que se encontra a realidade absoluta que realmente existe, em e por si mesma.

Esta experiência direta da Consciência Pura conduz o indivíduo na direção da plenitude ou Singularidade. Ele ou ela atinge um estado em que o Observador Individual, o Processo de Observação, e o Objeto observado são todos existência pura, Singularidade e nada mais. O Observador – o Ser limitado, pessoal com as suas percepções, pensamentos, sensações, e assim por diante – desperta temporariamente para uma verdade superior e reconhece que a sua verdadeira identidade é o Ser – a Consciência silenciosa, expansiva, pura, sempre igual.

Na prática da MT® o meditante repete mentalmente um mantra, um som védico, de uma forma prescrita, de modo a tornar-se cada vez mais sutil, (mais silencioso, mais tênue), e eventualmente desvanece-se para o silêncio. Desvanece-se lentamente, mas o pensador, a pessoa que experimenta a consciência, permanece. Percebe-se estados ou níveis mais silenciosos do pensamento e depois se transcende – a pessoa vai além do pensamento para a Consciência, na qual os pensamentos borbulham.

O paralelo com a investigação científica de níveis mais finos do mundo físico que descrevemos, culmina na conclusão de que não existe, no nível mais profundo, nenhum mundo físico, nenhum objeto material, nem mesmo átomos e os seus constituintes menores, mas apenas campos não-físicos abstratos, todos aparentemente emergentes de um único Campo Unificado.

Como esse Campo Científico Unificado, a Consciência Transcendental não é Nada, mas sim a fonte de toda a inteligência e criatividade demonstradas nos nossos pensamentos. A experiência pessoal revela que é um campo de silêncio infinito e de dinamismo não expresso, ilimitado por natureza e que vivê-lo gera bem-aventurança.

"O meu Ser se identifica principalmente com esta enorme Consciência", disse um praticante de MT®, dando um significado bastante dramático ao termo ilimitado: "Fico impressionado com o fato de que me sinto enorme, embora seja fisicamente pequeno. Estou realizando minha atividade e me sinto absolutamente enorme, estando mais conectado ou identificado com essa consciência expandida do que com minhas pequenas características pessoais individuais".

- "Durante a meditação, um silêncio profundo se instala depois de um tempo que está além da minha descrição – apenas paz interior e contentamento além do tempo." – V.K. Praticante de MT®
- "Vejo o vasto campo infinito do Nada, sem cor, forma, textura ou distância. Vejo-me como uma testemunha cósmica silenciosa fora do nosso universo". – D.G., praticante de MT®
- "Durante a prática, a minha consciência é caracterizada pela felicidade, luz, desmedida, silêncio dinâmico vivo, ou seja, o silêncio é permeado por uma vibração e fluxo de alta frequência, embora haja também uma qualidade não móvel". – J.C., praticante de MT®

O quarto estado: a Consciência Transcendental

A Consciência Transcendental (sendo o quarto estado de Consciência) é consequentemente o primeiro estado superior de Consciência, e é o pré-requisito ou "marco zero" para o desenvolvimento de etapas posteriores de crescimento.

Um grande número de pessoas tem relatado a experiência de transcendência mediante a prática da técnica generalizada da MT® que foi concebida para facilitar o processo de transcendência. Desde os anos 70, milhares de meditantes da MT® têm sido estudados em laboratórios universitários, usando EEG[25] e outros modos de monitorização (28). Os dados mostram claramente que se trata de um estado único de Consciência, em que as pessoas desfrutam de momentos de percepção pura ou de Consciência Pura sem a experiência de qualquer objeto exceto a própria Consciência, um estado em que a Consciência está olhando para o seu próprio Ser.

Essa experiência do "Ser" é algo semelhante à experiência humana comum do sentido de ser ou da própria identidade. Na experiência humana comum, entretanto, o Ser é experimentado como separado de todos os outros objetos ou conteúdo na consciência: "Eu sei que sou"; "Penso, logo existo"; "Conheça a si mesmo" e assim por diante. A Consciência Pura transcendental, por outro lado, é uma experiência do "Ser" como singularidade. É tudo o que existe.

Isto é o que alguns indivíduos ao longo da história descrevem como Samadhi, ou Nirvana. Trata-se de uma experiência "espiritual" pura: "Eu experimentei estar consciente com nada mais do que a Pura Consciência na minha consciência". Estes estados meditativos de consciência têm sido analisados filosófica e cientificamente em milhares de artigos descrevendo os seus efeitos em vários parâmetros fisiológicos, psicológicos e sociais.

---

25. N. do T.: EEG significa Eletroencefalografia.

Assim, a transcendência é um estado autorreferente ou autorreferencial. A Consciência Comum é referência de objetos – a nossa consciência está relacionada com algum pensamento, alguma atividade, percepção ou evento em desenvolvimento.

A Consciência, enquanto sujeito, está relacionada com um objeto, quer interno (pensamento, sentimento, imagem, memória etc.), quer com uma percepção externa através dos cinco sentidos; não estamos conscientes de que é possível estar acordado sem qualquer imagem, qualquer pensamento, sem nada mais do que a própria vigília. O estado que surge quando toda a atividade cessa, mas não se adormece é a autorreferência; todos os objetos sempre em mudança da percepção comum caem e o que resta é um estado de consciência absoluto, puro, que não muda.

Capítulo 12

Consciência Cósmica e Consciência de Deus

Tal como acontece com muitas novas descobertas científicas que perturbam o *status quo* dos princípios aceitos, as primeiras reações ao anúncio, em 1970, da descoberta de "um quarto grande estado de Consciência"[26], foram variadas.

Aqueles que realmente experimentaram o estado transcendental ficaram encantados em ler que a ciência estava reconhecendo sua validade. Relatórios anedóticos anteriores dessa experiência tinham sido descartados pelos céticos, que insistiam, com toda a razão, que se essas experiências subjetivas relatadas de "transcendência" fossem críveis, mais do que apenas "anedóticas", teriam que ter contrapartes físicas objetivamente mensuráveis.

Como se verificou, elas possuem.

Experiência de Consciência superior; interior e exterior

Há abundantes evidências científicas de que algo incomum e significativo está ocorrendo durante a transcendência, não apenas na mente – não é apenas um estado subjetivo, "psicológico" – mas também no corpo. Como vimos, qualquer estado de Consciência tem uma constelação correspondente de parâmetros fisiológicos. Assim como no sono, sonho e vigília, o quarto estado de consci-

---

26. Conforme artigos publicados nas prestigiadas revistas científicas *Science*, *American Journal of Physiology*, e *Scientific American*, entre outros.

ência, ou transcendental, também tem seu próprio padrão único de funcionamento mente-corpo.

Alterações metabólicas e bioquímicas indicam um estado extremamente profundo de relaxamento e descanso, na verdade, mais profundo do que o sono, como medido, por exemplo, por respiração natural muito suave e períodos não forçados de cessação da respiração, sem excesso de respiração compensatória posterior. Naturalmente, um estado tão profundo de repouso tem uma ampla gama de consequências que promovem a saúde e que foram amplamente documentadas.

No entanto – e isso é de particular interesse para mim como neurocientista – simultaneamente ao profundo estado de repouso físico, a Consciência está ativa e um padrão único de atividade neurológica aparece, marcado por um alto grau de coerência ou integração de ondas cerebrais que sinaliza uma não usual ativação equilibrada do cérebro total.

Este estado de transcendência, conhecido como Samadhi na tradição védica, poderia muito bem ser considerado uma espécie de "estado fundamental" ou base para estados superiores de Consciência. O objetivo da prática espiritual não é apenas experimentar intervalos de tempo – ou, como é subjetivamente sentido, atemporalidade – quando o silêncio interior e a consciência ilimitada são desfrutados, mas, é levar esse estado expandido e bem-aventurado do ser para todas as atividades e relações, de maneira a permitir um verdadeiro estado de vida iluminada. Isso começa assim que a transcendência é adicionada ao repertório de experiências de uma pessoa, e cresce constantemente à medida que estados superiores de consciência se desenvolvem, atingindo o seu auge no que chamaremos de Consciência de Unidade.

Uma vez que a Consciência é realmente tudo o que existe, então em seu estado puro, como Consciência Transcendental, teria que ser a fonte de toda a criatividade, inteligência e poder exibidos em todos os lugares do universo, e em nossas vidas individuais também.

Em apoio a essa compreensão, ao longo da história, encontramos artistas, poetas, matemáticos, cientistas e visionários em um amplo espectro relatando que é apenas essa experiência de ilimitação, silêncio, felicidade e luz que os inspirou à sua criatividade única e profundo *insight*:

- "O verdadeiro gênio se alimenta na fonte infinita de Sabedoria e Poder como Milton e Beethoven fizeram", disse o compositor clássico Johannes Brahms.
- "Grandes potências como Goethe, Schiller, Milton, Tennyson e Wordsworth receberam as vibrações cósmicas das Verdades Eternas porque se ligaram à energia infinita do Cosmos." (29)
- Pode ser uma energia infinita, e dinamismo criativo – mas também é um campo de tranquilidade e silêncio, a bíblica "paz que ultrapassa a compreensão". O general e imperador romano, Marco Aurélio, escreveu em suas Meditações algo que serve como um lembrete para todos que procuram paz e inspiração fora de si:

  > Os homens procuram refúgios para si próprios em lugares de campo, nas praias e nas montanhas, e você mesmo tende a desejar esses retiros, mas isso é totalmente não iluminado, sendo que é possível a qualquer momento que você queira encontrar um refúgio dentro de si. Pois em nenhum lugar um homem pode se retirar para uma quietude mais imperturbada do que em sua própria alma." (30)

- O autor e ativista social americano Thomas Merton, um monge Trapista, descreveu sua própria experiência da realidade transcendente em termos brilhantes:

  > Uma porta se abre no centro do nosso ser e parece que caímos através dela em imensas profundidades que, embora

sejam infinitas, são todas acessíveis a nós; toda a eternidade parece ter se tornado nossa neste contato plácido e sem fôlego. (...) Toda variedade, toda complexidade, todo paradoxo, toda multiplicidade cessam. Nossa mente nada no ar de um entendimento, uma realidade que é sombria e serena e inclui em si mesma tudo. Nada mais é desejado. Nada mais é almejado. (31)

- Uma experiência semelhante de transcendência foi descrita por Gopi Krishna, um modesto funcionário público indiano do estado nortista da Kashmir. Depois de muitos anos de meditação dedicada e prática de yoga todas as manhãs antes do trabalho, ele teve um despertar aos 31 anos e finalmente escreveu dezesseis livros sobre Consciência e Iluminação que o tornaram conhecido mundialmente. Um fato pouco conhecido de sua vida é que ele era um forte defensor dos direitos das mulheres no início do século XX na Índia. Em seu livro *Kundalini: A Energia Evolutiva do Homem*[27], Gopi Krishna escreveu:

> Eu senti o ponto de consciência que era eu mesmo se ampliando... Eu era agora todo consciência, sem qualquer contorno, sem qualquer ideia de um apêndice corpóreo, sem qualquer sentimento ou sensação proveniente dos sentidos, imerso em um mar de luz, simultaneamente consciente e perceptivo de cada ponto, espalhado, por assim dizer, em todas as direções sem qualquer barreira ou obstrução material... banhado em luz e em um estado de exaltação e felicidade impossível de descrever. (32)

- Anwar Al Sadat, ex-presidente do Egito, escreveu sobre um período, no início de sua vida, quando ele era um

---

27. Tradução *de Kundalini: The Evolutionary Energy of Man.*

prisioneiro político em confinamento solitário. "Eu só poderia ser meu próprio companheiro, dia e noite", escreveu ele, então era "natural que eu conhecesse aquele 'Eu' meu" que, como a maioria de nós, Sadat admitiu, ele estava muito preocupado para cuidar, "apressado pelo fluxo constante da vida cotidiana". Na prisão, sem nenhuma ligação com o mundo exterior, "a única maneira pela qual eu poderia quebrar minha solidão era, paradoxalmente, buscar o companheirismo daquela entidade interior que eu chamo de 'Ser'". O resultado de sua exploração interior, uma espécie de meditação involuntária e contínua, foi que ele "era capaz de transcender os limites do tempo e do lugar. Espacialmente, eu não vivia em uma cela de quatro paredes, mas em todo o universo. O tempo deixou de existir". Para ele, "meu Estreito Eu deixou de existir e a única entidade reconhecível era a totalidade da existência." Parece que Sadat desfrutou de momentos de transcendência "pura", como na meditação, e a experiência de ilimitação interior também se tornou uma companheira constante de sua solidão. Refletindo sobre suas experiências, Sadat sentiu que "uma vez libertado dos confins estreitos" da individualidade limitada...

> (...) com seu sofrimento mundano e emoções mesquinhas, um homem terá pisado em um novo mundo desconhecido que é mais vasto e rico. Sua alma desfrutaria da liberdade absoluta, unindo-se à existência em sua totalidade, transcendendo o tempo e o espaço. (33)

Para uma notável coleção de expressões de estados mais elevados de consciência de muitas culturas e ao longo de muitos séculos, recomendo o livro *O Despertar Supremo*[28], de Craig Pearson. (34)

---

28. Tradução de *The Supreme Awakening*.

Consciência Cósmica

A Consciência Transcendental é "a Quarta", como é referida na literatura védica, uma rica adição que fornece uma base estável, e, no entanto, dinâmica, ao ciclo diário de vigília, sono e sonho.

O próximo passo mais alto no crescimento da Consciência, chamado Consciência Cósmica, ocorre quando, ao longo do tempo e através de repetidas experiências de transcender e voltar à atividade comum uma e outra vez, uma pessoa descobre que a consciência do Ser nunca é perdida, não apenas durante a vigília, mas também no sono profundo e no sonhar.

Seja no silêncio da meditação, onde impulsos sutis de mantra ou pensamentos são acompanhados pela presença suave da Consciência Pura, nas fases mais dinâmicas da atividade, ou durante as diferentes cores e tons de sonhos e sono, a consciência do Ser persiste cada vez mais constante, como se "grudasse" na mente, até o dia em que se percebe que se tornou permanente.

A Consciência Pura continua, através de todas as mudanças em nossos sentimentos, percepções e interações do dia a dia, uma presença interior constante de estabilidade e calma. Na verdade, o "sono profundo", no sentido do total esquecimento que é a experiência da maioria das pessoas, não existe mais para tal pessoa, porque dentro, a consciência ilimitada, a sensação viva do Ser mais profundo, nunca desliga, mesmo que fisiologicamente, o sono continue completamente reparador.

Tanto o estado de vigília quanto o sonho são diferentes, também, porque ao lado deles, ou, subjacente a eles, está a consciência sempre presente do Ser. Assim, todos os três estados comuns de Consciência não têm mais a mesma qualidade, mas são apoiados e aprimorados pelo silêncio expansivo da Consciência Pura. Este estado, no qual o silêncio interno coexiste com a atividade externa, Maharishi chamou de Consciência Cósmica, um Quinto estado de Consciência.

Como a transcendência, experiências de Consciência Cósmica foram apreciadas e descritas ao longo da história. Abaixo, sem muito comentário, estão alguns exemplos. Eu os incluo porque me lembro como as descrições de estados mais elevados de consciência foram inspiradoras para mim, ajudando-me a perseverar no meu próprio caminho. Talvez seja útil para você ouvir outras pessoas, algumas proeminentes e outras não, incluindo indivíduos que experimentaram estados mais elevados de consciência através da prática regular da técnica da MT®, falarem em suas próprias vozes sobre como a consciência mais alta despontou para eles e influenciou suas vidas.

- Dag Hammarskjöld, segundo secretário-geral das Nações Unidas e ganhador do Prêmio Nobel da Paz, escreveu em seus cadernos (mais tarde publicados como *Markings*), sobre sua experiência repetida na qual "cada ato e cada relação é cercada por uma atmosfera de silêncio", e de seu desejo de "preservar o silêncio interior – em meio a todo o barulho". Ele sentiu que isso era "uma liberdade no meio da ação, quietude no meio de outros seres humanos", e prezava pela capacidade de "ver, julgar e agir desde o ponto de descanso em nós mesmos", um ponto "no centro do nosso ser". (35) Essas palavras revelam uma característica importante da Consciência Cósmica: a ação apoiada pelo silêncio é mais poderosa e eficaz.

Muitas pessoas, sem ainda se elevarem para viver a Consciência Cósmica de forma permanente, desfrutam seus sabores que são transformadores de vida.

- Em um dia de verão, o dramaturgo Eugène Ionesco sentiu-se bem-aventurado, leve e alegre. Escreveu mais tarde:

> Nada poderia me dar maior euforia do que a de me conscientizar de que "eu era", de uma vez por todas, e que isso era uma coisa irreversível, um milagre eterno: o universo meramente parece ser, talvez, talvez seja apenas uma aparência, mas "eu sou", tenho certeza de ser... de uma forma luminosa, eu sabia e não podia mais esquecer que eu sou, eu mesmo sou. (36)

- Charlotte Wolff, uma médica polonesa, autora e pesquisadora pioneira, experimentou um período de percepção expandida durante o estado de vigília quando era uma jovem caminhando para a escola.

> Eu me senti diferente em tamanho, mais alta e maior do que eu realmente era. Um maravilhoso senso de levitação me deu a sensação de que meus pés tinham deixado o chão e que eu estava suspensa no ar. Uma força desconhecida e poderosa tinha me agarrado... [isso] me deu um sentimento de onipotência. Naquele momento, daquele dia, eu conheci o Universo, que eu mantinha e via dentro de mim mesma. (...) Foi como um milagre... Eu tinha passado pelo nascimento do meu espírito criativo e o nascimento dessa parte da mente que vai além do mundo material e visível. (...) O tempo não existia neste momento eterno." (37)

- Wolff continua dizendo que essa experiência mudou sua vida de maneiras positivas, mas também observa que "as portas se abriram. Mas elas fecharam novamente, e eu não possuía nenhuma chave para me permitir voltar ao mundo que eu tinha vislumbrado".

Isso é, infelizmente, comum a muitas pessoas que, inadvertidamente, entram em tal experiência e sentem sua beleza e poder, mas não têm nenhuma prática espiritual eficaz para reacender a chama brilhante da Consciência que, momentaneamente, iluminou suas vidas interiores. O que *faltava* há muito tempo era um caminho que qualquer um pode trilhar, para provocar tais experiências e torná-las permanentes, e este, acredito, é um dos resultados primários que o trabalho de Maharishi tem realizado no mundo. Neste momento da história, um grande número de pessoas parece estar "despertando" para experiências, pelo menos temporárias, de diferentes estados de Consciência.

- Praticantes avançados de MT® relataram diferentes variedades e sabores da experiência da Consciência Cósmica desde o simples testemunho e o senso de libertação e liberdade ao seu estado mais glorificado (38):

    "Eu me percebo ao mesmo tempo conectado e como expressão do Infinito, ou mais precisamente, o que eu experimento como uma brilhante faísca desse Infinito que eu sinto que todos nós somos." D.C, praticante de MT®

    "A evolução das minhas experiências me fez uma pessoa cronicamente feliz e grata. Em um nível de sentimento, quando olho para pessoas, animais e coisas no meu ambiente, uma ideia que às vezes aparece na minha mente é 'Oh! Esse sou eu em uma forma diferente! É uma sensação maravilhosa, e estou ansioso por essa experiência no nível sensorial. A vida muitas vezes parece um sonho fantástico." T.S., praticante de MT®

Com o advento da Consciência Cósmica, um passo gigante na evolução da consciência ocorreu:

1. Em Estado de Vigília, o Observador observa apenas a realidade objetiva, seja ela interna (pensamentos,

sentimentos, etc.), ou externa (cores, sons, "coisas"). O que não é observado ou percebido é o Observador, o Ser, a Consciência em si.

2. Na Consciência Transcendental, essa realidade objetiva desaparece temporariamente, mas a Consciência não; a Consciência permanece consciente de si mesma; está desperta em si mesma. Neste estado profundamente tranquilo e pacífico, não há conteúdo objetivo para a Consciência que não seja ela mesma; é seu próprio objeto enquanto o período de transcendência continuar. E então a pessoa volta a estar ciente de todo o jogo habitual da vida.

3. Na Consciência Cósmica, a consciência da Consciência continua, mas de uma forma bastante notável. Para experimentá-la não se requer "transcender" o campo relativo dos objetos, nem os objetos obliteram a vigília interior – os dois campos da vida, o silêncio interno absoluto e o dinamismo externo, coexistem. Os infinitos valores finitos do campo relativo de vida em constante mudança são apoiados pelo valor infinito da Singularidade. No meio de qualquer atividade, o indivíduo percebe-se como Consciência Pura.

É nesta fase de crescimento que o senso de identidade de uma pessoa é tradicionalmente escrito com um S maiúsculo, para denotar uma distinção qualitativa entre a limitada, finita e sempre em mudança ego-personalidade (Ser), e a Consciência Pura do Ser.

Este é um verdadeiro estado de Iluminação no qual o Ser é "lembrado" em todos os momentos. Não através de qualquer esforço, intenção ou maquinações intelectuais, mas de forma natural e espontânea, tão sem esforço quanto abrir os olhos e ver a paisagem. Torna-se "estabelecido" na consciência.

Isso é muitas vezes considerado o auge do desenvolvimento humano, mas, na verdade, na descrição de Maharishi, há um pouco mais para percorrer.

O que mais você acha que poderia haver do que estar sempre desperto para o seu verdadeiro Ser, e conhecendo-o como, (ou seja, você mesmo), ser infinito e bem-aventurado? Aqui está uma pista: na Consciência Cósmica, os indivíduos estabilizaram a Consciência Transcendental e experimentam sempre sua verdadeira identidade como Consciência Pura. Isso permanece essencialmente inalterado.

O "Eu" mudou (ou melhor, aprendi minha verdadeira identidade), mas o mundo ao redor, a esfera relativa das pessoas, árvores, carros, nuvens, pássaros e tudo mais, continua sendo o mundo familiar que eu sempre conheci. Em outras palavras, ganhou a capacidade de perceber e experimentar o máximo, Consciência Pura, em si mesmo, mas não em qualquer outro lugar.

A evolução de um indivíduo a partir desta fase em diante envolve o aumento do refinamento da percepção, para a capacidade de perceber Singularidade ou integralidade nos objetos da percepção, bem como em si mesmo, elevar os objetos da percepção ao mesmo valor infinito que o sujeito.

Isso é feito elevando o que poderíamos chamar de "habilidade de percepção" do Observador, através do refinamento do processo de observação. Esta é uma fase de crescimento muito bonita e gratificante, na qual a riqueza e esplendor dos reinos mais sutis da natureza e da criação começam a ser percebidas e apreciadas, e um sexto estado de Consciência se desdobra.

Consciência de Deus ou Consciência Cósmica Glorificada

Estudos mostraram que muitas pessoas, em algum momento de suas vidas, desfrutaram de momentos maravilhosos como esta descrição do poeta inglês do século XIX, William Wordsworth, quando "prado, bosque e riacho, / A terra, e cada visão comum, / Para mim pareciam/ Vestidos em luz celestial". As descobertas mais recentes disponíveis no Pew Research Center mostram que 49% dos americanos dizem ter tido tais experiências[29].

Estas poucas linhas de Wordsworth revelam muito da essência do que Maharishi chamou de Consciência Cósmica Glorificada ou Consciência de Deus, na qual as percepções dos níveis sutis da natureza se tornam cada vez mais possíveis e reais. Se, e quando, esses vislumbres dão lugar a um modo duradouro de ser – percepção da profunda beleza da criação, juntamente com a consciência interior do Ser em todos os momentos – nasce esse novo e ainda mais elevado estado de Consciência.

É um estado em que a persistência constante da Consciência Pura característica da Consciência Cósmica continua como a realidade mais íntima e subjetiva e, ao lado dela, a percepção de toda a realidade objetiva começa a ser transformada em algo glorioso.

Mais uma vez, a realidade do que está lá não muda. A percepção muda para incorporar mais da verdade. Em um grau cada vez maior, o indivíduo vê a perfeita ordem de toda a gama de vida e existência, e a perfeição do que é sentir ser a natureza Divina, em todos os objetos que parecem ser "não-Ser". Em outras palavras, todo o campo da criação relativa.

O refinamento da percepção catalisa o crescimento do amor. Quando vemos algo ou alguém que é bonito, um pôr do sol glorioso, uma joia cintilante, ou uma gota de água captando a luz em uma miríade de cores, quando ouvimos belas músicas, entendemos uma equação em um momento "a-há" ou apreendemos um fato sobre a natureza que revela a surpreendente ordem subjacente a todas as coisas, nossos corações simplesmente se expandem naturalmente com amor apreciativo. É uma experiência humana normal e maravilhosa.

---

29. O Pew Research Center é um *think-thank* (laboratório de ideias, gabinete estratégico, centro de pensamento ou de reflexão) baseado em Washington, D.C. que fornece informações sobre questões, atitudes e tendências nos Estados Unidos e no mundo.

O amor é uma força que liga, une e reúne coisas semelhantes, bem como diferentes e até potencialmente contraditórias – valores, ideias e pessoas. Em nosso modelo de Observador, Observação e Observado (Sujeito, Processo e Objeto; Conhecedor, Conhecimento e Conhecido; ou Sujeito, Verbo e Objeto), o amor em seu sentido mais amplo é o verbo. É o processo. É o elo que junta o sujeito com o objeto. Existem inúmeras maneiras de duas entidades serem conectadas, vinculadas ou ligadas umas às outras. Na tradição Védica que Maharishi trouxe à luz, o elo ou o processo de conexão de um observador a um objeto de observação é chamado de *devata*. Há inúmeros *devatas*. O termo *devata* foi traduzido como deus ou deuses e, incorretamente compreendido, como representando deuses separados. Como resultado, o fato de haver muitos *devata* levou à percepção errada de que há muitos deuses. Consciência, no entanto, é tudo o que existe. Todos os devata são apenas a Singularidade que aparece em papéis e modos diferentes, como se fossem separados.

- Em "Jane vê a flor" o ato de ver é o elo, o verbo. Ver pode ser considerado um ato de amor. Une a flor e a Jane. Há inúmeras situações, no entanto, em que o link não parece ser positivo.
- Em "João sente dor" não podemos dizer que João está ligado à dor e, portanto, ele de alguma forma ama a dor.

Não gostar, odiar, ter medo e outras frases semelhantes são sentimentos negativos. Eles podem ser vistos como o nível negativo ou inferior no espectro da conectividade. No entanto, eles são formas de se conectar e estar conectados. É a indiferença e a ignorância que isolam e separam, levando à entropia e à dissolução. A criação é um processo de união. O valor supremo de se unirem, defenderem e apoiarem uns aos outros é o amor verdadeiro. No amor infinito há uma apreciação ilimitada.

Quando toda a Criação, tudo o que vemos, ouvimos, tocamos, cheiramos e saboreamos, brilha com beleza, nossos pensamentos e nossos sentimentos se voltam para a fonte de toda essa inteligência e beleza, que as pessoas em todas as culturas equipararam a Deus – novamente, de qualquer forma que se possa conceber de Ele (Pai Todo-Poderoso), ou Ela (Mãe Divina). Aqueles que não personalizam "A Fonte de Tudo", que são agnósticos ou ateus, também poderiam encontrar no paradigma apresentado neste livro uma elucidação do temor de reconhecer que, de alguma forma, a ordem e a beleza existem e podem ser experimentadas. É o verbo final, o elo supremo, o processo ilimitado.

- Einstein era uma dessas pessoas. Em um telegrama de 1929 escrito em alemão ao rabino Goldstein, Einstein disse: "Eu acredito no Deus de Spinoza que se revela na harmonia ordenada do que existe".
- Muito mais tarde, em uma resposta de 1954 a Joseph Dispentiere, um imigrante italiano que havia trabalhado para Einstein como um maquinista experimental em Nova Jersey, Einstein escreveu: "Eu não acredito em um Deus pessoal (...). Se algo está em mim que pode ser chamado de religioso, então é a admiração ilimitada pela estrutura do mundo". (39)
- Outra pessoa é Jane Goodall, a primatologista pioneira, antropóloga e defensora da paz e do meio ambiente. Ela disse: "Não tenho nenhuma ideia de quem ou o que Deus é. Mas acredito em um grande poder espiritual. Eu sinto isso particularmente quando estou fora, na natureza. É algo maior e mais forte do que eu sou ou do que qualquer um é. Eu sinto isso. E é o suficiente para mim". (40)

É natural sentir amor pelo que se aprecia e admira, e esse fluxo de amor cresce à medida que a Consciência evolui, a percepção se torna mais refinada, e a capacidade de uma pessoa de apreciar, se aprofunda.

"A Consciência de Deus é desfrutada na capacidade de transbordar amor pela realidade suprema relativa de tudo", disse Maharishi. E, realçando, que alcançar a Consciência de Deus não significa que uma pessoa adquire a consciência de "Deus", ele afirma:

> É a apreciação da criação mais refinada, aquilo de onde a criação começou, e essa sintonização está no nível do próprio Ser (...) A consciência de Deus é própria, está no nível da própria experiência. Aquele que está na Consciência de Deus – ele é assim, não por causa do status de Deus ou da criação, mas por causa de seu próprio status (41).

Para enfatizar esse princípio, disse ele:

> [É] a valorização desse valor de criação de onde começa a criação – a fonte da criação relativa. É por isso que ganha um nome: Consciência de Deus. Caso contrário, é sua própria Consciência (41).

Memórias e autobiografias são um recurso abundante para relatos precisos de pessoas que tiveram, muitas vezes, de repente e sem aviso, um véu levantado diante de seus olhos revelando o mundo como nunca tinham visto antes, "inexprimivelmente raro, encantador e belo", "impecável e puro e glorioso", "brilhante e cintilante", como muitos praticantes da Meditação Transcendental® o expressaram (38):

- "A aparência de tudo foi alterada", escreveu o primeiro teólogo americano Jonathan Edwards, "parecia haver (...) um molde calmo, doce, ou aparência de glória divina, em quase tudo. Excelência de Deus, sua sabedoria, sua pureza e amor, parecia aparecer em tudo; no sol, lua e estrelas; nas nuvens e céu azul; na grama, flores, árvores, na água e toda a natureza". (42)

- "Tudo ao redor, acima, abaixo de mim estava cintilante e vibrante", escreveu a romancista e dramaturga inglesa Rosamond Lehmann (43);

  "A folhagem da árvore, a faixa do gramado, os canteiros de flores – todos se tornaram incandescentes. Eu parecia estar olhando através das superfícies de todas as coisas para os múltiplos raios iridescentes que, eu podia ver agora, compunham as substâncias de todas as coisas. (...) A beleza de cada um deles era insondável – um mundo de amor".

  Em uma passagem posterior, ela reflete sobre sua experiência, dizendo o que muitos outros disseram, que tais momentos são inefáveis – impossíveis de descrever adequadamente. "Espantada, pasma. Que palavras são possíveis? E ainda assim, o sentimento de reconhecimento, lembrança, era predominante. Uma e outra vez eu disse a mim mesma: Sim. Sim. Isso é a realidade. Eu tinha esquecido."

- Em seu livro de memórias *Razão de esperança: uma jornada espiritual*[30] Jane Goodall (44) descreve um breve despertar a uma ordem superior da realidade, "de tirar o fôlego em sua beleza", que gerou "um estado de consciência aguçada". Olhando para trás sobre o que aconteceu, ela nos diz: "Naquela tarde, tinha sido como se uma mão invisível tivesse puxado para trás uma cortina e, por um momento, o mais breve. (...) Eu tinha conhecido a atemporalidade e êxtase silencioso, senti uma verdade da qual a ciência convencional é apenas uma pequena fração. E eu sabia que a revelação estaria comigo para o resto da minha vida, imperfeitamente lembrada, mas sempre dentro. Uma fonte de força sobre a qual eu poderia desenhar quando a vida parecesse dura ou cruel ou desesperada."

---

30. Tradução de *Reason for Hope: A Spiritual Journey*.

As observações inspiradoras de Goodall trazem vários pontos importantes. Em primeiro lugar, tais experiências, bonitas e profundas como são, são quase invariavelmente temporárias, e muitas vezes deixam uma pessoa desejando repetir a experiência ou para que ela se torne permanente. São "apenas experiências", não um estado duradouro de ser. Todas as experiências, mesmo as mais bonitas, vêm e vão.

Segundo, e o mais importante, por mais "celestiais" que sejam essas experiências, e indicativas dos tipos de percepções que caracterizam a Consciência de Deus, elas ainda não são esse estado – a Consciência de Deus é definida não apenas pela qualidade da percepção, mas sim, pela coexistência da integralidade interior da Consciência Pura, juntamente com a percepção da criação relativa em seu valor mais refinado e rarefeito. É construído sobre a base da Consciência Cósmica. Ilimitação dentro, limites glorificados fora. Infinito silencioso dentro apoiando os impulsos mais sutis e ternos da criação no campo da percepção. Abaixo estão as experiências desse estado por praticantes de MT®. (38)

"Eu podia realmente sentir uma realidade divina absoluta, onde tudo é visto em termos de bem-aventurança e unidade. Quando eu caminhava, eu podia realmente sentir a integralidade em tudo, eu pisava no chão e sentia que o mundo tinha um coração que estava bombeando ao mesmo tempo que o meu, me dando uma sensação incrível de unidade". N.G., praticante de MT®

"Durante a prática, minha fisiologia parece ser transformada em algum tipo de dispositivo transmutador que tira a bem-aventurança do Absoluto, leva-a levemente para o Relativo, depois a transmite para todos, como uma fonte que traz água até um canal central e depois envia-a em todas as direções". J.C., praticante de MT®

"Algumas das bençãos mais profundas que já experimentei durante e depois do programa. Fora do meu programa (MT®), os limites começam a se dissolver, e o exterior está começando a se sentir parte de mim. As árvores refletem minha bem-aventurança e parecem parte de mim, as cores são profundas e brilhantes. Os detalhes estão claros. Conhecimento espontâneo vem à minha mente. Eu me sinto sintonizado com Deus". M.H., praticante de MT®

Você pode facilmente ver por que Maharishi chamou isso de "Consciência Cósmica Glorificada". Mas por que "Consciência de Deus?". É porque, se você compreender Deus como inteligência animada impessoal, Ser puro, ou como um "Ele" ou "Ela", divindade criadora que produz e mantém o universo, de qualquer maneira parece que o reino do Divino deve estar no nível mais sutil, que sabemos, da ciência, ser o mais poderoso.

Como a realidade divina impessoal sem forma, Deus é a fonte inteligente (consciente) de todos, subjacente a todos, dando a luz a todos. Por outro lado, o aspecto pessoal de Deus, se existe tal, deve ser capaz de funcionar na junção entre o Absoluto não--criado e a criação que Ele ou Ela traz à tona. Para realmente ter a capacidade de entender, conhecer, experimentar ou perceber um Ser tão grande requer o refinamento máximo do nosso aparelho sensorial – que é precisamente o que caracteriza a Consciência Cósmica Glorificada.

"Nesse nível, o despertar de todo o conhecimento é avivado como poder organizador – o poder organizador infinito da Lei Natural – o que significa que, funcionando a partir desse nível, o indivíduo tem a capacidade espontânea de saber qualquer coisa, fazer qualquer coisa ou realizar qualquer coisa. Nesse nível de despertar, a Constituição total do Universo é animada e vibrante dentro da consciência do indivíduo. Isso resulta na espontânea utilização do potencial total da Lei Natural."

Maharishi

No próximo capítulo, nos encaminhamos para uma discussão sobre a Consciência de Unidade, que é o mais alto nível de desenvolvimento humano, e é também o sétimo e último, ou o estado mais alto e alcançável da Consciência.

Capítulo 13

Consciência de Unidade

Chegamos ao limiar do mais alto nível de desenvolvimento humano que, no modelo de Maharishi, ele chama de Consciência de Unidade, um estado de ser que corresponde em todos os sentidos com nossa tese de que a Consciência é tudo o que há.

Na Ciência Védica, a Unidade é indicada por vários aforismos clássicos, consagrados. Talvez o mais famoso seja: "Eu sou Aquilo, Tu és Aquilo, tudo isso é Aquilo, Aquilo por si só é", onde "Aquilo", é claro, é a Consciência. E "isso" é a totalidade da criação relativa, agora vista em sua verdadeira natureza como Aquilo.

Outro grande ditado é *"aham Brahmasmi"*, "Eu sou *Brahman*", uma palavra melhor traduzida como "a totalidade", a totalidade de tudo o que é, Ser Puro Absoluto/Consciência juntamente com todos os valores relativos existentes e possíveis. Como expressa no *Chandogya Upanishad*: *"sarvam khalvidam Brahma"*, "tudo isso é *Brahman*, a Totalidade".

Na Consciência da Unidade, o indivíduo percebe tudo em termos de totalidade. Tudo é realmente um oceano ilimitado de Consciência em movimento.

No desenvolvimento de estados mais elevados da Consciência em um indivíduo, todos os três "componentes" do que realmente a Consciência indiferenciada é – Observador, Processo de Observação e Observado – evoluem continuamente em direção ao nível final que discutimos no início do livro: Consciência infinita, ininterrupta, primordial, Singularidade.

O primeiro a alcançar este nível supremo é a parte mais íntima do nosso Ser, a percepção do nosso próprio ego, o Observador. O nível supremo do observador (*Observerhood*) é atingido pela experiência repetida da Consciência Pura durante a transcendência, e pela estabilização gradual dessa consciência ilimitada na Consciência Cósmica.

Em seguida, é o que nos conecta ao ambiente que ganha seu maior potencial de observação (*Observinghood*), graças ao refinamento da maquinaria da percepção que acaba de ser descrito e atinge seu auge na Consciência de Deus.

Quando o observador é conhecido em seu valor infinito – o Ser se conhece como Consciência Pura – e a maquinaria da percepção, a mecânica do conhecimento também atinge sua capacidade total, capaz de perceber valor infinito em todos os aspectos de suas interações e todos os objetos que se observa, então a Consciência de Unidade é automaticamente alcançada. É quando os seguintes aforismos védicos se tornam não apenas palavras bonitas, mas uma realidade viva – Eu sou Aquilo, Tu és Aquilo, Tudo isso não é nada além Daquilo. Aquilo por si só é.

A unidade é a completa iluminação, a capacidade espontânea e não forjada de olhar para a natureza e toda a criação através da perspectiva da Integralidade.

Em vez de permanecer extensivamente na sequência de estágios de crescimento antes da Consciência de Unidade, que são níveis de iluminação parcial ou incompleta, pulamos direto para a iluminação total da Unidade, o único estado em que, com base na experiência direta, pode-se dizer: "Consciência é tudo o que há".

Como vimos, cada estado da Consciência traz consigo uma compreensão diferente, e conhecimentos diferentes. Nos sonhos, tudo é uma ilusão; no estado de vigília as coisas existem em um nível superficial; na Consciência Transcendental não há nada além do Ser.

Na Consciência Cósmica, eu existo de forma permanente e estável, como o Ser universal transcendental, ilimitado, mas todo o resto – incluindo "meus" pensamentos, percepções e sentimentos – está sempre mudando.

Na Consciência de Deus ou Consciência Cósmica Glorificada, esse campo de mudança é maravilhosamente bonito, é uma criação maravilhosa de Deus e do divino, e nossos corações estão cheios de alegria na maravilhosa harmonia da existência da criação. E agora chegamos à Consciência da Unidade, mais um estado de Consciência, no qual experimentaremos as coisas em uma nova perspectiva.

Mas a Unidade não é apenas mais um sistema de percepção. Quando você chega à Consciência da Unidade, não é apenas "um desses sete estados de Consciência".

Verdadeiro conhecimento

Claro, *é* outro estado de Consciência, mas não *apenas* outro estado de consciência em que temos apenas outra perspectiva. Consistente com nossa teoria de que a Consciência é tudo o que há, e como um corolário necessário dessa teoria, vamos dizer que a Consciência de Unidade, longe de ser apenas outra maneira de ver o eu e os objetos da percepção, é *a* maneira de ver todas as coisas existentes. É a *única* verdade sobre a existência ou a realidade mesma. Todas as outras verdades são relativas, e são válidas em seus próprios domínios. São sistemas de crenças, baseados em percepção limitada. Você pode ter diferentes percepções limitadas da realidade, uma mais expandida do que outra, e outra mais gloriosa que a primeira, e outra tão absolutamente gloriosa que é divina, e nós a chamamos de Consciência de Deus. No entanto, cada uma é relativa, um estado incompleto de consciência a partir do qual ver o mundo.

O único estado de Consciência que é absolutamente verdadeiro em termos de como as coisas realmente são é a Consciência de Unidade. Você nunca conhece a Realidade como ela realmente é, até que você esteja na Consciência da Unidade. Todos os outros são tipos de percepções, estilos de funcionamento do seu sistema nervoso, modos de experiência que transmitem uma avaliação mais completa de toda a gama de como as coisas são em cada passo de crescimento. Mas você chega à verdadeira, toda-inclusiva Realidade apenas em Consciência de Unidade.

No processo de transcendência, a mente sempre ativa se aquieta, se acalma e, em seguida, desliza para além dos limites do pensamento e da percepção, mas permanece desperta dentro de si mesma. Essa vigília pura, consciência sem um objeto que não seja ela mesma, o estado unificado de Observador, Observado e Processo de Observação, é nossa natureza essencial, nosso Ser. Torna-se acessível a nós quando transcendemos, e descobrimos que o Ser puro ilimitado é o nosso Ser imutável, sempre igual a si mesmo, independentemente do tempo e do espaço.

Na Consciência da Unidade, ocorre um processo semelhante, apenas de certa forma, transcendemos "fora". "De certa forma" significa que o mundo externo de limites, objetos e relacionamentos não "desaparece" como durante os primeiros dias de meditação.

Em vez disso, em nossa percepção do objeto de atenção – qualquer objeto, seja interno ou do "mundo exterior" – transcendemos o objeto no próprio objeto. Dentro da natureza em constante mudança do objeto, na verdade, o próprio tecido ou substância de que é feito, é o Ser, é o Próprio Ser, expressando-se como o objeto. Olhando para o objeto, o que você vê é o seu Ser. Ele – seja lá o que "ele" é – é o mesmo que você é, ser ilimitado. Para onde quer que você volte sua atenção, o que você encontra é o seu Ser.

Isso é Consciência de Unidade. Essa é a única e definitiva Realidade. Todo o resto é uma aparência, uma peça desse Um Absoluto.

A Realidade última é um oceano ilimitado de Consciência em movimento. Essa é a única realidade absolutamente verdadeira, sempre consistente.

Assim como podemos entender intelectualmente que tudo no campo da criação grosseira ou sutil é essencialmente Consciência pura, Ser puro, o Campo Unificado da Lei Natural, Consciência de Unidade é o estado de perceber diretamente esse nível infinitamente silencioso, infinitamente dinâmico da vida – interiormente na Consciência Transcendental e continuando na Consciência Cósmica e Consciência de Deus, e finalmente em todos os lugares, em tudo e como tudo, na Consciência de Unidade.

"Todos os dias tenho a experiência de "Eu sou totalidade" no meu programa (MT®). É assim que eu me sinto muitas vezes durante a atividade comum também. Essa coisa de "Eu sou a totalidade" não é única do programa, é durante o andar na floresta, durante o almoço, e durante o caminho às compras. Está entrando na minha vida diária. Isso é tão perto do que eu sempre pensei como uma experiência de Unidade. Eu acho que minha consciência está mudando – eu sinto, eu vejo, e eu sei disso". – P.L., praticante de MT®

"Vejo que estou em todos os lugares, que minha consciência está em toda parte e tudo mais". – I.G., praticante de MT®

"Consistentemente no final do programa, o ponto e o todo se fundem. Estou ciente de um objeto específico, mas o vejo como completo, ilimitado – mesmo cheio de estrutura. O ponto não desaparece, está apenas em segundo plano. A atenção pode ir para o limite, mas o que predomina é a integralidade. O objeto específico é como se fosse uma memória no campo da totalidade". – F.T., praticante de MT® (38)

"Eu me vi me espalhando por toda parte e idêntico com uma espécie de 'Espaço' que abarcava não apenas as formas e mundos visíveis, mas todos os modos e qualidades da consciência também", escreveu o matemático e filósofo americano do século XX, Franklin Merrell-Wolff.

"Essa totalidade era, e é, nada além de mim mesmo." (45) Merrell-Wolff descreveu seu despertar para estados superiores de Consciência em vários livros, incluindo *A filosofia da consciência sem um objeto: reflexões sobre a natureza da consciência transcendental*[31], e *Caminhos para o espaço*[32] (46), que estabelecem, em seus próprios termos, um processo de crescimento semelhante aos estágios avançados da Consciência descritos por Maharishi. Aqui novamente ele fala de Unidade: "Falando no sentido subjetivo, eu sou tudo o que existe, mas ao mesmo tempo, objetivamente considerado, não há nada além da Divindade se espalhando por toda parte." O Eu e os objetos, ele via, "são a mesma realidade." Por mais radical que essa realização fosse, "não havia sentimento de estar em um mundo estranho. Eu nunca conheci outro estado de Consciência que parecia tão natural, normal e adequado." E em uma passagem que lembra a descrição de Maharishi da transição da Consciência de Deus para a Unidade que descrevemos anteriormente, Merrell-Wolff escreveu:

> "Eu me encontrei tão idêntico a todos, que o último elemento mais infinitesimal de distância foi dissolvido (...). Finalmente chegou um estado em que tanto o que eu chamei de Ser e aquele que tinha o valor da Divindade foram dissolvidos a algo de algum modo um pouco mais transcendente. Agora não restou nada além do Ser puro... Não estava mais "Eu" me espalhando por toda parte de um Espaço ilimitado e consciente, nem havia uma Presença Divina sobre mim, mas em todos os lugares apenas Consciência."

Outro "sábio" moderno cuja consciência se abriu para dimensões superiores foi Gopi Krishna, anteriormente citado no Capítulo 12 com respeito à sua descrição de transcender. Aqui, ele fala do que chamaríamos de Unidade: "Você não vê o mundo como uma criação sólida, real e objetiva." Em vez de "coisas" físicas sólidas, "a criação real e objetiva é a consciência. Você vê a

---

31. Tradução de *The Philosophy of Consciousness Without an Object: Reflections on the Nature of Transcendental Consciousness*.
32. Tradução de *Pathways Through to Space*.

consciência em todos os lugares. (...) É infinita. É imortal". Em outro lugar, ele escreveu:

> "Embora ligado ao corpo e ao entorno, eu tinha expandido de uma maneira indescritível para uma personalidade titânica, consciente desde dentro de um contato imediato e direto com um universo intensamente consciente.... a linha invisível demarcando o mundo material e a realidade ilimitada e consciente deixou de existir, os dois se fundindo em um". (47)

Mildred Norman, mais conhecida como Peregrina da Paz, passou os últimos trinta anos de sua vida indo para lá e para cá pelos Estados Unidos (mais de 25 mil milhas ou mais de 38 mil quilômetros ao todo) falando da importância de cultivar a paz interior e exterior. Aqui ela conta a experiência em uma caminhada matinal que precipitou sua incomum carreira:

> "De repente me senti muito elevada (...) lembro que conhecia a atemporalidade, o vazio e a leveza. Eu não parecia estar andando na Terra. Não havia pessoas ou mesmo animais ao redor, mas cada flor, cada arbusto, cada árvore parecia usar uma auréola. Havia uma leve emanação em torno de tudo e manchas de ouro caíam como garoa pelo ar (...)

> "A parte mais importante não era o fenômeno [mas sim] a realização da unidade de toda a criação. Não só todos os seres humanos – eu antes já sabia que todos os seres humanos são um só. Mas agora eu conhecia também uma unidade com o resto da criação. As criaturas que andam pela Terra e as coisas que crescem da Terra. O ar, a água, a própria terra. E, o mais maravilhoso de tudo, uma união com aquele que permeia e une tudo e dá vida a todos."

> "Nunca me senti separada desde então." (48)

Um oceano ilimitado de consciência

Um dos grandes temas da obra de Edward Carpenter, o autor e educador inglês do final do século XIX e início do século XX, foi a expansão e transformação da Consciência.

> "Uma vez que a consciência comum, com a qual estamos lidando durante a vida comum, é, antes de todas as coisas, embasada no Eu pequeno e local, e é de fato autoconsciência no pequeno sentido local, se deduz que transpassar isso é morrer para o eu comum e para o mundo comum(...) mas, em outro sentido, é acordar e descobrir que o "Eu", o seu verdadeiro, mais íntimo, permeia o universo e todos os outros seres – que as montanhas, o mar e as estrelas são parte do seu corpo e que a sua alma está em contato com as almas de todas as criaturas.... É ter certeza de uma vida imortal indestrutível e de uma alegria imensa e inexprimível." (49)

Este é um estado de Consciência "mais elevado" simplesmente porque incorpora mais das qualidades que todos nós associamos a uma vida mais rica e profunda – uma perspectiva mais ampla, como se visse de uma colina ou mesmo de uma montanha; maior acesso a uma fonte de inteligência; criatividade mais ampla e multifacetada; maior felicidade; amor mais genuíno e transbordante; e outros fatores positivos que tornam a vida mais eficaz e satisfatória. Esses fatores crescem proporcionalmente à crescente estabilização da Consciência Pura na nossa consciência.

Vivendo a totalidade

As pessoas falam rotineiramente de uma "carreira" (ou "trajetória de carreira") tipicamente começando com a educação formal e avançando através de vários empregos e treinamentos em direção a posições de maior responsabilidade, influência e remuneração. Outros falam de estar em um "caminho espiritual", que também implica crescimento desde um nível elementar de *insights* e práticas para uma apreensão cada vez mais rica de valores espirituais.

Na verdade, seja lá como quisermos chamá-lo, estamos todos em um caminho de vida, uma trilha individual distintamente única na qual viajamos ou percorremos o nosso caminho através da complexa, às vezes extremamente confusa e até frustrante abundância de vida no mundo. Alguns trajetos são estreitos, com limites rígidos de crenças sobre o que é possível, o que é certo e aceitável, o que é saudável, e assim por diante, enquanto alguns outros caminhos são mais abertos, irrestritos e inclusivos.

O processo de evolução humana individual leva uma pessoa das limitações do pensamento e comportamento, em grande parte egocêntricos, a uma conexão mais universal, generosa, e produtiva com a vida à medida que a Consciência se expande para apreciar e incorporar o que chamamos de Singularidade. Esse crescimento ocorre nos estágios conhecidos como estados superiores da Consciência que venho descrevendo ao longo dos últimos três capítulos.

Essa progressão acontece naturalmente à medida que nosso padrão se desenvolve, de criança a adulto e depois a estados de consciência mais elevados, abrangendo mais compreensão e mais conhecimento à medida que caminhamos em direção à expressão de nosso potencial total como seres humanos no cosmos.

À medida que evoluímos, nossos caminhos através da vida – que são construídos de inúmeras influências a partir de nossa própria herança genética e cármica, bem como os costumes, clima e leis da natureza dentro e através do qual vivemos – tornam-se mais amplos e suaves, desenvolvemos ou evoluímos uma gama mais ampla de escolhas e opções do que teríamos em uma trajetória estreita repleta de obstáculos e limitações. O padrão se transforma em uma estrutura cada vez melhor que é capaz de ver mais, experimentar mais e viver em uma autorrealização cada vez maior.

Toda educação genuína produz esse efeito de aprofundamento e ampliação. A educação "formal" visa isso diretamente, mas a educação que ganhamos através de viagens, relacionamentos, trabalho e reflexão sobre nossas experiências são muitas vezes ainda mais inestimáveis para o nosso desenvolvimento pessoal e nossa capacidade de entender o mundo, bem como nossos companheiros da humanidade. Esses fatores podem (e devem) mudar nossas percepções ao expandir a sabedoria que vem do constante e estável crescimento intelectual e emocional que pode (e deve) evoluir em nós através da idade e da experiência.

Nunca somos os mesmos. Hoje você não é o mesmo de ontem. Talvez você tenha aprendido algo, encontrado alguém ou algo que abriu seus olhos para novas possibilidades ou elevou seu espírito, que te deu novas informações ou esperança renovada. Seu padrão foi alterado. Sua visão mudou. A cor de seus óculos foi, por assim dizer, modificada ou limpa, ou transformada no que considerariamos uma direção "positiva". Nem o mundo é o mesmo, porque você está aqui.

O filósofo grego Heráclito é famoso por dizer que nunca se pode entrar no mesmo rio duas vezes, e, no entanto, ao pisar na corrente, você mesmo, na realidade, o mudou. Sua existência e seus pensamentos e atividades alteraram as correntes contínuas e redemoinhos das águas do rio à medida que elas fluem rio abaixo.

Está dentro do alcance da possibilidade de qualquer ser humano se elevar a estados superiores de Consciência. A jornada de evoluir para estados superiores não é estritamente para certas pessoas "especiais" – é o direito de nascença de cada pessoa nascida em um corpo humano. O crescimento é natural à vida.

A maneira mais rápida de fortalecer a capacidade de experimentar a Singularidade é favorecendo experiências de maior e maior totalidade. Ao sondar o campo da Consciência Pura ou Singularidade, a Consciência mesma se torna cada vez mais o que experimentamos e sabemos que somos. E constatar que isso resulta em crescimento para estados mais elevados da Consciência não é teórico, mas tem sido a experiência de milhões de pessoas em todo o mundo.

Maior conhecimento, maior verdade

Tendemos a acreditar nas "verdades" a que crescemos expostos – ou nas "verdades" às quais fomos doutrinados no início de nossas vidas – e é raro (e compreensivelmente difícil) para pessoas cujas mentes foram moldadas mediante ensinamentos de outras pessoas ao longo da vida, abraçar novos conhecimentos, uma nova e diferente maneira de olhar para a vida, a existência e a realidade.

No entanto, isso é precisamente o que os grandes cientistas da era quântica, como Einstein, Heisenberg, Planck e Bohr foram obrigados a fazer quando as coisas estranhas que eles estavam descobrindo os forçaram a abandonar não apenas os princípios básicos da física como eles os conheciam, mas incluso suas próprias concepções pessoais da realidade também.

- Max Planck, um ganhador do Prêmio Nobel que foi um dos fundadores da Teoria Quântica, efetivamente disse, embora que um pouco cinicamente: "Uma nova verdade científica não triunfa convencendo seus oponentes e fazendo-os ver a luz, mas sim porque seus oponentes eventualmente morrem, e uma nova geração já cresce familiarizada com ela".
- O inventor visionário e filósofo Buckminster Fuller expressou a mesma ideia um pouco mais suavemente: "Você nunca muda as coisas lutando contra a realidade existente. Para mudar algo, construa um novo modelo que torne o modelo existente obsoleto".

  E, na verdade, esse processo muitas vezes altamente disruptivo, evolutivo – ou "revolucionário" – acontece mais rotineiramente nas ciências físicas do que a maioria das pessoas imagina.
- Como brilhantemente esclarecido por Thomas Kuhn em sua obra seminal, *A Estrutura das Revoluções Científicas* (1962), as conceituações teóricas mais grandiosas e mais

amplamente aceitas, "descobertas" pela ciência, tendem a se tornar hegemônicas, mesmo em face de descobertas novas e contraditórias que surgem de um escrutínio mais próximo possibilitado por técnicas de pesquisa cada vez mais sofisticadas, rigorosas e exigentes. Isto ocorre até o momento em que uma preponderância avassaladora de evidências empíricas e científicas recém-descobertas destruam definitivamente, de maneira poderosa, completa e, por vezes, arrebatadora, os conceitos há muito aceitos. (50)

Foi o que ocorreu, por exemplo, com a crença, outrora inquestionável – até quase o final do século XVI – de que a Terra, e a humanidade, estavam justamente localizadas no centro do universo.

Por que não pode o mesmo tipo de "pensamento revolucionário" – que na verdade é a marca das ciências físicas desde a teoria newtoniana clássica até a Quântica – ser facilmente aplicado na nossa maneira de pensar sobre a Consciência?

CAPÍTULO 14

Os dilemas da liberdade, da lei e da ordem

Felizmente, parte integrante do conhecimento da Consciência que exploramos é uma metodologia prática para aumentar a capacidade das pessoas de, espontaneamente, seguirem os mais altos preceitos, pensarem e agirem da maneira mais evolutiva para seu próprio benefício e para a sociedade como um todo.

Há uma maneira sistemática de produzir naturalmente um comportamento compassivo e amoroso em indivíduos e, até mesmo, em grupos. Vamos investigar isso mais tarde neste livro. Primeiro, no entanto, é vital perguntar se os humanos realmente têm a capacidade de fazer ou efetuar mudanças. Temos que rever uma questão fundamental sobre liberdade[33] e determinismo. Muitos filósofos e cientistas modernos afirmam que tudo é predeterminado, e não temos livre escolha. Outros alegam o contrário. A questão, portanto, é: "Até que ponto participamos consciente e livremente, ou interferimos na criação e destruição das nossas próprias vidas, da vida dos outros e da evolução da sociedade, do mundo e, possivelmente, do universo como um todo?"

Não obstante nossa capacidade de estar conscientes, de observar, de interpretar e entender, somos realmente livres para mudar as coisas ou somos apenas instrumentos de um processo evolutivo no qual nossas vidas são totalmente predeterminadas?

---

33. N.do T.: A Sociologia costuma chamar essa dicotomia de "Voluntarismo *versus* Determinismo". O Voluntarismo se caracteriza por privilegiar a importância ética, psicológica ou metafísica da vontade em relação às disposições intelectuais humanas. Ou seja, o voluntarismo considera a liberdade de escolha feita pelos sujeitos.

Somos criadores reais que tomam decisões livremente e são capazes de participar à vontade na formação ou na alteração do caminho da nossa evolução e da de outros?

Cosmovisão e crença

As soluções que se alcança na tentativa de responder a essas perguntas, sejam elas teóricas ou práticas ou, em certa medida, ambas, são profundamente influenciadas pela nossa cosmovisão ou crença.

Se você é um materialista rigoroso e acredita que existem leis físicas que determinam tudo, então você tenderá para um ponto de vista determinista. Mesmo materialistas rigorosos, no entanto, reconhecem que existem propriedades emergentes como a salinidade de uma substância, as propriedades da coesão, a adesão e tensão superficial da água, ou a propriedade de bombear sangue do coração, que não são definidas ou expressáveis em termos das propriedades de partículas elementares, como quarks e elétrons, ou pelo menos em termos das propriedades dos átomos constituintes ou de seus núcleos atômicos. Elas são, no entanto, definíveis e significativas apenas quando se considera uma integralidade maior, como substâncias, no caso da salinidade.

Expandindo esse pensamento, os materialistas no sentido mais amplo podem considerar a formação e evolução de novas propriedades hierarquicamente organizadas e emergentes que não são rastreáveis de volta às leis básicas da física e podem estar abertos a uma série de possibilidades sobre liberdade, lei e ordem. A crença mais difundida na sociedade humana, ao longo da história moderna, é que há um criador que projetou o universo, decretou suas leis e nos colocou nele.

A percepção do tipo de leis que controlam a vida humana e o quanto o Criador interfere com essas leis varia, e baseia-se em sistemas de crenças individuais. Para qual espécie Deus ou a "Natureza" deu consciência e a quem alocou a liberdade também depende da " cosmovisão". Não faltam cosmovisões, paradigmas e interpretações filosóficas que levem a uma miríade de formas de perceber a lei, a justiça, os direitos e as responsabilidades, tanto mundanas, quanto divinas.

Em geral, antes da ciência moderna ganhar destaque universal e se tornar referência para o estudo e compreensão das leis da natureza, as pessoas sentiam que viviam em um mundo sujeito a todos os tipos de forças ininteligíveis ou misteriosas. Pensava-se que os indivíduos eram livres e responsáveis, mas com sua liberdade sujeita, ou restrita por uma interferência externa, oculta ou divina.

Determinismo

Nos últimos 400 anos, as leis da natureza começaram a ser sistematicamente descobertas revelando causa e efeito claros na maioria dos eventos e fenômenos. No início, entretanto, por causa de forças e influências ainda não descobertas, até mesmo os pais da ciência moderna, como Sir Isaac Newton, duvidaram da possibilidade de uma solução matemática determinística que abrangeria tudo o que existe no universo.

- Encontrando instabilidade no movimento e nas órbitas dos planetas, por exemplo, Newton concluiu que havia uma intervenção divina, periódica, necessária para garantir a estabilidade do Sistema Solar.
- Pierre-Simon Laplace, o brilhante matemático, físico e astrônomo, muitas vezes descrito como o "Newton da França", decidiu dispensar a hipótese de intervenção divina, tornando esta a principal atividade de sua vida científica. Em 1814, Laplace publicou o que é mais provável ser a primeira articulação ocidental do determinismo causal ou científico:

    "Podemos considerar o estado atual do universo como o efeito de seu passado e a causa de seu futuro. Um intelecto, que em um certo momento, conhecesse todas as forças que coloca a natureza em movimento, e todas as posições de todos os itens dos quais a natureza é composta, se esse intelecto também fosse vasto o suficiente para submeter esses dados à análise, abraçaria em uma única fórmula os movimentos dos maiores corpos do universo e dos do menor átomo; para tal intelecto, nada seria incerto e o futuro, assim como o passado, estaria presente diante de seus olhos." (51)

De uma perspectiva puramente materialista, o ponto de vista determinista de Laplace e de muitos outros como ele, é difícil de refutar. Se há lei e ordem no universo, então cada ação tem uma reação específica. Cada efeito tem uma causa específica. O mundo funciona como um relógio de precisão.

O ponto de vista determinista não descarta necessariamente a existência de um criador. Poderia haver um criador que projetou tudo, incluindo as leis rígidas pelas quais tudo funciona, mas uma vez que as leis foram estabelecidas, Ele/Ela/Aquilo parou de interferir com as coisas. Se houvesse um criador, Ele seria, nesta cosmovisão, como um relojoeiro em vez de um executivo ocupado constantemente microgerenciando tudo. A questão, aqui, é se o criador projetou humanos para ter liberdade. Se os humanos, por projeto, não tinham liberdade, então nesta hipótese, há também determinismo total. Portanto, você chega à mesma conclusão de quando você toma um ponto de vista puramente materialista, descartando a existência de um criador pessoal.

Se houvesse um criador que desse liberdade aos humanos e, ao mesmo tempo, elaborasse leis rígidas, então haveria regras para o que acontece quando os humanos agissem de acordo com a lei ou contra a lei. É assim que sistemas de crenças ou religiões explicam, por exemplo, boa sorte ou sofrimento. Se você agir de acordo com a lei, você é recompensado e, se não, você sofre. Mais uma vez, a interpretação das leis que Deus criou, varia de um sistema para outro. Além disso, uma vez que os indivíduos têm diferentes aptidões e nascem, desde o início, em diferentes condições de vida, com alguns mais privilegiados do que outros, há várias interpretações e crenças sobre quem o criador "gosta" ou "não gosta" e quem é, *a priori*, escolhido para ser feliz ou para ser submetido a julgamentos e tribulações. O karma e o processo de reencarnação também são dados como explicações sobre porque nascemos sob certas condições. O que você faz em uma vida influencia o que você enfrenta na vida seguinte. Você colhe aquilo que planta!

Alegadamente, o criador também teria a "liberdade" de agir de maneiras que não estão de acordo com suas próprias leis; ou a liberdade de realmente mudar as leis à vontade. Assim, há também uma disparidade de crença no grau em que o criador interfere nas coisas diariamente ou ocasionalmente, potencialmente mudando as regras à vontade.

A preponderância das cosmovisões e dos sistemas de crenças com vastas variedades de interpretações levou à criação de um grande número de religiões e inúmeras seitas dentro de cada religião. Infelizmente, muitas vezes se chocam umas com as outras ao afirmarem ter a verdade, onde os defensores de cada reivindicação são os escolhidos ou os preferidos por Deus, e estarem no caminho certo enquanto outros são pecadores e almas perdidas. Alguns devotos fanáticos vão ao ponto de estarem dispostos a matar e morrer em nome de Deus. Tudo isso deu uma má publicidade à religião organizada. E está distanciando aqueles que são esclarecidos e educados fora dos sistemas de crenças, e levando a ciência como referência para o que é confiável e verdadeiro.

Ao mesmo tempo, os conceitos de liberdade individual e liberdade, historicamente forneceram grandes lemas e slogans para todos os tipos de grupos, ativistas políticos, nações – e guerras e outros conflitos também. Eles são proclamados e aclamados nas constituições de muitos países. A expressão politicamente carregada "Mundo Livre" tem sido usada durante a Guerra Fria para designar países do bloco ocidental, particularmente os Estados Unidos, em oposição aos países comunistas. O "Mundo Livre" deve apoiar a liberdade para todos, em contraste com países que controlam firmemente o comportamento de seus cidadãos, e que se esforçam para controlar suas mentes também.

Liberdade

Se há tanta ordem, na natureza como um todo, por que existe tal crença na liberdade? Liberdade também significa a capacidade de pensar e agir fora de sintonia com a lei, ou mais claramente, de agir em violação direta da lei. Como conciliar lei e ordem com liberdade? O que é liberdade?

Kate Stein é uma jovem médica especializada em medicina de emergência. Durante um fim de semana, enquanto trabalhava como voluntária em uma vila remota, ela recebeu uma ligação às 5h da manhã de pais assustados cuja filha Julie estava tendo um grave ataque de asma. Os medicamentos que tentaram não resolveram. Julie tinha dificuldade para respirar e estava começando a ficar azul devido à severa obstrução das vias aéreas. Como não há serviços de emergência ou ambulâncias na área, Julie estava à mercê da ajuda da Dra. Stein. A criança podia morrer se não chegasse a tempo de tratá-la.

Stein pula em seu carro e dirige a toda velocidade por ruas vazias. Ela se aproxima de um semáforo que fica vermelho. Ela olha em volta, certifica-se de que não há outros carros vindo, e passa no sinal vermelho. Um caminhão quebrado bloqueia a rota mais curta até a casa da Julie. Qualquer desvio a levaria a um desvio extra de quatro ou cinco minutos. Ela decide cortar por uma rua de mão única, dirigindo com cuidado, com os faróis acesos, mas na direção errada. Quando ela vira a esquina, um homem se joga na lateral do carro dela. Ela para, sai, e determina que ele tem apenas pequenos hematomas. Enquanto ela tenta escoltá-lo em segurança até a calçada, ele fica agitado, de repente saca uma arma, ameaça matá-la, e ordena-lhe que volte para seu carro, com ele como passageiro no banco de trás. Ela tenta explicar que há uma emergência médica e um paciente pode morrer, mas ele não se importa. Na frustração, ela dirige com ele por uma curta distância, em seguida, pisa fundo nos freios, fazendo com que o carro derrape para o lado e bata em uma árvore. Enquanto o homem está um pouco desorientado, ela rapidamente o arrasta para fora do carro, o coloca na calçada e vai embora. O celular dela ficou tocando continuamente com ligações frenéticas dos pais da Julie. A filha deles estava perdendo a consciência. Ela corre os poucos quilômetros restantes e chega bem a tempo de reanimar a jovem; coloca-a no oxigênio, dá-lhe uma injeção, e estabiliza sua condição. Se ela tivesse chegado um minuto ou dois mais tarde, Julie teria morrido.

Stein chama a polícia para relatar seu acidente de carro mais cedo, mas o homem envolvido já relatou uma versão falsa do incidente, alegando que um carro dirigindo na direção errada em uma rua de mão única o atropelou e deixou o local do acidente. A câmera do semáforo também tirou uma foto do carro dela passando pelo sinal vermelho minutos antes do incidente. Era a história dela contra a história do homem. A polícia não encontrou a arma, pois o homem a escondeu bem. O caso foi tratado como um "atropelamento e fuga", e a Dra. Stein enfrentou a possibilidade de 10 anos de prisão, perdendo todas as suas economias e tendo sua carreira potencialmente arruinada.

As leis de trânsito e outras leis nacionais são o que chamamos de leis feitas pelo homem, criadas para organizar nossas vidas como sociedade humana, formulando regras para proteger os direitos individuais e sociais, e para gerenciar como lidamos uns com os outros e com o meio ambiente. Em todas as nações, leis feitas pelo homem são necessárias para manter a ordem. Em comparação com as leis que governam o universo, que temos referido neste livro como as Leis da Natureza, as leis feitas pelo homem podem ser mais ou menos parciais, incompletas, desordenadas ao ponto de potencialmente injustas ou desiguais (portanto, as leis são muitas vezes alteradas ou sofrem emendas), e em sintonia ou fora de sintonia com a Lei Natural.

A Lei Natural, como referida aqui, não significa modos primitivos de viver ou voltar à subsistência humana básica. As leis da natureza incluem as leis da física, química, biologia, psicologia e sociologia. Também inclui tudo o que for necessário para garantir os passos da evolução. O princípio de sobrevivência dos mais adaptáveis e mais aptos, mais devidamente descrito como seleção natural, por exemplo, faz parte da lei natural. Tudo o que é criado pelos seres humanos no processo de evolução, incluindo a tecnologia moderna e formas de comunicação e transporte, pode ser considerado parte da lei natural. A lei natural, embora rígida em sua força evolutiva, é mais flexível em sua adaptabilidade, e se expressa de forma diferente em diferentes condições. A lei natural é diferente na selva com animais selvagens ou em uma cidade grande, povoada por sociedades complexas e seres humanos em evolução. É por isso que temos diferentes culturas, costumes, tradições, línguas e vários tipos de árvores e animais em diferentes condições ambientais e climáticas.

O controle rigoroso do comportamento humano e da inovação sob leis estritas, feitas pelo homem, poderia dificultar a criatividade e obstruir o processo natural de evolução. Pensar fora da caixa é muitas vezes necessário para chegar a novas ideias e ajudar o progresso individual e coletivo, por exemplo, através de avanços na ciência médica que prolongam a vida, e através de inovações em instituições sociais para ajudar grupos de pessoas.

Sob uma cosmovisão puramente materialista, as leis feitas pelo homem podem tornar-se muito restritivas a ponto de tratar as pessoas como autômatos ignorantes que precisam ser condicionados para que estejam em cumprimento com essas leis. Uma vez que tudo é inerentemente motivado pela Lei Natural, quando a lei feita pelo homem se torna um empecilho para o progresso, a força da evolução pressionará as pessoas a criar leis novas e estabelecer novas ordens até que o próximo nível de evolução seja alcançado. Dependendo da consciência coletiva da nação, novas leis podem avançar ainda mais o desenvolvimento humano e social, ou talvez dificultar o desenvolvimento positivo.

Stein, obviamente, violou algumas leis feitas pelo homem para salvar sua paciente Julie. Em sua cabeça, salvar uma vida humana teve prioridade sobre passar por um semáforo vermelho quando nenhum outro carro estava por perto, ou dirigir na direção contrária, em uma rua de mão única, mais rápido do que o limite de velocidade, particularmente quando isso foi feito com cuidado e atenção. Afinal, ambulâncias fazem isso o tempo todo. Ela usou o bom senso. No entanto, ao prendê-la, os policiais acreditavam que estavam agindo de acordo com a lei feita pelo homem. Isso foi necessário, no que diz respeito às infrações de trânsito, mas devido à falta de informações sobre a totalidade das circunstâncias, foi incorreto em relação ao homem ferido que havia mentido sobre seu envolvimento no acidente, bem como à hipótese de atropelamento e fuga feita pela polícia. Sem que eles soubessem, eles estavam agindo contra a lei natural. A polícia não sabia que a Dra. Stein era uma vítima e não uma criminosa. O homem que tentou sequestrá-la estava agindo contra a lei natural e a lei feita pelo homem, enquanto tentava usar a lei feita pelo homem a seu favor.

Suponhamos que este evento hipotético tenha ocorrido em uma área ou país controlado pela máfia, e o homem com uma arma, por acaso, vinha a ser um parente próximo do oficial que investiga o caso. As chances de a Dra. Stein ser absolvida teriam sido pequenas. Quando se trata de humanos, particularmente sobre nossas leis e sistemas de justiça, muitas vezes há muito a desejar. No entanto, é disso que se trata a evolução. As coisas costumavam ser muito mais duras, mais tendenciosas, mais ignorantes do que nos tempos modernos. A vida continuará melhorando à medida que a consciência individual e coletiva aumentar.

Felizmente, para a Dra. Stein, antes da data definida de seu julgamento final e provável condenação, um grupo dedicado de amigos e colegas conseguiu concluir uma investigação privada, conectando os pontos com outros crimes em três cidades diferentes. Aparentemente, o homem em questão era um psicopata criminoso. Descobrir evidências forenses e descobrir a arma o fez confessar. Stein foi absolvida e tratada pela mídia como uma heroína, com manifestações de apoio e preocupações de simpatizantes. Ela tem a sorte de ser uma pessoa livre em um país livre.

Um herói toma decisões além do escopo das expectativas normais do dia a dia. Os criadores de leis mais abrangentes e inclusivas para uma nação costumam ser altamente homenageados e se tornam exemplos para outros, bem como símbolos das fundações de novas repúblicas, novas constituições e sociedades mais evoluídas e sofisticadas. Um tumor cerebral foi descoberto no psicopata da nossa história, o que contribuiu para o seu comportamento criminoso e o juiz, compassivo, reduziu sua sentença.

A relação entre a lei feita pelo homem, a Lei Natural, a evolução, a ordem e a justiça, pode ser bastante complexa, como ilustrado nesta história. E a liberdade?

A Dra. Stein fez escolhas usando o livre arbítrio de diferentes maneiras para salvar Julie e salvar-se. Algumas dessas escolhas violaram leis estabelecidas pelo homem. Seus pacientes e amigos exerceram seu livre arbítrio em confiar nela, serem criativos e encontrar evidências que, não só resolveram vários crimes, mas também a exoneraram. Eles foram inventivos e agiram fora da caixa. O criminoso fez escolhas também. Ele usou sua liberdade de forma destrutiva que obstruiu a liberdade dos outros. O oficial de investigação poderia ter sido mais imparcial, menos rígido, mais compassivo ou menos enviesado, e poderia até ter violado o espírito da lei por ser muito rígido ou hipócrita. Os indivíduos desta história fizeram escolhas influenciadas em várias extensões por ideais altruístas sinceros, heroísmo, preconceito, ignorância, autojustiça, ganância, doença e até sorte ou infortúnio.

Não importa o quanto tentamos tirar conclusões teóricas sobre livre arbítrio e determinismo, a liberdade continua sendo um recurso poderoso para a criatividade, o progresso e a evolução. Também é necessária para a felicidade e realização do indivíduo e da sociedade. Todo mundo gosta de ser capaz de fazer completamente e obter irrestritamente o que ele ou ela deseja. No oceano, essa é a regra, e os peixes grandes comem os peixes pequenos. Na selva, não há sentido de certo ou errado. Predadores se alimentam uns dos outros. "O poder está certo." Na sociedade humana, porém, para coexistir harmoniosamente, estabelecemos regras para proteger nossos membros e pretendemos fazer "o certo é poder", pois sempre nos esforçamos para definir precisamente o que significa "certo".

Responsabilidade

O criminoso tinha um tumor cerebral que transformou sua fisiologia e psicologia. Ele se comportou mais como um predador animal na selva, do que um ser humano social. Você não pode ir para a selva e julgar os animais com relação a quem matou quem e por que razão. Você aceita que, em seu ecossistema, os animais se alimentam uns dos outros. O juiz reduziu a pena do criminoso com base no fato de que ele não estava completamente livre para fazer o que fez. Foi parcialmente a doença dele influenciando seu comportamento criminoso irracional. Esse argumento pode ser estendido a outras situações. Quem sabe se houve mudanças no cérebro da Dra. Stein quando ela violou as leis de trânsito? Ela estava realmente livre e totalmente consciente de todas as consequências? Ou ela agiu por impulso – uma humanista de fato – o que a motivou a ir além de sua deliberação consciente e racional?

Na década de 1970, Benjamin Libet, pesquisador da Universidade da Califórnia, São Francisco descobriu que processos neuronais "inconscientes" precedem e, potencialmente, fazem com que um sujeito se mova ou aja antes que o sujeito se torne consciente da ação. Tais estudos revelaram que a deliberação consciente pode, às vezes, acontecer depois, e não antes, da decisão de agir. No entanto, o sujeito seria retrospectivamente o decisor consciente e o motivador consciente da ação.

Quando, por exemplo, Jane está sentada em um restaurante e parece, impulsivamente, levantar a mão, pode sentir que houve uma decisão consciente de levantar a mão antes que ela a levantasse. No entanto, alguns estudos neurofisiológicos mostram que algo "inconsciente" a obrigou a levantar a mão e realmente começou o processo de levantar a mão antes mesmo de ela tomar conhecimento disso. Em milissegundos, no entanto, uma parte de seu cérebro (muitas vezes chamada de "Intérprete") entra em ação e justifica por que ela está levantando a mão: "Eu quero atrair a atenção do garçom".

Com base neste e em outros estudos semelhantes, muitos estudiosos, particularmente aqueles que acreditam no determinismo causal reducionista, concluem que esta é a prova de que os humanos não têm livre arbítrio consciente. Se isso fosse verdade, a Dra. Stein pode não ser responsável por violar as leis de trânsito. Algo "inconsciente" nela a obrigou a agir como ela fez, e ela era simplesmente uma testemunha que interpretava o que ela estava fazendo como sendo sua própria decisão consciente. Seria semelhante ao sonambulismo, mas com um observador consciente – um observador consciente que não faz nada para intervir para impedi-la de infringir a lei "criada pelo homem" (ou era estritamente impotente para fazê-lo).

Sonâmbulos não estão totalmente conscientes do que estão fazendo e não se lembram mais tarde do que fizeram, embora pareçam estar acordados. Se generalizarmos a perspectiva do "intérprete", de acordo com essa perspectiva, todos nós poderíamos ser como sonâmbulos, com a diferença de que uma parte do nosso cérebro está constantemente nos fazendo acreditar que somos o decisor consciente no controle de nossas ações. A tomada de decisões, nesse caso, é simplesmente uma interpretação do que já foi decidido, em vez de um julgamento complexo e bem pensado.

Estudos neurofisiológicos mais detalhados mostram que o sujeito pode, realmente, interferir com o impulso "inconsciente", bloqueá-lo ou alterá-lo.

Tudo isso leva a questões sobre responsabilidade e o grau ao qual um sujeito é mestre de suas escolhas. Temos dois aspectos da liberdade.

1. Um aspecto está interessado na capacidade de fazer o que se deseja. Esta é uma necessidade de felicidade e criatividade (desde que a liberdade não interfira na ordem social ou bloqueie a liberdade dos outros). Essa liberdade, embora fundamental e importante, é mantida sob controle pelas leis, costumes, tradições e modos de vida característicos de diferentes culturas e nações. Quanto mais rígida a cultura, mais seguros alguns se sentem, mas a evolução e a criatividade podem ser atrasadas ou constringidas. Quanto mais flexível e livre a cultura, mais incerteza e perturbação ela provavelmente enfrentará. Uma cultura menos baseada em regras tende a convidar mais desordem e violações de leis consideradas questionáveis pelos membros dessa cultura. E ainda assim pode se beneficiar de inovações socioculturais e progressos que podem acontecer mais rápido do que dentro de uma cultura mais restritiva. O equilíbrio é sempre necessário.
2. O outro aspecto da liberdade está interessado no mecanismo subjacente pelo qual se faz escolhas. O que fez a Dra. Stein violar as leis de trânsito? Foi algum motivador "inconsciente" e, portanto, involuntário? Em outras palavras, foi algo além de seu controle em seu sistema nervoso, em sua memória, passado e presente, uma cadeia de causa e efeito levando a um conjunto de parâmetros neurofisiológicos e disparos neuronais que a obrigaram a agir do jeito que ela fez? Sua consciência era apenas uma testemunha de tudo aquilo? Ou apenas um mecanismo para interpretar

e validar com o selo da rigidez o que estava acontecendo, fazendo-a sentir como se fosse mestre de seu destino? É esse aspecto da liberdade que é questionado no ponto de vista determinista. Você pode ser capaz de fazer o que você acha que quer, mas você pode realmente querer o que você quer? Você é um decisor livre fazendo escolhas genuinamente unilaterais, ou uma espécie de sonâmbulo testemunhando-se, decidindo e fazendo-se acreditar que você é o decisor? Esta não é apenas uma questão teórica de filosofia ou puro interesse intelectual. É uma questão com uma profunda influência sobre responsabilidade, recompensa, punição e todo o sistema legal.

A neurociência moderna está avançando rapidamente, e é provável que encontremos uma correlação física para cada ação e cada decisão. Isso significa que todo criminoso pode se safar do crime porque um cientista ou médico pode provar que foi motivado por um circuito cerebral que estava disparando da maneira errada? E quem definirá o que constitui o caminho "errado"?

A liberdade de criar, de mudar, de questionar e de reavaliar é um precioso recurso evolutivo. Pessoas abusadas, que são forçadas a fazer coisas que não querem, estão sofrendo sérias violações de sua liberdade. Eles estão sendo tratados como objetos que não têm voz, em lugar de seres humanos pensantes e sencientes que têm seus próprios desejos e escolhas.[34] Em todos os casos, no entanto, o livre arbítrio é inconcebível fora da Consciência.

Ser livre significa que há um tomador de decisão consciente, totalmente capaz de conduzir o curso dos eventos, de uma forma ou de outra, como ele ou ela gostaria. A ideia de livre arbítrio inconsciente ou não-consciente é categoricamente absurda e sem sentido.

---

34. Senciente refere-se a uma coisa ou pessoa que sente, percebe, nota, distingue ou vê alguma sensação, traço, crença, emoção, impressão, noção, premonição...

Dessa forma, a Consciência é um pré-requisito para a liberdade. A questão sobre o livre arbítrio, portanto, em última análise, nos traz de volta ao problema da natureza e origem da Consciência.

A solução final é que a Consciência não é um fenômeno etéreo emergindo da matéria, mas é de origem primária e a "matéria" da qual tudo emerge. Isso, entretanto, não implica automaticamente que a liberdade realmente exista. Consciência não significa necessariamente liberdade, embora a liberdade, inversamente, requeira a existência de Consciência. Mas, quanto mais ampla e abrangente for a Consciência, maior será o potencial para a liberdade. Nem a liberdade, nem a Consciência, são fenômenos estritamente de "tudo ou nada". Existem graus. Existem camadas, cores e nuances de Consciência, assim como existem graus de liberdade, e os dois estão intimamente relacionados.

Capítulo 15

Um oceano ilimitado de Consciência em movimento

Os conceitos apresentados nos capítulos seguintes oferecem um modelo unificador para ideias, descobertas e crenças dispersas em muitas áreas do conhecimento, ciência e espiritualidade. Eles mostram que pode haver alguma verdade em tudo o que é sustentado, acreditado, descoberto, teorizado, ou mesmo apenas imaginado. É tudo uma questão de onde vai a atenção. Através dos diferentes olhos mágicos, o elefante em uma caixa pode parecer muito diferente, mas, afinal, qual é o elefante real?

O axioma básico, ou postulado, como vimos anteriormente é que na base de tudo está um grande campo de Consciência, uma Consciência Primordial que não é material e não-física, e que neste livro chamamos de Consciência Pura. Este campo está além do tempo e do espaço, além do começo e do fim. É absoluto, não muda e sempre igual a si mesmo. Essa Consciência Pura é pura existência. Torna-se tudo o que sabemos e tudo o que experimentamos. É quem realmente somos e tudo o que existe.

A multiplicidade da Unidade foi discutida em alguns detalhes no capítulo 9. Envolve a capacidade da Consciência de discriminar (uma faculdade do intelecto) entre as diversas características das perspectivas emergentes ou identidades (egos). Estas incluem as qualidades do sujeito, do processo, do objeto, do silêncio, do testemunho, do dinamismo, da revelação e da ocultação em diferentes graus e proporções, indo de uma perspectiva de unidade absoluta e mais holística a uma cascata de pontos de vista cada vez mais estreitos e mais específicos.

Metaforicamente uma pirâmide

Se resolvermos todas as perspectivas em termos de sua amplitude ou estreiteza em comparação com seu número, teremos, aproximadamente, uma estrutura piramidal imaginária (ou forma cônica).

Cada ponto da pirâmide representa uma perspectiva única. As perspectivas mais amplas são menos em número e, portanto, são mais altas na pirâmide. As perspectivas mais estreitas são cada vez maiores em número e, portanto, seriam mais baixas na pirâmide. As perspectivas, portanto, ficam cada vez mais estreitas à medida que descemos na pirâmide. Isso se deve à cascata onde perspectivas cada vez mais específicas emergem em números cada vez maiores à medida que a movemos para baixo. É por isso que a pirâmide se expande para sua base onde as perspectivas ficam maiores em números, mas mais estreitas na consciência.

A vista do topo da pirâmide

O grande campo da Consciência, a Consciência Pura, tem, portanto, dentro de si um número infinito de perspectivas. Ela experimenta (mente) e conhece (intelecto) suas perspectivas individuais (egos). Eles são inerentes a ela. Para ter um gostinho de como isso pode ser, podemos pensar em nós mesmos. Pensamos e sentimos que somos a mesma pessoa.

No entanto, sabemos que essa pessoa pode se tornar ou tem sido muitas "coisas" – um amigo, uma criança, um adolescente, um adulto, um estudante, um sonhador, um lutador, um amante, um médico, um professor etc. Nossa aparência, papéis sociais, características físicas e mentais mudam o tempo todo. No entanto, percebemos, em nosso núcleo interno, um Eu que é indivíduo, um e único.

De forma semelhante, mas infinitamente mais expandida e clara, a Consciência Pura se vê e sabe ser uma, enquanto também conhece as infinitas possibilidades que seu próprio Ser pode assumir simultaneamente.

Enquanto a Consciência Pura mantiver a consciência de que tudo é meu Ser e nada além do meu Ser, e não há entidades ou perspectivas que tenham um senso de ego que os separe da Consciência Pura, nada realmente se manifesta. Tudo permanece Consciência Pura em sua unidade e suas múltiplas perspectivas. As perspectivas permanecem potencialidades latentes.

NA PIRÂMIDE

Esse campo, de todas as possibilidades, tem dentro de si, tudo o que poderia ser concebível, imaginável, provável ou improvável. No entanto, é unificado, não-dual, pacífico e impessoal. Todas as possibilidades, neste reino do ser, significam absolutamente todas as possibilidades existentes simultaneamente, ao mesmo tempo, no mesmo instante, e para todos os tempos.

Existe o eu e você virtuais, nascidos, vivos aos 1, 18, 60, 100 anos, imortais (ou mortais), fracos, fortes, invencíveis, saudáveis, felizes, tristes, doentes, ricos, pobres, e assim por diante, tudo ao mesmo tempo. Sim, também estou dizendo que o carro, o avião, o misturador de vegetais, o átomo de oxigênio, o átomo de hidrogênio, o bóson de Higgs, os férmions, e o telefone celular já estão todos lá, dentro do vasto tecido da Consciência Pura. Estamos, realmente, dizendo que eles estão lá, todos de uma vez. Estavam lá antes do Big Bang, estarão lá depois e durante cada futuro Big Bang; e não apenas eles estão lá, mas também lá estão todos os possíveis e imaginários presentes, passados e futuros.

Dentro deste tecido da Consciência Pura também estão unicórnios, fadas, anjos, gênios, elefantes brancos, você casado com sua namorada do ensino médio ou com uma fazendeira, um motorista, um traficante ou realeza, você saindo ileso em um acidente ou você morrendo no mesmo acidente; há você como um médico, uma enfermeira, um pintor, um piloto, um filósofo, o presidente dos EUA e o Sultão de Zanzibar, você também como o rei ou rainha da galáxia... O que quer que possa ser sonhado, pensado, imaginado ou fantasiado está lá como um potencial.

Todas essas são possibilidades virtuais coexistentes. É como ter um número infinito de imagens digitais no seu computador. Entre eles, por exemplo, estão uma foto do gato de Shrödinger vivo e uma foto do mesmo gato[35] morto. São duas fotos diferentes, mas estão juntas, ao mesmo tempo, no seu banco de dados. Agora, você pode olhar para a foto de um gato vivo e dizer que o gato está vivo. Ou, você também pode olhar para a foto do gato morto e dizer que o gato está morto. Esta é a realidade que estou propondo que chamemos de vida real.

Todas as possibilidades existem no campo virtual. Em nossas vidas, passamos pelas imagens em uma determinada sequência porque temos restrições, mas a cada momento poderíamos potencialmente ser expostos, ou fazer escolhas diferentes. O tamanho da liberdade que temos para fazer escolhas diferentes depende do nosso estado de Consciência.

No reino virtual não há tempo. Tudo é eterno e imortal. Há uma coexistência simultânea de todas as possibilidades, como um número infinito de bits de informação codificando um número infinito de imagens virtuais, sons etc., em um disco rígido infinitamente grande. As fotos, sons e tudo mais estão no disco duro, mas nenhum filme está sendo reproduzido.

Pode haver todas as maneiras potencialmente possíveis de as imagens no disco duro rolarem uma após a outra, criando um número quase infinito de filmes possíveis com todos os tipos de

---

35. O físico austríaco-irlandês Erwin Schrödinger cunhou este experimento de pensamento como uma discussão sobre a descoberta na física da superposição pela qual uma partícula, até que seja observada, pode estar em diferentes estados ao mesmo tempo: por exemplo, decair e tornar-se radioativa ou não decair e ser segura. Um gato em uma caixa junto com tal partícula poderia estar teoricamente vivo e morto ao mesmo tempo.

resultados. Mas, enquanto o filme não estiver passando, não há sentido de história, nenhum acontecimento, nenhum drama e, portanto, nenhum bem ou mal, infortúnio ou virtude. Tudo é potencialidade não localizada, como em um campo.

Neste reino Não-manifesto, sujeitos e objetos não existem da mesma forma que existem na criação manifesta. No Não-manifesto, são potencialidades puras que não foram efetivadas de forma física e muitas delas podem nunca se concretizarem. Consciência Pura, e apenas Consciência Pura, os vê como aspectos de si mesma. Não há outro criador ou ator além de Consciência Pura.

A Consciência Pura não é apenas consciente de vários aspectos de si mesma, mas também consciente do fato de que cada uma das várias perspectivas é diferente das outras. Cada aspecto pode ter sua própria identidade. Identidade descrita acima significa individualidade ou eu individual. É "Ego".

A consciência das diferenças é a discriminação. Definimos o termo "intelecto" como a capacidade de discriminar. "Intelecto" é, portanto, a capacidade de estar consciente da diferença entre uma identidade e outra. Definimos a "mente" como a capacidade de estar consciente de várias perspectivas, sem necessariamente analisá-las, suas características, sua realidade etc.

Uma das características do intelecto é a consciência de que nem todas as perspectivas são as mesmas e nem todas têm a mesma amplitude. Esse caráter discriminatório leva a uma série de conceitos como: semelhante, diferente, oposto, relacionado, conectado, complementar, e assim por diante.

Entre as perspectivas, os aspectos opostos de forma mais saliente são os do sujeito em contraste com o objeto.

- O sujeito – "conhecedor" ou "observador" – pode ser assumido pelo intelecto para ter mais consciência do que o objeto.
- O sujeito primordial – observador – tem a perspectiva mais ampla e, portanto, a mais ampla consciência de todos.

Uma vez que estamos no campo grandioso da Consciência onde a Consciência é tudo o que há, ser um objeto, tanto quanto possível – máxima capacidade de observação (*Observedhood*) – e, portanto, o menor sujeito observador (*Observedhood*) possível, significa ter potencialmente o mínimo de observação e capacidade de conhecimento. Isso equivale a ter a perspectiva mais estreita e a consciência mais limitada.

Os objetos, portanto, podem ser assumidos pelo intelecto como tendo "menos" consciência. O objeto final teria teoricamente consciência zero (no entanto, deve-se entender que este é simplesmente um conceito do intelecto, porque em nosso modelo, consciência zero equivaleria categoricamente à não-existência).

O sujeito final tem a consciência máxima e mais ampla – consciência infinita e ilimitada. Entre esses extremos, existem todas as intensidades, tonalidades, matizes e nuances possíveis do sujeito *versus* características e perspectivas do objeto. As perspectivas da consciência sobre si mesma podem, portanto, ser agrupadas em perspectivas predominantemente relacionadas com o sujeito e em perspectivas predominantemente relacionadas com o objeto.

Sujeito-referência, processo-referência e objeto-referência

Como veremos, esse agrupamento, em diferentes perspectivas, leva a apreciações fundamentalmente diferentes da realidade e da existência dentro do espectro das três categorias de pontos de vista, que chamaremos:

- **Perspectivas Sujeito-referentes (autorreferência),** ou pontos de vista com o sujeito ou sujeitos como referência.
- **Perspectivas Objeto-referentes,** ou pontos de vista com o objeto ou objetos como referência.

- **Perspectivas Processo-referentes.**

Sujeito-referência *versus* Objeto-referência se relaciona naturalmente com subjetividade *versus* objetividade. Eles também são os fundamentos para idealismo *versus* empirismo. Em nosso modelo, no nível filosófico fundamental, a autorreferência, se relaciona com o "Ser" e "Sou", enquanto a objeto-referência está relacionada a "Existir" e "Existência". O sujeito é.

O objeto existe. O objeto precisa de um sujeito e um processo para ser reconhecido como existente. Os sujeitos podem ser totalmente autorreferentes, mas precisam ser experimentados como objetos através de um processo de observação para verificar se eles existem.

Alguns sujeitos podem voltar a si mesmos através de um processo de autorreferência e se verem como objetos existentes. Nem todos os sujeitos têm o nível de consciência necessário para a autorreferência. Em todos os casos, diz-se que um objeto existe apenas para o sujeito que o observa.

E as perspectivas relacionadas ao processo? O Processo conecta o Sujeito ao Objeto e, assim, unifica-os. O processo é, portanto, uma força de conexão, união, unificação, associação, bem como dissociação e separação. O que tem a ver com duas entidades estarem relacionadas uma com a outra, de qualquer forma – ou estarem dissociativamente não-relacionadas – é o que chamamos de processo.

Em termos de experiência ou apreciação especificamente humana, e particularmente, da emoção humana, o processo de conexão tem uma característica ou qualidade muito específica que poderia ser descrita e experimentada da maneira mais ampla possível – como o amor.

O amor pode variar do amor infinito e, portanto, da unidade absoluta ao ódio e, finalmente, à completa separação. (João, odeia, Jane) significa que a conexão entre Jane e João é através do ódio. Ainda está no espectro do amor, mas no polo negativo, oposto, ou lado do amor.

Um oceano ilimitado de Consciência em movimento

Se João e Dr. Stanislaw não estão conectados, (João, 0, Dr. Stanislaw), então João e Dr. Stanislaw não existem juntos como uma entidade real. Eles não participam juntos de um "bit de consciência" e, portanto, não fazem parte de sua própria realidade ou de seu universo.

Por outro lado, pode haver um grande número de possíveis conexões entre eles. João pode ver, ouvir ou sentir Stanislaw sob uma infinidade de circunstâncias e em um número incontável de ambientes possíveis. Cada uma dessas circunstâncias e possibilidades leva a um triplo diferente de (João, y, Stanislaw) onde "y" representa "o processo" que inclui as condições e o ambiente que as conecta. Um número infinito de bits de Consciência e, portanto, realidades intermináveis poderiam potencialmente se manifestar.

Isso é semelhante à decoerência e hipótese de muitos mundos discutida no capítulo 7, exceto que, aqui, não há necessidade ou exigência de ramificação e o surgimento de novos universos para cada novo bit de Consciência.

Todos os possíveis e imagináveis bits já estão potencialmente lá no Não-manifesto. Alguns bits são realizados, outros permanecem virtuais. As perspectivas relacionadas ao processo (pontos de vista Processo-referentes) são, portanto, as da dinâmica de conectividade e ambientes potenciais entre todos os possíveis sujeitos e objetos.

Em (Jane, vê, João), João é o objeto. Em (João, vê, Jane), Jane é o objeto. Mas, normalmente, João e Jane se veem como sujeitos e, claro, não gostam de ser vistos como objetos. Se fossem atores em uma peça, seriam sujeitos que assumem papéis diferentes que não são sua verdadeira natureza. Eles estariam cientes de que, para os espectadores, eles são objetos de observação e entretenimento. Isso colore sua própria consciência enquanto eles sabem muito bem que são sujeitos conscientes desempenhando papéis (fictícios) em uma peça.

É importante notar novamente que a Consciência Pura sabe que o sujeito, o processo e o objeto são seu próprio eu e não estão separados da Consciência Pura; seja visto como objeto ou sujeito, tudo é um grande campo de Consciência.

A Consciência, portanto, tem dois aspectos fundamentais de sua própria natureza:

1. **Unidade** (qualidade unificada de Consciência) – em que uma Consciência ilimitada é tudo o que existe. Isso é total autorreferência.
2. **Multiplicidade** (qualidade dividida de Consciência) – em que as perspectivas são vistas para representar diferentes qualidades e diferentes níveis de consciência indo da plenitude (em Unidade) a Nada ou zero.

Aqui, o intelecto pode analisar a Consciência Pura e experimentá-la como tendo múltiplos aspectos, com cada aspecto tendo sua própria especificidade. Isso seria Objeto-referência.

Como descrito anteriormente, sem conexão entre sujeitos e objetos, tudo permanece "virtual". Para se tornar real, uma conexão sujeito-objeto tem que ser estabelecida. E isso é feito através da agência de um processo. Como não há nada além de consciência, esse processo consiste em direcionar a consciência ou a percepção de um sujeito a um objeto. Chamamos isso de "atenção".

A atenção é, portanto, o fluxo de consciência de um sujeito em direção a um objeto. É preciso atenção para que o objeto seja percebido como real. Um objeto específico será considerado como existente ou real apenas por um sujeito cuja consciência flui em direção ou está, de uma forma ou de outra, conectada a esse objeto específico.

Quando a Consciência Pura "se examina", sua própria atenção flui para si mesma e, portanto, sabe-se ser real. É assim que o ser passa a existir. O Ser ("ser") vem – se torna – de "sendo" para "tornando-se"[36].

---

36. N. do T.: Frase no original: Being ("to be") comes – be-comes – from "being" to "becoming."

A Consciência Pura está ciente de que não há nada além de si mesma, que ela tem uma estrutura básica de três-em-um, que tem um número infinito de perspectivas, e que as três, bem como todas as outras perspectivas, nada mais são do que uma. Este é o ponto de vista da autorreferência.

As perspectivas também podem ser vistas do ponto de vista dos objetos. A capacidade discriminatória da Consciência Pura vê que desde os níveis mais altos da cascata, mais alto na pirâmide, há uma consciência mais ampla e inclusiva.

A Consciência Pura é inclusiva e vê todos os pontos de vista a partir da perspectiva mais ampla. Quando descemos a cascata (descendo na pirâmide) há cada vez mais especificidade com perspectivas cada vez menores.

"Nada" e a base da pirâmide

O intelecto vê esse processo. Quão longe ele pode ir? Quão estreitas e pequenas as perspectivas podem se tornar? Em nossa analogia com a pirâmide, seria perguntar quão longe do topo está a base da pirâmide? Há três possibilidades.

- Na **primeira possibilidade**, as perspectivas ficam cada vez menores, mas nunca alcançam o "Nada". Isso seria como uma sequência geométrica, em matemática, através da qual sempre se pode reduzir qualquer número por qualquer proporção, e para sempre, se aproximar de zero, mas nunca realmente alcançá-lo. Neste caso, a redução continua indo para sempre. Não haveria base final ou fundo da pirâmide.
- Na **segunda possibilidade**, as perspectivas poderiam ficar tão pequenas que poderia haver um ponto teórico onde elas não têm consciência alguma. "Nada" é visto como um fim "natural" para essa progressão. Seria semelhante

à contagem de números (também chamados de números naturais). Depois de 4,3,2,1, você deve obter zero. A base da pirâmide, em um certo ponto, dá um salto para o Nada. No entanto, nesta possibilidade, nossa analogia da pirâmide naturalmente se rompe – uma vez que existe apenas um limite teórico ou hipotético de onde a base deve estar, mas esse limite é o nada e, portanto, inexistente.

- Na **terceira possibilidade**, as perspectivas se tornam tão estreitas e tão específicas que se assemelham umas às outras. Na verdade, todos eles poderiam se tornar exatamente iguais e suas interações tão restritas que não gerariam novos modos de percepção. Eles teriam uma aparência de consciência infinitesimal que não pode levar a qualquer novo bit de Consciência. Neste caso, se o intelecto perguntar o que está além dessa base real da pirâmide, a resposta seria "Nada".

No entanto, do ponto de vista da Consciência Pura, o Nada é Não-existência. A Consciência Pura nunca se ilude pelo conceito de zero Consciência ou "nada". Nada seria aquilo que não é Consciência. Como a Consciência é tudo o que há, o Nada não está no reino do Ser.

Por outro lado, a capacidade discriminatória do intelecto primordial vê a possibilidade de um conceito de Nada dentro da Consciência. Há, portanto, um ponto de vista que defende o Nada. Há uma perspectiva que percebe o Nada. O intelecto vê zero no resultado final da cascata. Ele também vê zero no objeto final, que, como discutido anteriormente, é um objeto conceitual que não tem qualquer capacidade de observação.

Portanto, a Consciência Pura tem dois pontos de vista sobre o conceito de "nada"; o conceito de "não-existência". Do ponto de vista da autorreferência, "nada" é uma não-realidade. É a única coisa que não é a Consciência. Do ponto de vista da Objeto-referência, "nada" é um conceito real e parte da "Consciência" embora apenas como um conceito – um conceito de não-existência!

Esses dois aspectos do mesmo Um, Indivisível, Absoluto têm implicações fundamentalmente diferentes. Por um lado, a natureza de autorreferência da Consciência Pura é ilimitada e infinita, pois nunca chega a zero. Vai durar para sempre. Não percebe ou experimenta o "Nada". Por outro lado, o aspecto discriminativo Objeto-referente – (existência-referente) deste mesmo Absoluto encontra um *limite conceitual* dentro de si e, portanto, postula o "Nada". Aonde ele pode ir desde lá? Não há lugar para ir a não ser dobrar de volta para si mesmo. Esta dobra de volta para si mesmo é onde a criação começa.

Como veremos, a criação e a manifestação começam com a **Jornada de Retorno** do Absoluto para si mesmo. E, isso, parte do nada – a partir do ponto final da **Jornada para a Frente**.

Em nossa análise até agora não evocamos nada físico ou material. Está tudo no nível da dinâmica da Consciência refletindo sobre si mesma e experimentando-se de diferentes perspectivas.

O conceito de Nada é uma dessas perspectivas, mas é muito desconcertante. Considerando que tudo tem sido sobre Ser e plenitude tomando diferentes formas sem limites, e sem limitações, agora vem um conceito de nada, vazio e vácuo. É apenas um conceito, como todo o resto, mas esse conceito abre a possibilidade da não-existência. A Consciência tornando-se consciente emergiu em suas infinitas perspectivas. Cada perspectiva é Consciência Pura e nenhuma outra. O não-Ser também é em si mesmo? O Nada é também ela em si mesma?

Absoluto impessoal e pessoal

Em resumo:

A Consciência Pura, em sua perspectiva final, é absoluta e impessoal. É puro Ser, Consciência imanifesta. Podemos descrevê-lo como:

- **Absoluto Impessoal**: A natureza da Consciência é estar consciente. A Consciência se tornando consciente envolve o triplo primordial de Observador (conhecedor), Processo (conhecer) e Observado (conhecido) bem como ego e intelecto. Todos esses aspectos estão na natureza da Consciência. Eles emergem espontaneamente com a consciência se tornando consciente. À medida que emergem, eles destacam uma personagem pessoal dentro da Consciência Pura. É pessoal porque é consciente, tem uma mente que vê identidade ou ego, e tem um intelecto que discrimina. O processo de Consciência tornando-se consciente e conhecendo-se, portanto, revela um

- **Absoluto Pessoal**: O Absoluto Pessoal não é uma criação. É um aspecto inerente, parte integrante do Absoluto Impessoal.

Imanifesto e manifesto

É importante notar que ainda estamos operando dentro do reino da consciência imanifesta. Não há manifestações de qualquer natureza física ou material. Como veremos, até mesmo o físico e o material são emanações e transformações dentro da Consciência. Consciência é tudo o que há. No entanto, para diferenciar o físico do não-físico, destacamos dois reinos abrangentes:

1. O primeiro reino pode ser descrito como **Imanifesto**. Neste reino, a Consciência Pura se apega à sua totalidade ilimitada, irrestrita e que tudo permeia, mesmo enquanto ela olha para si mesma, a partir de um número infinito de pontos de vista. Este reino da existência, portanto, tem Unidade e Multiplicidade, mas nada nele é manifesto. Da perspectiva Sujeito-referente é uma autorreferência total e é tudo o que existe. Do ponto de vista físico ou material, não é nada físico ou material. Como tal, não é manifesto. Nós o chamamos de "imanifesto". Sua existência é

FÍSICA

CONSCIÊNCIA

A Meditação Transcendental Permite que a mente consciente se identifique Com o Campo Unificado no estado de Consciência Pura

ONDE ESTÁ A INVENCIBILIDADE?

- A INVENCIBILIDADE NÃO ESTÁ AQUI
- A INVENCIBILIDADE NÃO ESTÁ AQUI
- A INVENCIBILIDADE NÃO ESTÁ AQUI
- A INVENCIBILIDADE NÃO ESTÁ AQUI
- A INVENCIBILIDADE ESTÁ SOMENTE AQUI

NÍVEL 5: ELETRÔNICA — TELECOMUNICAÇÃO — CIÊNCIA DA COMPUTAÇÃO — ENGENHARIA MECÂNICA E ESTRUTURAL — CIÊNCIA DOS MATERIAIS — TECNOLOGIA AEROESPACIAL — TECNOLOGIA LASER

NÍVEL 4: MECÂNICA CLÁSSICA — TERMODINÂMICA — FÍSICA ESTATÍSTICA — DINÂMICA DOS FLUIDOS — FÍSICA DE ESTADO SÓLIDO — ACÚSTICA — ÓTICA

NÍVEL 3: FÍSICA NUCLEAR — MECÂNICA QUÂNTICA — FÍSICA ATÔMICA

NÍVEL 2: CAMPO DE FORÇA (ELETROMAGNETISMO, FORÇA FRACA, UNIFICAÇÃO ELETROFRACA, FORÇA FORTE, GRANDE UNIFICAÇÃO, GRAVIDADE) — CAMPO DA MATÉRIA (QUARK UP, QUARK DOWN, QUARKS, NEUTRINO, LÉPTONS, LÉPTON-QUARK) — SUPERSIMETRIA

NÍVEL 1: CAMPO UNIFICADO DE TODAS AS LEIS DA NATUREZA — SUPER UNIFICAÇÃO — CONSCIÊNCIA PURA

Ao investigar os componentes subjacentes da matéria, a ciência moderna descobriu mais e mais campos de energia e forças unificadas, culminando em teorias que mostram como tudo emerge de um Campo Unificado de todas as Leis da Natureza. (Ver capítulo 4, seção "Campos quânticos", página 95.)

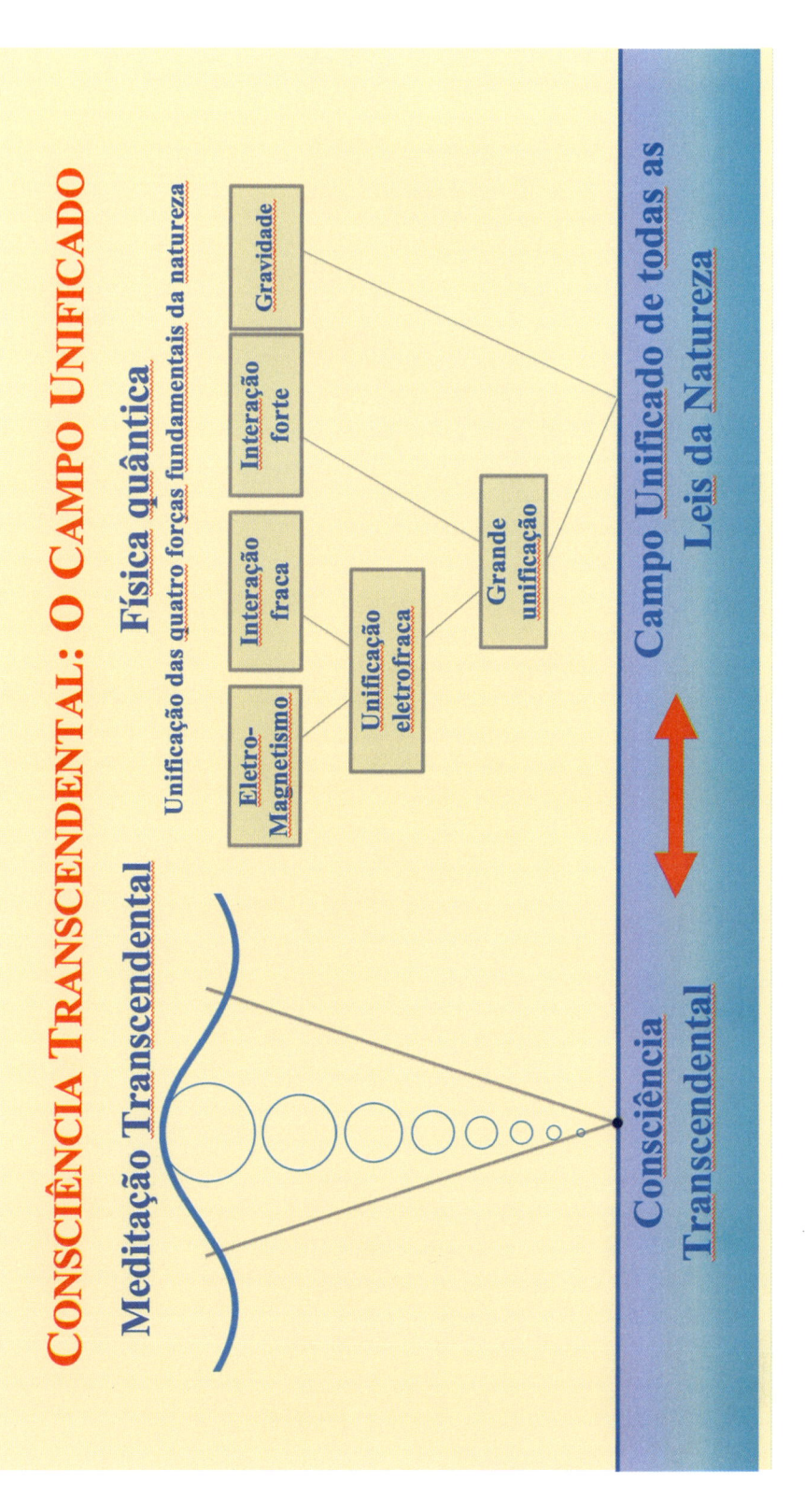

Consciência Transcendental: O Campo Unificado

Meditação Transcendental

Física quântica
Unificação das quatro forças fundamentais da natureza

- Eletro-Magnetismo
- Interação fraca
- Interação forte
- Gravidade

- Unificação eletrofraca
- Grande unificação

Consciência Transcendental ⬍ **Campo Unificado de todas as Leis da Natureza**

A experiência do verdadeiro Ser interior de cada um - Consciência Pura - através da Meditação Transcendental é a experiência direta do Campo Unificado que a ciência moderna postula como a realidade última e a fonte de tudo no universo físico. (Consulte o Capítulo 8, "Experimentando a Consciência Pura", página 173.)

O Dr. Nader foi homenageado durante o Quarto Congresso Internacional de Ayurveda, realizado em Leiden, Holanda, que contou com a presença de importantes líderes governamentais e de saúde de onze países. Lá, foi agraciado com o Prêmio Maharishi Dhanvantari, em reconhecimento às conquistas para prevenir doenças, preservar a saúde e promover a longevidade no mundo inteiro. Da esquerda para a direita: Vaidya Devendra Triguna, Dr. Rainer Picha, Dr. Nader, H.E. Shri Shripad Yesso Naik, S.E. Shri Venu Rajamony.

Da esquerda para a direita: Sr. Alojz Peterle (membro observador do Parlamento Europeu e Presidente da Comissão de Assuntos Europeus do Parlamento esloveno), Dr. Tony Nader, S.E. Shri Venu Rajamony (Embaixador da Índia na Holanda), Sr. Bruno Bruins (Ministro da Saúde da Holanda).

Uma apresentação avançada sobre a Natureza da Consciência e seu Pleno Desenvolvimento para 800 participantes, em setembro de 2017, em Orlando, Flórida, Estados Unidos. Na fila da frente, David Lynch ao lado de John Hagelin e Dr. Bevan Morris.

Nos bastidores junto com os produtores, no set do vídeo "Consciousness Is All There Is" ("Consciência é tudo o que há"), Londres, 2018.

Dr. Tony Nader com alunos da Sacred Heart School, Lake Worth, Flórida, Estados Unidos. 250 alunos do jardim de infância até a oitava série, professores e funcionários aprenderam MT nessa escola católica particular.

Dr. Tony Nader com David Lynch na "Conferência sobre Consciência" em Orlando, Flórida, EUA.

Maharishi Mahesh Yogi, o fundador do programa de Meditação Transcendental™, em foto de 1978. Dr. Nader o reconhece como sendo a razão para suas realizações, afirmando: "O crédito deve ir para Maharishi Mahesh Yogi, de quem emana o profundo conhecimento do valor total do Yoga."

primária e não depende de suas partes ou qualquer coisa fora dela mesma. Tanto o Impessoal quanto o Absoluto Pessoal estão no reino do Imanifesto.
2. O segundo reino é o **Manifesto**. Este é o reino de tudo o que pode ser experimentado como material ou físico. Passar do Imanifesto para o Manifesto, do não-físico ao físico, do não-material ao material, requer a agência do aspecto Pessoal da Consciência Pura, o Absoluto Pessoal. O conceito de "nada" é o ponto crucial. A criação física se manifesta neste ponto crucial.

Agora temos um ponto de virada definido no qual a criação física começa. Ainda não exploramos o porquê e nem como isso acontece.

Em nossa análise até agora, começamos com uma unidade indivisível, que é a Consciência Pura, e mostramos como ela tem uma cascata de perspectivas menores.

A Consciência Pura gera as perspectivas olhando para si mesma. Sem a Consciência Pura não há perspectivas. As perspectivas não são partes que se unem para construir um todo. Consciência Pura, ou "Unidade", é primária e não se fragmenta. As perspectivas são diferentes maneiras de olhar para uma consciência indivisível. Se considerarmos as perspectivas como partes, então as partes, que são infinitas em número, vêm do todo.

No reino Manifesto, é o contrário. As partes fazem o todo. Você coloca átomos juntos para criar moléculas e órgãos juntos para criar um organismo. Você precisa de tijolos para construir uma casa de tijolos.

No reino Manifesto, as imagens que foram descritas como dados estáticos no disco rígido do Imanifesto, começam a se alinhar uma após a outra. Eles levam a sequências dinâmicas de eventos que criam nosso universo e todos os universos possíveis.

Os infinitos números de possibilidades disponíveis no Imanifesto estão sempre lá como potenciais. Mas nem todos eles necessariamente conseguem se manifestar. É no Manifesto que aparecem as noções de liberdade, determinismo, bom, mau, mal e virtude. Emergência, submersão, transformação, construção, destruição, regressão, progresso e evolução são todos aspectos do reino Manifesto.

Se a pirâmide representasse a evolução em nosso universo Manifesto, encontraríamos em sua base as partículas elementares, acima delas seriam átomos, então moléculas, seguidas por células e tecidos, plantas, órgãos, organismos, a hierarquia do reino animal, humanos, indivíduos evoluídos com consciência altamente desenvolvida, e assim por diante, em um contínuo em direção à Consciência Pura. Estes seriam os estratos dentro do reino manifesto. Consciência Pura estaria sempre lá no topo da pirâmide.

No Imanifesto, os mesmos estratos existem, mas não são vistos como material de objetos físicos. São puramente perspectivas de consciência sobre si mesma. No entanto, há todas as perspectivas possíveis e imaginárias. A perspectiva do cão sobre seu mestre, a perspectiva do ferro sobre o ímã, a perspectiva do contador Geiger sobre partículas radioativas, a perspectiva de um físico sobre mecânica quântica, a perspectiva do paciente com câncer cerebral sobre sua doença, e assim por diante. Essas são as perspectivas.

No Imanifesto, eles são vistos simultaneamente todos juntos e são virtuais, mas eles estão lá. No Imanifesto há tudo e seu contrário. Sócrates, Gandhi, o gato de Schrödinger, e cada um de nós humanos estão lá vivos e mortos ao mesmo tempo. Não há contradição. Eles estão lá como imagens armazenadas como dados no disco rígido do absoluto. Nem todas as imagens serão realizadas, e algumas podem nunca se tornar reais.

As jornadas sintéticas, adiante, analíticas e de retorno

A pirâmide é, naturalmente, apenas uma ilustração metafórica. Isso não significa que a realidade seja moldada em uma estrutura piramidal. Há limitações para cada analogia. Podemos dizer que olhar de cima para baixo é análogo à jornada adiante. O termo jornada é um pequeno equívoco porque este é o reino do Imanifesto onde não há fator de tempo, tudo é simultâneo, portanto, não há lugar onde começa e nenhum lugar onde termina. No entanto, o surgimento da pirâmide pode ser visto como sequencial de cima para baixo ou de baixo para cima.

Voltar da base da pirâmide em direção ao topo é a jornada de retorno. Esta jornada de retorno acontece em sequência e, à medida que você sobe, você ganha perspectivas cada vez maiores. Você constrói o que ganha de um nível inferior e expande sua consciência à medida que sobe na pirâmide, passo a passo.

Há, portanto, duas direções gerais de movimento que acontecem nos reinos manifesto e imanifesto:

1. Da Unidade à multiplicidade. Podemos chamar isso de direção **Analítica** (adiante) do topo da pirâmide em direção ao seu fundo.
2. Da multiplicidade de volta à Unidade. Esta é a direção **Sintética** (retorno) da parte inferior da pirâmide de volta para o topo.

À medida que a jornada adiante prossegue, as perspectivas ficam mais e mais estreitas. É aí que o intelecto atinge o limite de seu caráter discriminatório e postula uma entidade irreal e inexistente: o Nada. O movimento da Consciência, que chamamos de atenção, no entanto, defende o Nada.

O Nada se torna o ponto de virada. O fluxo de atenção na jornada de retorno do Nada conceitual na parte inferior da pirâmide em direção ao topo (a direção sintética) também ocorre em velocidade infinita. Em todos os níveis, e em cada ponto da pirâmide, portanto, há um movimento simultâneo de baixo em direção ao topo que equilibra o movimento de cima em direção ao fundo.

O movimento da atenção também é, portanto, equilibrado. Qualquer valor individual que tende a sair do absoluto, seja em termos de perspectiva ou em termos de movimento, é imediatamente equilibrado por um valor igual e oposto. Tudo, então, permanece Imanifesto.

Há um fluxo, no entanto, mas é um zumbido silencioso, uma reverberação silenciosa. A reverberação está escondida no vácuo. Isso é o mesmo que chamamos anteriormente de Memória dentro do Absoluto, exceto que agora tem uma qualidade vibrante. Todas as vibrações se cancelam, mas estão lá, de maneira latente.

Nessa conjuntura, ninguém experimenta esse zumbido ou reverberação no nível manifesto porque ninguém ainda se manifestou. O único observador é o Absoluto Imanifesto e o zumbido ou reverberação é um movimento equilibrado dentro da Consciência. Ao conhecer-se assim, o Absoluto Pessoal encontra um número infinito de perspectivas e infinito dinamismo, todos juntos, no vácuo e no silêncio.

Até agora, as perspectivas foram no contexto de um oceano de consciência assumindo diferentes pontos de vista. Mas, quais seriam esses pontos de vista, o que fariam e experimentariam se fossem entidades individuais e independentes?

Conhecimento das partes

Quando a capacidade discriminatória da Consciência vê, portanto, múltiplas perspectivas, ela pergunta como é estar no lugar de cada perspectiva. Como todas as perspectivas são minhas, para me conhecer, preciso conhecê-las em seu próprio nível. E se eu me envolver totalmente em minhas perspectivas específicas? E se eu as libertar e lhes der uma vida própria?

Seria como uma atriz querendo ser tão fiel aos papéis que ela desempenha que ela se torna totalmente absorvida neles e sente profundamente as emoções, os medos, as alegrias, as esperanças e expectativas dos personagens. Isso pode ir ao ponto em que a atriz, totalmente engajada nos papéis de Aída, Afrodite ou Juliette, esquece sua própria identidade e natureza. Aída, Afrodite e Juliette, então, parecem realidades verdadeiras em vez de mera ficção e brincadeira. Isso é o que grandes atores às vezes fazem. Eles se eclipsam pelo papel e nos fazem esquecer que é só um papel. Parece totalmente real.

Se a Consciência Pura se colocasse no lugar dos múltiplos papéis completamente, e se entregasse a cada papel sem restrições, o que aconteceria?

As diferentes perspectivas e seu número ilimitado de combinações potenciais parecerão reais como se fossem por conta própria. Algumas terão consciência muito estreita, outras, consciência superior; algumas grandes, outras pequenas com possibilidades de todos os tipos, perfis e formas, assemelhando-se uns aos outros, contrastando uns com os outros, fundindo-se uns com os outros, aniquilando uns aos outros, construindo uns sobre os outros – todos elas se engajando na ampla gama de consciência com diferentes perspectivas, umas sobre as outras. Elas iriam pular, interagir e criar o que pareceria ser indivíduos, objetos e processos independentes.

Elas construiriam, por meio de suas interações intermináveis, nosso universo e todos os universos reais ou imagináveis. Todos eles pareceriam reais uns para os outros, independentemente um do outro. São os átomos, moléculas, montanhas, árvores, animais e humanos, bem como ideias, ficções, figuras mitológicas, máquinas, aviões e tudo o que pode ser ou será criado ou imaginado.

O que era pura potencialidade e meros conceitos para o intelecto agora aparece como um número infinito de sujeitos reais, objetos, processos e combinações deles mesmos. É assim que o não-manifesto agora aparece como Manifesto. Ele parece manifestar-se diferentemente em diferentes aspectos de si mesmo. A realidade é diferente para um átomo, para uma árvore, para um macaco ou para um ser humano.

Um oceano ilimitado de consciência

Notamos, novamente, que todas permanecem para sempre entidades de consciência. Como não há nada além de Consciência, o que é imaginado ou concebido é uma entidade de Consciência. O que for postulado como uma entidade sem consciência é, na verdade, inexistente e, portanto, uma ilusão[37]. Isso significaria que os átomos, moléculas, pedras e montanhas são uma ilusão? A resposta é um retumbante NÃO.

NÃO são ilusões porque são entidades de Consciência. São perspectivas dentro da Consciência. Essas perspectivas específicas aparecem para os humanos como átomos, moléculas, pedras e montanhas. Eles podem aparecer como campos de energia ou distorções na geometria espaço-tempo para diferentes observadores. Sua aparência depende do observador que os está observando e dos processos que conectam o observador aos objetos de observação.

Para os seres humanos, os processos incluem ver, ouvir e afins, com faixas específicas de sensibilidade no espectro visual, no espectro auditivo, e assim por diante. De todas as perspectivas possíveis, portanto, os seres humanos podem apreciar um número limitado porque os próprios seres humanos são um feixe de modos de Consciência e esses modos têm suas próprias habilidades para apreciar, perceber, detectar e interagir com outros modos, padrões e redes de Consciência.

---

37. No contexto desta discussão, eu talvez deva salientar que costumo definir a ilusão como uma compreensão equivocada sobre a realidade de uma coisa. Você vê uma corda no escuro e acha que é uma cobra. Em sua mente, a cobra é real e, de fato, para você é real, mas é uma ilusão; já que, na realidade, é simplesmente uma corda! Portanto, isso é uma questão de definição – a realidade é diferente em diferentes estados de consciência ou níveis de conhecimento. É (relativamente) real que o sol se mova de leste a oeste no céu, mas é uma ilusão em relação à realidade que a terra realmente gira em torno de seu eixo dando-lhe a ilusão de que o sol se move no céu! O importante a notar é que eu *não* estou me referindo ao tipo de "ilusão" delirante que, por exemplo, pode acontecer a um indivíduo muito doente e febril que simplesmente "vê" coisas que não estão lá ou não existem.

Diferentes cores e nuances da Consciência

Uma das principais dificuldades em aceitar a ideia de que uma pedra, por exemplo, é feita de Consciência é devido à crença comum de que a Consciência é um fenômeno tudo-ou-nada, o que significa que ou você tem uma Consciência que é como a consciência de um ser humano, ou você não tem consciência. Estamos agora, no entanto, descrevendo graus, tons, qualidades, dimensões, profundidade, matizes, cores (por falta de termos mais precisos) de Consciência. É importante, portanto, lembrar-nos, mais uma vez, nesta análise, que no reino Manifesto a Consciência não é um fenômeno tudo-ou-nada.

A Consciência abrange todas as possibilidades desde o último campo de Consciência ilimitada, a Consciência Pura, através de toda a gama de perspectivas, até o potencial valor zero da Consciência. O valor zero da Consciência é um conceito de não-existência e não-real "nada".

Portanto, é vital para a compreensão desses conceitos notar que eu não estou, de forma alguma, tentando atribuir a um átomo, uma pedra ou uma célula uma percepção consciente semelhante à que um humano totalmente desenvolvido experimenta. A pedra não tem um sistema nervoso e, provavelmente, não tem, de forma alguma, uma percepção consciente que se aproxima da autoconsciência.

Os animais têm sua própria qualidade de consciência, que, de certa forma, é menos desenvolvida do que a dos humanos. Entre os animais há gradações de consciência. Atualmente, por exemplo, sabemos que existem pelo menos nove espécies de animais, incluindo elefantes, macacos, baleias e golfinhos que parecem se reconhecer em um espelho. Muitos animais individuais de uma espécie, embora não todos, passam por um teste de espelho no qual exibem comportamento indicativo de autorreconhecimento. No entanto, outras espécies aparentemente inteligentes, como cães e gatos, não mostram sinais semelhantes de autorreconhecimento quando colocadas em frente a um espelho.

Levando essa noção um pouco mais longe, as árvores não parecem ter nada próximo da qualidade da consciência dos animais – embora tenha havido casos documentados em que árvores ou plantas parecem ter reagido de alguma forma física, mensurável e até observável à presença de certas pessoas ou objetos. Muito menos, presumivelmente, é a consciência possuída por uma pedra.

No entanto, nossa teoria afirma que todos são fenômenos de consciência, alguns muito limitados, como uma pedra experimentando gravidade no nível mais básico e caindo no chão. Claro, a pedra não diz a si mesma: "Oh, eu estou caindo. Eu vou me machucar. O que vai acontecer comigo? O que eu posso fazer sobre isso?"

Podemos assumir que a pedra não tem autoconsciência, nenhuma consciência das consequências da queda, nenhuma consciência da dor e nenhuma escolha, exceto cair de acordo com as leis físicas da natureza – gravidade, neste caso. A pedra simplesmente "sente" a gravidade e o sentimento não é como o de um humano ou de uma entidade orgânica – ou mesmo de uma planta, podemos supor. Deve estar em um nível simples, mecânico, na forma não-humana de "experimentar" a força da gravidade. No entanto, a terra e a pedra, como todo o resto, são feitas de Consciência.

Analogamente, isso é semelhante a dizer que uma cerca, um carro, um avião e um robô podem ser todos, ou em parte, feitos de alumínio. O alumínio é a substância comum de sua composição, mas os objetos em si são radicalmente diferentes em forma, estrutura, propósito e função.

Por que não devemos esperar que exista uma gama infinita de percepção ou Consciência desde a mais simples ("consciência" da atração da lei física) até a mais sofisticadamente complexa: a profunda autoconsciência ou autoconsciência vivenciada pelos seres humanos?

Na verdade, uma complexa entidade ordenada como um ser humano é feita em si de outras entidades mais ou menos complexas, no triplo, composto por seu próprio potencial do Observador, Observação e Observado. Cada uma dessas entidades menos complexas continua desempenhando seus papéis como parte do grupo ao qual a entidade pertence. Pegue o triplo (Jane, vê, seu cão). Parte do processo de ver envolve a luz sendo refletida do cão aos olhos. A córnea, a lente e a retina do olho, o córtex visual e o cérebro são entidades complexas por conta própria. Eles reagem ou detectam a luz cada um à sua maneira.

(Jane, vê, seu cão) acontece por meio da agência de uma gama muito ampla de consciência ou fenômenos conscientes. Estes são significativamente diferentes um dos outros. Para as moléculas da córnea, a luz é um evento eletromagnético. A lente do olho concentra um raio de luz. As células da retina experimentam eventos eletroquímicos. Estes são transmitidos para o córtex visual primário. Nenhum desses, individualmente, percebe um cão, ninguém pode saber o que é um cão, muito menos, de quem o cão é! No entanto, são todos esses eventos trabalhando em conjunto com os mecanismos cognitivos do cérebro que permitem que Jane tenha a experiência de ver seu cão. Jane é um pacote de modos, padrões e redes simples e pequenos, grandes e complexos que a fazem ser quem ela é. São pacotes de perspectivas. Eles continuam mudando a cada experiência. Algumas mudanças são pequenas, outras podem ser grandes e podem criar transformações fundamentais nela. As experiências, pelas quais Jane passa, podem modificar, adicionar, reduzir, desfazer ou refazer todas as suas potencialidades, transformando seu sujeito de observação (*Observerhood*), seu processo de observação (*Observinghood*) e seu objeto de observação (*Observedhood*).

Onde quer que concentremos nossa atenção fica mais forte em nossas vidas. Este é o resultado do reforço de modos, padrões e redes específicas. Toda experiência nos modifica.

O bom momento desfrutado de boas férias de verão é uma experiência de consciência, e não desaparece quando as férias acabam. Ela está integrada em nós e se torna parte de nós, mesmo que, de fato, seja apenas uma pequena perspectiva adicionada a todas as perspectivas que nos fazem ser quem e o que somos.

A Consciência conhece plenamente a si mesma

Temos descrito as perspectivas como emergindo da conceitual relação sujeito-processo-objeto. Agora estamos dizendo que a Consciência Pura pode fazer uma abstração do fato de que cada perspectiva faz parte do grande campo da Consciência e dá ou atribui a cada perspectiva e – cada *bit* de Consciência – sua própria vida independente. Uma coisa é saber que as perspectivas individuais são apenas aspectos do oceano da Consciência e, outra coisa, é ter cada perspectiva apreciada em seu próprio nível como uma entidade totalmente independente.

Uma vez que as perspectivas fazem parte da Consciência Pura e, se a Consciência Pura quer se conhecer plenamente, ela tem que conhecer a totalidade de suas partes. A Consciência Pura, portanto, adota plenamente o ponto de vista de cada uma de suas diversas perspectivas. E, acima de tudo, dá a cada perspectiva sua própria liberdade de perceber e interagir com as outras da melhor forma possível. A liberdade é necessária para a manifestação. Sem liberdade, tudo estaria vinculado e interligado. Todo o campo da existência seria uma entidade, e não muitas. Não haveria pontos de vista diferentes e nenhuma diferença na Consciência.

Há perda de integralidade no envolvimento total com as partes, mas é assim que as partes são experimentadas como reais por si mesmas, em vez de aspectos virtuais do todo.

Na ciência moderna, fazemos isso o tempo todo. Tentamos isolar os componentes individuais de um sistema para entender como eles se comportam. Por exemplo, quando queremos entender como o coração funciona como órgão, temos que estudar as diferentes células cardíacas, como células musculares e nervosas, e suas características como células independentemente do tecido, órgão ou organismo ao qual pertencem. Caso contrário, existem muitas variáveis e não podemos dizer com precisão o que faz o quê, e o que exatamente leva ou cria o quê.

Ao isolar uma parte e, assim, separá-la de todas as outras partes, sentimos que podemos compreender a natureza dessa parte em si mesma, e como ela se comporta por si mesma. Em seguida, tentamos juntar as partes para criar uma compreensão da totalidade, novamente.

Ao olhar para suas "partes" como entidades independentes, a Consciência Pura se conhece a si mesma mais plenamente. É importante, no entanto, notar uma diferença fundamental entre a analogia do coração e a Consciência Pura no reino do Imanifesto.

As diferentes células e tecidos do coração se unem para fazer um coração. O coração não pode existir sem suas partes, mas suas partes podem existir sem se reunir para criar um coração. Com a Consciência Pura é o contrário. A Consciência Pura é primária e suas partes (suas perspectivas) não podem existir sem ela.

Uma pedra reagindo à gravidade é uma perspectiva de uma pedra sobre a gravidade. O fato de detectar a gravidade e responder a ela é uma percepção da gravidade, embora muito estreita, muito limitada, quase não-percepção. A perspectiva da pedra seria um exemplo do que chamamos de "perspectivas estreitas".

A Consciência, em suas perspectivas mais limitadas, específicas e estreitas, assume esse tipo de percepção – ou podemos dizer – adota esse tipo de perspectiva. Na outra extremidade do espectro há a perspectiva Última do conhecimento supremo e da compreensão de tudo o que existe e sempre existirá sobre a vida, a vida e a não-vida, a criação, a manifestação, a dissolução, e todos os segredos do universo e de todos os universos, todas as possibilidades, virtuais, reais, imaginárias, e assim por diante, em uma percepção simultânea holística. No meio, entre esses extremos, há gatos e cães, humanos, árvores, planetas, e assim por diante. As perspectivas humanas fazem parte do conjunto de perspectivas mais complexo e sofisticado.

Uma perspectiva humana pode ser um sentimento de alegria, tristeza, dor, prazer, esperança ou amor. Pode ser uma opinião sobre o capitalismo, o comunismo, o Islã ou o Budismo, ou o sabor de um morango, salgado, doçura, e assim por diante. As perspectivas humanas são complexas e variadas. Algumas são mais estreitas do que outras, como "sinto sede", enquanto outras são mais amplas, como, "Eu tenho um plano para criar a paz mundial". Algumas perspectivas são complexas e emanam de muitas perspectivas se unindo. É preciso, por exemplo, muitas perspectivas celulares, elétricas, químicas, biológicas, fisiológicas, mentais e intelectuais para poder dizer: "eu vejo uma flor".

A manifestação é, portanto, uma experiência relativa. Depende de quem está experimentando o quê. É relativo ao triplo de Observador, Processo e Observado. Sujeitos e objetos são vários aspectos da Consciência. Os processos de Consciência são formas em que a atenção de diferentes sujeitos pode cair sobre vários objetos. A junção de sujeitos, processos e objetos são os *bits* de Consciência que permitem aos sujeitos concluir que os objetos são reais e existem em um Universo manifesto.

PLENITUDE
Consciência Pura
UNIDADE

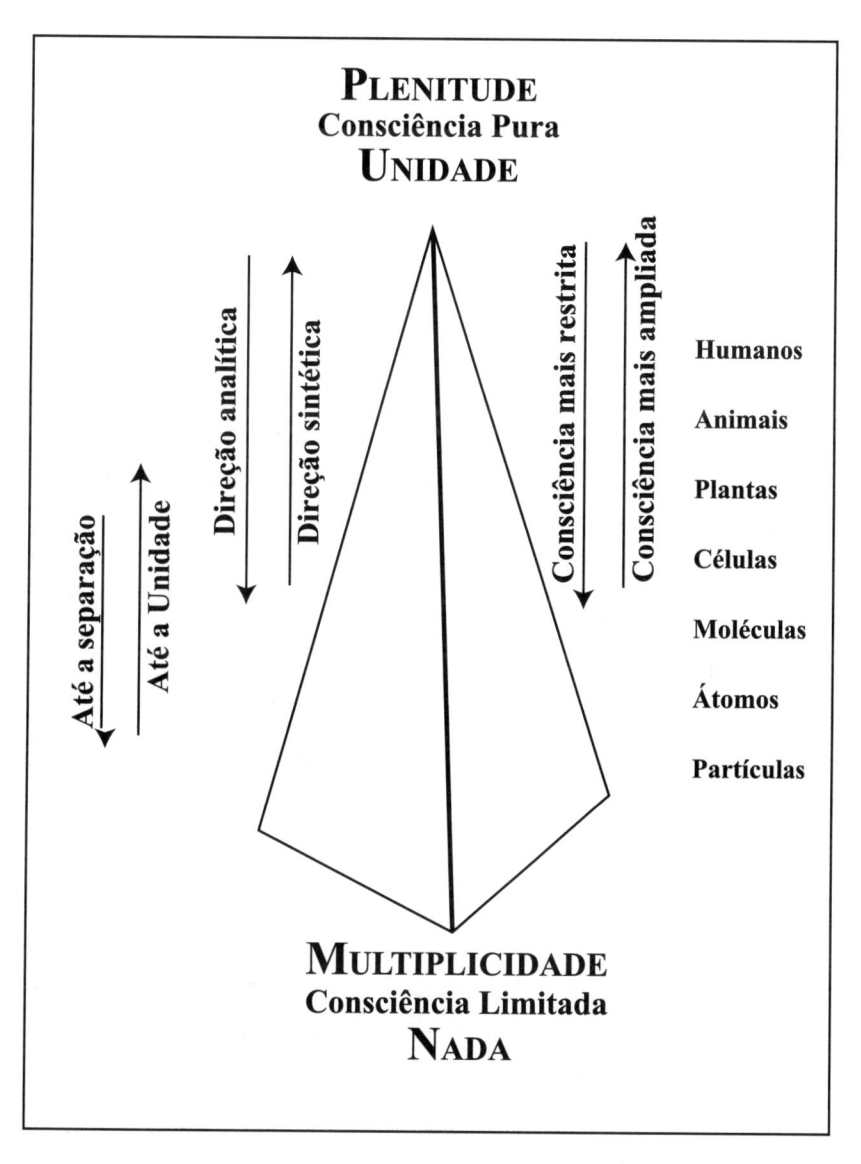

Direção analítica → (Até a separação)
Direção sintética → (Até a Unidade)

Consciência mais restrita
Consciência mais ampliada

Humanos
Animais
Plantas
Células
Moléculas
Átomos
Partículas

MULTIPLICIDADE
Consciência Limitada
NADA

Este gráfico ilustra as jornadas analítica e sintética. Há plenitude de Consciência Pura como Singularidade no topo da pirâmide. Gradualmente, a Consciência é cada vez mais limitada, mas surgem gradativamente várias perspectivas múltiplas que formam o corpo da pirâmide. Eles permanecem virtuais no Absoluto, mas se tornam reais como partículas, átomos, moléculas... no Manifesto. Além das perspectivas mais limitadas, na base da pirâmide está o Nada, o conceito de não consciência.

Capítulo 16

Como a Consciência se manifesta como o Universo

Deve haver explicações plausíveis de como a Consciência realmente surge como o universo e tudo o que há nele. À medida que nos aprofundamos na manifestação e no surgimento do universo físico, temos que ser capazes de dar interpretações lógicas de como tudo aconteceu.

Como o movimento, forças, energia, frequência, comprimento de onda, partículas, atração e repulsão emergem e tomam forma? O que leva à ordem, entropia, leis termodinâmicas, matéria física e a totalidade da criação e evolução? Inúmeros detalhes precisam ser elucidados. Neste, e nos capítulos seguintes, olhamos para os prováveis mecanismos fundamentais pelos quais a consciência única se torna muitas forças, partículas, matéria física e todo o universo.

Fundamentos imutáveis

Seja se consideramos o Imanifesto ou o Manifesto, existem alguns fundamentos que permanecem verdadeiros, sob todas as circunstâncias. Como lembrete, destaco alguns desses abaixo:

1. Tudo é Consciência.
2. "Ser" é "ser consciente".
3. "Não-consciência" é "Nada".
4. "Existir" é ser observado como um objeto por um sujeito através de um processo.
5. Objetos existem apenas para os sujeitos que os observam.

6. O triplo (sujeito, processo, objeto) é definido como um "*bit* de Consciência".
7. Um "*bit* de Consciência" é uma única perspectiva da consciência.
8. Apenas um "*bit* de Consciência" pode ser descrito como real. Todo o resto é virtual.
9. Sujeitos, processos e objetos fora do "*bit* de Consciência" são, portanto, virtuais.
10. Um "*bit* de Consciência" que é instantaneamente aniquilado por um "*bit* de Consciência" igual e oposto é considerado virtual.
11. As "jornadas analíticas adiante" e as "jornadas sintéticas de retorno" operam nos reinos Imanifesto e Manifesto. A correlação infinita com o equilíbrio geral é mantida no imanifesto e no manifesto.

Diferenças entre Imanifesto e Manifesto

Abaixo estão algumas das notáveis diferenças entre o Imanifesto e o Manifesto:

1. O Imanifesto opera em velocidade infinita; o manifesto opera em velocidades finitas.
2. O Imanifesto é virtual; o manifesto é real.
3. No Imanifesto, o surgimento e submersão das perspectivas (*bits* de Consciência) é perfeitamente ordenado; no manifesto há infinitas sequências individuais e agrupamentos de perspectivas que podem ser ordenadas, desordenadas ou caóticas.
4. No Imanifesto, a "Unidade" predomina. É a Consciência Pura conhecendo a si mesma através da exploração de suas próprias perspectivas diferentes. No Manifesto, múltiplas individualidades dominam e cada uma delas está em um caminho para a realização da totalidade – da unidade!

5. No Imanifesto, a "Jornada analítica adiante", da plenitude ao Nada, acontece ao mesmo tempo que a "jornada sintética de retorno", do nada de volta à plenitude. A manifestação começa do Nada e prossegue por um número infinito de rotas possíveis de ida e volta, vacilações sintéticas e analíticas.
6. O fluxo do processo analítico de um para muitos no Imanifesto mostra partes (perspectivas) emergindo da totalidade. O fluxo do processo sintético no Manifesto é uma construção gradual de uma totalidade cada vez maior – as partes se unem para criar uma totalidade que é mais do que a soma de suas partes.
7. O Imanifesto tem plena consciência ilimitada; o Manifesto tem um número infinito de qualidades individuais separadas e quantidades de Consciência.
8. O Imanifesto está além do tempo e do espaço; o Manifesto acontece no tempo e no espaço.
9. Para o Imanifesto, o físico e o material não são nada além de consciência. No Manifesto, a Consciência pode ser assumida e experimentada de inúmeras maneiras, do Nada a tudo.
10. No Imanifesto, o "Conceito de Nada" existe como uma entidade virtual, mas não se pode dizer que "Nada" existe. Para o Manifesto, tanto o "conceito de Nada" quanto o "Nada" podem parecer existir.
11. O Imanifesto é um campo de todas as possibilidades: sempre aqui e sempre agora. O Manifesto tem possibilidades individuais com restrições no espaço e no tempo.

À medida que fazemos a transição do Imanifesto para o Manifesto, é importante lembrar também que, no Imanifesto, cada uma das infinitas possibilidades de perspectivas tem seu valor igual e oposto coexistindo simultaneamente com ela.

Para cada onda subindo, há uma onda descendo. Cada partícula tem sua antipartícula. Cada impressão tem sua impressão oposta. Cada carranca tem um sorriso. Cada dor tem uma alegria. Cada separação tem seu reencontro. Todas as possibilidades estão no Imanifesto como entidades virtuais, além do tempo e do espaço. São virtuais, não apenas porque são perspectivas, e, portanto, são fenômenos da Consciência, mas porque coexistem simultaneamente, sem separação entre si e, assim, tendo cada um seu oposto, se aniquilam umas às outras.

Também é importante ter em mente que, quer estejamos no Imanifesto ou no Manifesto, os sujeitos, processos e objetos são entidades da Consciência. Eles podem ser aspectos minúsculos e limitados da consciência ou aspectos amplos e holísticos da Consciência.

Um elétron que detecta um campo eletromagnético é, em nosso modelo, um aspecto minúsculo e estreito da consciência tornando-se ciente (sentindo) de outro aspecto da consciência – o campo magnético. A experiência da gravidade, por exemplo, seria outro modo de Consciência.

Portanto, quando eu uso o termo "objeto" em qualquer lugar neste texto, significa um aspecto da Consciência que está sendo percebido como um objeto por outro aspecto da Consciência (um sujeito) por meio de um processo (ainda outro aspecto da Consciência). Estou enfatizando isso porque, à medida que entramos no campo do Manifesto, pode haver uma tendência de pensar que os objetos físicos e materiais são essencialmente diferentes um do outro. Eles são diferentes superficialmente, mas fundamentalmente são expressões da mesma Consciência!

Consciência e atenção são quantificáveis e qualificáveis

Direcionar a consciência para um objeto ou outro é o que definimos como "atenção". É o processo de um observador se aproximar de um objeto e, em seguida, mudar a consciência para outro objeto. É isso que permite o surgimento de várias perspectivas.

Como veremos, para que a manifestação aconteça, é necessário que o deslocamento da atenção de um objeto para outro (passando de uma perspectiva para outra) aconteça em velocidades finitas. Antes de entrar em "por que" e "como" isso acontece, vejamos "o que" acontece e "o que" se manifesta.

Todas as expressões físicas, materiais, mentais, emocionais, sociais e espirituais são manifestações da consciência. São as várias perspectivas da consciência se conhecendo de diferentes pontos de vista.

Olhando para o mesmo objeto, um observador com uma consciência limitada pode vê-lo de um ponto de vista estreito, enquanto outro observador com uma consciência superior e mais ampla pode vê-lo de um ponto de vista ou perspectiva mais amplo e inclusivo. Para alguém, o sol se move no céu de leste a oeste; para outro, é a Terra girando em torno de seu eixo e criando essa percepção ilusória. As perspectivas se manifestam como um número incontável de qualidades específicas com valores específicos.

Uma grande rocha exerce mais força gravitacional do que uma pequena pedra feita dos mesmos elementos minerais. Nesse caso, a Gravidade seria a qualidade da percepção ou atenção dirigida da rocha e da pedra. A força do potencial gravitacional da rocha e da pedra são suas respectivas habilidades de chamar a atenção. Elas compartilham uma qualidade semelhante de atenção – a gravidade –, mas têm diferentes pontos fortes de atenção e capacidade de chamar a atenção.

Várias qualidades e quantidades mais ou menos sofisticadas e complexas de percepção e atenção se manifestam como gravidade, eletricidade, química, biologia, psicologia, espiritualidade e assim por diante.

Portanto, em nosso modelo, a atenção pode ser qualificada e quantificada. A qualidade da atenção depende da complexidade e ordem das perspectivas subjacentes. A quantidade da atenção que um objeto pode atrair depende, principalmente, do número de elementos que se juntam para criar o objeto específico. Consciência e percepção no universo manifesto não são, portanto, fenômenos vagos, não-quantificáveis, de tudo ou nada. Se alguém perguntasse, *como você pode quantificar ou qualificar a Consciência?* A resposta está nas várias qualidades e quantidades de Consciência observadas em nosso universo. Da mesma forma que as coisas têm certos pesos, ou características elétricas e magnéticas, dizemos que "coisas", objetos, árvores, animais, pessoas e similares, têm certas capacidades e qualidades de consciência ou atenção. E, de fato, fenômenos como peso, ou atração e repulsão elétrica, entre muitos outros, são, eles próprios, manifestações das várias qualidades e quantidades de percepção e suas interações nos caminhos sintéticos e analíticos.

A pedra "detectando" a gravidade é a percepção da gravidade pela pedra. Obviamente, a pedra não parece ter autoconsciência, não tem noção do que é a gravidade ou como funciona, e não tem capacidade de escolher um curso de ação. Mesmo assim, descrevemos como consciência (embora extremamente estreita e limitada) o fato de que a pedra detecta a gravidade e responde a ela (embora, novamente, ela não tenha escolha).

Quais são as menores quantidades de Consciência? Isso seria o que os físicos chamam de partículas elementares. Elas também podem ter diferentes qualidades ou cores de Consciência, que podemos designar como as quatro forças da natureza, sendo elas a gravidade, a força fraca, a força forte e o eletromagnetismo.

Em vários níveis de Consciência, pode-se dizer: ele tem um nível iluminado de Consciência de Unidade, ou ele está em um estado de Consciência de sono profundo, ou está dormindo como uma pedra, ela agiu como uma criança hoje, ele tem um coração feito de pedra. Todos esses, representam descrições de qualidades e quantidades de Consciência. É como dizer, em termos de peso, que a maçã pesa 80 gramas. A consciência no universo manifesto é quantificável e qualificável.

Ampliando e elevando a própria consciência

Vários tipos de perspectivas, que se unem de maneira ordenada, criam perspectivas mais novas que são mais abrangentes e, portanto, têm uma percepção mais ampla com uma compreensão mais ampla.

Como sabemos, agrupamentos ordenados de partículas e átomos podem levar a moléculas complexas, células, tecidos e órgãos. Eles têm maneiras básicas de interagir uns com os outros, incluindo forças elétricas e gravitacionais, mas também interações estruturais, químicas e biológicas superiores, resultantes de sua complexidade e ordem. Estruturas mais complexas e ordenadas podem "estar mais cientes de" e "compreender" mais.

Isso é o que acontece na direção sintética da base para o topo da pirâmide, de elementos simples a entidades ordenadas complexas. Em termos gerais, portanto, à medida que avançamos no caminho sintético, em direção aos níveis mais elevados da pirâmide, dois mecanismos estão em jogo: maior variedade e complexidade de perspectivas e maior ordem.

A exposição repetida a novas perspectivas as consolida, permitindo ao observador ver a realidade de um ponto de vista mais abrangente. À medida que se tornam mais organizadas e ordenadas, o nível de Consciência se eleva. É assim que a experiência e o conhecimento enriquecem a Consciência e ampliam a perspectiva. Quanto mais alto você sobe na pirâmide, mais complexa e ordenada é a qualidade da atenção.

Isso pode variar de simples tipos de atenção elétrica e gravitacional a níveis complexos e elaborados de percepção, como a capacidade de compreender intrincados fatores sociais, econômicos e culturais; experimentar compaixão, amor e devoção; sondar o funcionamento do universo e se esforçar para compreender a verdadeira natureza das coisas.

Esses valores mais elevados de Consciência emergem em todo o espectro de criação e manifestação. A consciência, em si, permeia tudo e não é uma qualidade emergente. Mesmo assim, há um aumento gradual na qualidade e quantidade da consciência à medida que a evolução no universo manifesto prossegue. É como um sol eclipsado que é gradualmente revelado, fóton por fóton, onda por onda, até que o sol pleno seja experimentado quando a lua tiver passado completamente.

A qualidade e a quantidade de um estado de atenção específico são determinadas não apenas pela qualidade e quantidade dos elementos básicos que se juntam para constituir a perspectiva específica correspondente, mas também por como eles são arranjados, pela estrutura que criam coletivamente. Quanto mais diversidade, complexidade e ordem na estrutura, maior é o potencial para uma qualidade mais rica e ampla de Consciência e, portanto, de atenção.

O termo "ordem" é usado aqui como uma medida da extensão em que um arranjo específico – dentre todos os arranjos possíveis para um conjunto de elementos – leva a uma expressão maior ou menor da natureza última da totalidade, o grande campo da Consciência.

O arranjo que leva a uma perspectiva mais rica tem o maior nível de ordem. Quanto mais estreita for a perspectiva, menor será o grau de ordem. Definimos as perspectivas mais altas como estando mais acima na pirâmide e, portanto, tendo um ponto de vista mais amplo e completo sobre a realidade última e estando mais perto da verdade última. Isso é o que chamamos de Consciência superior ou inferior.

A consciência humana experienciando a Consciência Pura

A esse respeito, podemos perguntar como é feita a consciência humana ou como ela surge. A resposta é que sua consciência é uma coleção de muitas perspectivas organizadas de maneira ordenada.

Isso inclui as perspectivas de cada uma de nossas partículas, átomos, moléculas, células, agrupamento de células e sua montagem coletiva em órgãos, sistemas de órgãos e, finalmente, o corpo humano inteiro. O corpo humano é, portanto, um conjunto muito complexo e ordenado de perspectivas individuais.

Portanto, sim, de fato, se modificarmos essas perspectivas, podemos mudar a consciência geral do indivíduo. Alguns distúrbios, como ferir o dedo, têm influências muito pequenas na qualidade e quantidade geral da percepção. Outros, como danos ao cérebro ou ao sistema nervoso, podem levar a mudanças substanciais na percepção. Isso não significa que o sistema nervoso seja uma entidade física independente que cria a Consciência.

A Consciência é tudo o que há. A Consciência Pura permanece inalterada. Em seus vários papéis, entretanto, ela aparece como células, tecidos, órgãos etc. E, dependendo de sua complexidade e ordem, você obtém níveis superiores ou inferiores de Consciência. A evolução de espécies inferiores para espécies superiores tem tudo a ver com elevar a Consciência. Por meio da jornada sintética, a adição de perspectivas mais amplas e sua organização aprimorada no que se manifesta como estruturas físicas complexas eleva a Consciência em direção ao topo da pirâmide.

Os humanos evoluíram a um ponto em que têm a capacidade de vivenciar diretamente a Consciência Pura. Isso significa que a estrutura humana (a complexidade e ordem da anatomia, fisiologia, mente e intelecto humanas) está em um nível tão alto que pode sondar o nível mais alto da pirâmide.

A consciência humana pode ir além (transcender) as limitações de pensamentos específicos e experimentar a totalidade. Em vez de uma abordagem fragmentada para elevar a consciência, a mente humana pode experimentar diretamente a Consciência Pura mergulhando para dentro em direção ao Ser final – o Ser de todos e de tudo.

Existe uma técnica que nos permite realizar facilmente essa experiência. Ela vem da antiga tradição védica e foi popularizada por Maharishi Mahesh Yogi como uma técnica para transcender – Meditação Transcendental®. Ao permitir a experiência direta da Consciência Pura, a Meditação Transcendental® se torna um atalho para expandir espontaneamente a consciência na direção da Consciência de Unidade.

Forças do Manifesto

A força fundamental subjacente a todas as forças no universo manifesto vem da natureza da Consciência Pura – que é *ser consciente*. Ter consciência de si mesmo é conhecer a si mesmo. O autoconhecimento é a força motriz espontânea, inerente e automática, definitiva dentro da natureza do Ser.

Como vimos, isso "começa" como uma jornada analítica adiante (conhecimento das partes) e "continua" com a jornada sintética de retorno (conhecimento da totalidade). A jornada analítica se manifesta como forças que separam, dividem e repelem. Essas forças desempenham um papel significativo na entropia. A jornada sintética se manifesta como forças que se combinam, unificam e atraem. Essas desempenham um papel na montagem de estruturas cada vez maiores.

Ambos os tipos de forças – a atrativa e a repulsiva – agem juntas para manter o equilíbrio e criar estruturas cada vez mais ordenadas em direção à totalidade. Como veremos, se na jornada sintética são feitos agrupamentos desordenados, as forças analíticas atuam para desmontá-los a fim de permitir que sejam remontados em estruturas mais ordenadas.

Além disso, as forças analíticas (forças que se separam) são importantes para a manifestação porque mantêm separados aspectos iguais e opostos, de modo que não se aniquilem. As forças que separam são, portanto, contribuintes fundamentais inesperados para a criação e a manifestação. Sem eles, o universo desapareceria rapidamente em uma grande crise.

Há um modelo e design perfeitos no Absoluto imanifesto que serve como um guia. No Manifesto, entretanto, como veremos, há liberdade e os vários degraus em direção ao topo da pirâmide podem estar sujeitos a tentativa e erro. As direções evolutivas mais elevadas em direção ao topo da pirâmide, em qualquer caso, fornecem mais satisfação, porque há expansão da Consciência, o que significa um maior conhecimento e se aproximar da autorrealização final – a compreensão de que eu sou Consciência Pura e a Consciência é tudo o que há. A maior realização serve como uma força motivadora que favorece a ascensão na pirâmide. É essa força que impulsiona os humanos a querer mais de tudo – por exemplo, mais compreensão, mais conhecimento, mais amor, mais felicidade, mais realização.

Capítulo 17

Relatividade Universal

Um dos requisitos fundamentais para que as perspectivas se manifestem como entidades autônomas é que as perspectivas iguais, mas opostas, sejam separadas umas das outras, para que não aniquilem uma à outra.

Se um gato específico é concebido como vivo e morto ao mesmo tempo, então o gato é virtual e não real. Seria uma entidade não manifestada e não observada, em vez de um gato real manifesto. O Imanifesto, como discutimos anteriormente, é um campo de infinitas possibilidades virtuais coexistentes onde há o gato morto e o gato vivo, e não há contradição.

No Imanifesto, o deslocamento da atenção de uma perspectiva para outra acontece em velocidade infinita, portanto, todas as possibilidades são percebidas simultaneamente. Nessa simultaneidade, todos os opostos se aniquilam um ao outro e nada pode se manifestar. A velocidade infinita no deslocamento da atenção é, portanto, incompatível com a manifestação.

Podemos afirmar sumariamente que a manifestação requer atenção para passar de uma perspectiva a outra a uma velocidade menor que infinita e maior que zero.

Uma vez que o Absoluto opera a uma velocidade infinita, ele tem que desacelerar para ser capaz de experimentar suas perspectivas (suas próprias partes inerentes) em seus níveis individuais, sem que o oposto de cada perspectiva a aniquile instantaneamente. Ao desacelerar, ele dá um salto do reino imanifesto, onde predomina o infinito, para a manifestação onde predominam quantidades específicas e números contáveis.

Velocidade da mudança da atenção

Para experimentar coisas diferentes ou assumir papéis diferentes no reino manifesto, nossa atenção muda de uma perspectiva, uma observação, um objeto ou um papel para outro sequencialmente a uma velocidade que é menos que infinita.

É por isso que, por exemplo, quando examinamos a emergência de todas as possibilidades no Imanifesto como uma cascata de perspectivas, seguimos uma sequência de lógica. Nosso intelecto requer uma análise sequencial e é por isso que devemos ir passo a passo. Tivemos que mudar nossa atenção de uma consideração para a outra, de uma perspectiva para a outra.

Como resultado, é possível ficar com a impressão de que as perspectivas individuais no imanifesto surgem em sequência. Seria como olhar uma paisagem a uma grande distância e depois examiná-la cada vez com mais detalhes.

Nossa primeira perspectiva seria de toda a paisagem, mas então, mudamos nossa atenção para os prédios, depois para as árvores, depois para as estradas e, se olharmos mais de perto, poderíamos ver as pessoas, os carros, os animais etc. Com mais atenção aos detalhes do que constitui a paisagem, poderíamos deslocar nossa atenção para os blocos de construção menores, como os tijolos e argamassa dos edifícios, ou mesmo para as moléculas mais finas, os átomos e as partículas elementares. Isso acontece em sequência.

No reino Imanifesto, entretanto, a Consciência Pura analisa todas as suas perspectivas ao mesmo tempo. Ela vê a totalidade e vê todos os detalhes, bem como as diferenças entre esses detalhes, tudo de uma vez. Para poder conceber essa simultaneidade com nosso quadro de referência humano, dizemos que a Consciência Pura move ou desvia sua atenção de uma perspectiva para outra em uma velocidade infinita. Com velocidade infinita, nenhum tempo passa para ir de uma coisa à outra – tudo é, portanto, simultâneo.

Causalidade

À medida que a velocidade do fluxo de atenção diminui, diferentes universos surgem. Esses diferentes universos terão diferentes fatores limitantes, constantes e semelhantes. Pode haver um número infinito de universos, cada um com suas próprias características intrinsecamente únicas.

Movimento e velocidade em qualquer universo são quantidades específicas. Essas velocidades de atenção (ou percepção direcionada) específicas, menos que infinitas, colocam limites na rapidez com que um observador e um objeto podem se aproximar. Como a realidade depende da união de um observador e um observado, esse limite de velocidade influencia o que "causa" a realidade.

Velocidades limitadas de atenção são, portanto, os limites da causalidade. Eles se tornam os fatores definidores para diferentes realidades em diferentes universos. Eu uso o termo "causalidade" para me referir a causa e efeito no contexto do surgimento de nosso universo manifesto. O que faz com que nosso universo surja como surge são as velocidades limitadas de atenção e, de fato, essas limitações na velocidade de movimento da atenção tornam-se os fatores determinantes de todas as interações.

No Manifesto, não é apenas o que aparece como eventos físicos que têm limites de velocidade. A percepção humana, por exemplo, só pode se mover a uma certa velocidade ao examinar vários objetos. Existe um limite para a rapidez com que tudo pode acontecer. Empurrar uma porta, para abri-la, é uma ação física. Parece-nos que a porta se abre instantaneamente quando a empurramos.

Na verdade, há um lapso de tempo imperceptível entre o momento em que empurramos a porta e o momento em que ela começa a se abrir. Mesmo que houvesse algo que pudesse teoricamente empurrar a porta perto da velocidade da luz, ainda haveria um limite na rapidez com que a porta se abriria devido aos limites de quão rápido os átomos e moléculas da porta podem se tornar "cientes" da força agindo sobre eles, um limite em quão rápido eles podem transmitir essa força um ao outro e um limite na velocidade em que eles podem se mover.

Em nosso universo específico, esse limite é de aproximadamente 300.000 km/s (186.000 mi/s), que é a velocidade da luz no vácuo. Em nosso modelo, esse limite é definido pela velocidade mais alta possível do movimento da Consciência em nosso próprio universo.

É isso que limita a velocidade da causalidade. Este limite define as propriedades e características do vácuo (como a permeabilidade do vácuo) e do espaço/tempo. É esse limite que define as características do vácuo, e não o próprio vácuo que define a velocidade da luz e os parâmetros de causalidade. Este limite de velocidade não pode ser excedido, mas velocidades mais baixas em relação ao espaço e ao tempo são possíveis.

Em outros universos, pode haver limites de velocidade mais altos ou mais baixos, levando a diferentes condições de surgimento, manifestação e evolução. Isso poderia incluir, em outros universos, diferentes realidades com diferentes leis e conceitos de espaço e tempo. Em outras palavras, é a Consciência fluindo a velocidades limitadas que define a velocidade da causalidade.

A velocidade limitada de causalidade permite a manifestação e define os parâmetros da realidade, incluindo espaço/tempo. Em velocidade infinita, tudo é instantaneamente combatido e aniquilado, não permitindo que nada se manifeste. O Nada, o vazio, o silêncio e os vácuos de todos os universos possíveis podem ser fundamentalmente os mesmos.

O que diferencia um universo de outro não é o vazio, mas a velocidade da atenção que estabelece os limites da causalidade dentro do vácuo de cada universo. Cada universo, portanto, tem um aspecto absoluto e um aspecto relativo. Todos os universos compartilham "o Absoluto" como um aspecto subjacente comum, enquanto cada universo tem uma velocidade particular de causalidade que lhe confere seu caráter "relativo" específico.

Espaço e tempo

Não podemos apreciar totalmente a velocidade e o universo manifesto sem abordar as noções de tempo e espaço. O espaço e o tempo não são as entidades fixas absolutas que imaginamos que sejam, com base em nossa experiência diária.

No modelo que estamos discutindo, ambos são conceitos relativos que dependem do estado de consciência do observador e da velocidade com que o observador muda a atenção de uma perspectiva para outra.

Em velocidade infinita no Absoluto, não há espaço ou tempo. Para humanos operando em um nível clássico, dois ou mais objetos não podem ser considerados objetos diferentes, se ocuparem exatamente o mesmo espaço ao mesmo tempo. Você não pode colocar muitas pessoas na mesma cadeira ao mesmo tempo, mas elas podem se sentar na mesma cadeira em momentos diferentes. Claro, elas também podem sentar-se em cadeiras diferentes (espaços diferentes) ao mesmo tempo! Para que dois ou mais objetos coexistam ao mesmo tempo no nível clássico, é necessário espaço. Para que dois ou mais objetos ocupem o mesmo espaço, é necessário tempo.

Existência, Nada e plenitude

As lacunas são o que separam os objetos uns dos outros. A manifestação para observadores humanos no estado de Consciência de vigília depende, portanto, de lacunas.

As lacunas entre os objetos permitem que os objetos sejam experimentados como entidades independentes, ao mesmo tempo separados por lacunas de espaço, ou no mesmo espaço separados por lacunas de tempo. Mas as lacunas não são nada e não contêm nada! "Nada" significa não-consciência.

Visto que a Consciência é tudo o que há, não existem lacunas no Imanifesto Absoluto. No reino do Manifesto, no entanto, o "conceito de Nada" pode existir e o "Nada" pode aparecer como se existisse. Paradoxalmente, portanto, "adotar" ou "aceitar a ilusão", "convencer-se" ou "assumir" que o Nada realmente existe é um pré-requisito para a manifestação de objetos como entidades independentes no nível clássico de observação. O nível clássico é um nível relativo de percepção, um tipo de perspectiva.

Isso é paradoxal porque o "Nada" é o único conceito que representa "aquilo que não é" – "não-consciência" – e, ainda assim, é um pré-requisito fundamental para a manifestação. É importante notar que usei os termos "conceito de Nada" e "Nada aparece como se existisse". Isso ocorre porque, quando olhamos com atenção, descobrimos que não há existência real de nada, nenhum vazio real.

- O observador assume uma perspectiva na qual não estaria observando Nada. Não é, portanto, um estado de vazio total porque existe um observador!
- Sem o observador, o conceito de nada não pode ser considerado.
- O observador é a testemunha silenciosa, e ele está lá. Ainda podemos dizer que nenhum objeto está lá, mas temos que reconhecer que o observador silencioso está lá. A Consciência está, aí, entretendo o conceito de Nada.

Como você deve se lembrar, no capítulo 7, no qual revisamos alguns aspectos relevantes da física e cosmologia, discutimos brevemente a mecânica quântica, a Teoria Quântica de Campos e o colapso da função de onda.

Agora estamos afirmando que o Manifesto ou realidade é quantizada porque é feita de perspectivas individuais (*bits* de Consciência individuais). A razão pela qual qualquer observador humano percebe a realidade como feita de objetos separados é porque a realidade manifesta é feita de fragmentos separados de consciência. A atenção no Manifesto se move de uma observação para outra em uma velocidade finita, inserindo lacunas conceituais de espaço e/ou tempo entre uma observação e outra.

Portanto, no Imanifesto, as perspectivas permanecem virtuais e permanecem fora dos conceitos de tempo e espaço. Não há colapso da função de onda universal ou de qualquer função de onda individual. A manifestação, por outro lado, é uma percepção na qual algumas das infinitas perspectivas virtuais são vistas como entidades individuais separadas umas das outras e, para a maioria dos observadores, também são vistas como separadas da Consciência Pura.

Para os observadores, no universo manifesto, é como se a função de onda colapsasse e os objetos começassem a existir como entidades separadas localizadas no espaço e no tempo. Isso é diferente da chamada Interpretação de Copenhagen, que assume que o observador é o responsável pelo colapso da função de onda.

No modelo que estou descrevendo, o observador só é capaz de experimentar um aspecto específico do objeto e de uma maneira específica. O observador conclui, então, que o objeto é, em essência, o que ele observa. O observador se ilude por ignorar o fato de que a observação é apenas isso – uma observação que é subjetiva (autorreferência) e que depende do observador, assim como do processo, tanto quanto do objeto.

A realidade foi descrita em muitas filosofias diferentes como sendo uma ilusão. Na antiga literatura védica, o termo *Maya* significa ilusão e o universo foi descrito como sendo *Maya*.

Uma interpretação comum é que os objetos não existem realmente, que tudo, todos os objetos não são nada; que eles são apenas uma ilusão porque não há nada que exista. Na verdade, deveria ser o contrário. A ilusão está em afirmar que o "Nada" é real e que o "Nada" existe, ao passo que, na verdade, tudo é plenitude; tudo é Consciência.

Tudo é, em essência, Consciência Pura – plenitude. Não existe uma coisa que seja nada. De uma perspectiva física material, a Consciência é percebida como se fosse nada ou Nada; da verdadeira perspectiva da realidade última, a Consciência é tudo. Consciência é plenitude.

Distância no espaço e comprimento de tempo

Quando dizemos que "a velocidade é a distância por unidade de tempo", presumimos que a distância e o tempo são fixos e primários, enquanto a velocidade é um fator de quanto tempo leva para cobrir uma certa distância.

A velocidade, no entanto, em nosso modelo, é primária, e definimos distância e a passagem do tempo como perspectivas cujas dimensões dependem da velocidade. Cálculos e observações científicos modernos, como na relatividade especial, mostram, de fato, que a distância e o tempo dependem da velocidade. Com velocidade mais alta, por exemplo, a distância parece se contrair e o tempo se dilatar.

Normalmente dizemos que quanto maior a distância entre os objetos, mais fracas são suas interações. No entanto, em nosso modelo, também estamos revertendo essa explicação para sugerir que, quanto mais fraco o potencial de interação entre dois objetos, mais distantes um do outro eles nos parecem para nós, como humanos.

A distância, portanto, nada mais é do que a maneira como a percepção percebe o potencial ou a probabilidade de interação entre dois ou mais objetos. Por exemplo, diz-se que as forças de atração ou repulsão entre dois ímãs diminuem à medida que a distância entre eles aumenta.

Geralmente, assumimos que a distância é primária e, à medida que aumentamos a distância, as forças relevantes diminuem. Estamos agora afirmando que é o contrário. À medida que as forças de atração diminuem, os objetos nos parecem cada vez mais distantes uns dos outros. Portanto, propomos definir distância de uma forma radicalmente nova. É uma percepção da força da probabilidade de interação entre duas entidades.

Essa probabilidade é experimentada pelos humanos no nível superficial de percepção como distância física. Se você segurar dois ímãs com polos opostos, um em cada mão, e colocá-los juntos, eles se atraem fortemente. Eles têm interação máxima e a distância entre eles parece ser zero. Agora, comece a separá-los e você sentirá cada vez menos força de atração conforme a distância entre eles aumenta. Você conclui que ao aumentar a distância, a atração diminui e a força que você precisa exercer também diminui proporcionalmente.

Mas pode ser o contrário. Quando você diminui a atração entre os dois ímãs, a distância entre eles parece ter aumentado. Isso é muito radical e contraintuitivo e pode parecer ultrajante, principalmente porque quando você separa os dois ímãs, você pensa que para diminuir a interação entre eles, você precisa criar uma lacuna maior.

Se tudo fosse interagir completamente com todo o resto, no mesmo espaço e tempo, nada pareceria existir. Para os humanos, em um nível clássico de realidade, não haveria manifestação. A separação é necessária para perceber a existência individual como real. Precisamos de nosso lugar e nosso espaço. Queremos tudo e todos em seus lugares! Isso é reconfortante porque nosso espaço garante que nossa existência seja protegida, que possamos existir como entidades separadas e independentes.

Se os dois ímãs foram gerados por uma corrente elétrica que para repentinamente enquanto você os separava, e a força que você estava exercendo para puxá-los for mantida de alguma forma, a separação entre eles continuará aumentando a uma velocidade proporcional à força exercida no momento que a corrente elétrica é interrompida. Neste ponto, eles não são mais ímãs, mas a distância relativa entre eles continuará a ser determinada por quaisquer forças que estejam agindo sobre eles.

Em nosso modelo, portanto, como a consciência é primária, a distância não é real. A distância é uma percepção. Em essência, não há lacuna. Acontece que separamos objetos perceptivamente por lacunas, localizando-os no tempo e no espaço e os vemos como entidades com existência independente, cujas forças relativas de interação nos aparecem enquanto distâncias no espaço, e cujas sequências relativas de interação nos aparecem como comprimentos de tempo.

O Nada, o Big Bang e o vácuo

Em nosso modelo, a evolução no espaço-tempo começa no final da jornada analítica e no início da jornada sintética, quando o Absoluto Pessoal postula o "Nada". Nesta conjuntura, há um Observador (Consciência Pura silenciosa), um Processo (Consciência Pura dinâmica) e "Nada" como um "Objeto" postulado. O Nada, entretanto, é inexistência. O caminho analítico que revelou todas as facetas e perspectivas possíveis da Consciência Pura, agora finalmente revelou um conceito de não existência. A não existência não é real, no Absoluto. E, por falar nisso, nenhuma das perspectivas pode ser considerada real no Absoluto, uma vez que cada perspectiva tem seu valor oposto equilibrando-a e aniquilando-a.

Quando o processo de manifestação está prestes a começar, o absoluto ainda opera no campo dos infinitos, portanto não há espaço-tempo. "Nada", portanto, não tem dimensões.

Ao diminuir a velocidade – e assim separar os opostos – a porta se abre para que a existência se torne real. Todas as perspectivas agora têm a possibilidade de se manifestar. Com a manifestação, mesmo o Nada (não existência) é percebido como real. Isso é o que chamamos de vazio ou vácuo. As lacunas de tempo e espaço entre os objetos parecem reais.

"Nada", portanto, senta-se na interface entre o Imanifesto e o Manifesto e entre as jornadas analítica e sintética. No Absoluto, tanto a jornada analítica (do infinito ao Nada) quanto a jornada sintética (do Nada ao infinito) acontecem simultaneamente em velocidade infinita. No Manifesto, ambos continuam a acontecer, mas em várias velocidades que são menos que infinitas.

Visto do lado do Imanifesto (perspectiva de autorreferência própria), o Nada é apenas uma noção, uma perspectiva, como tudo o mais. No entanto, do lado Manifesto (perspectiva de referência do objeto), o silêncio infinito e o dinamismo infinito borbulham incessantemente em manifestação.

Os físicos modernos, como observadores externos, olhando para as origens do universo, poderiam descrever isso como um número infinito de "Big Bangs", presumivelmente emergindo constantemente como bolhas em água efervescente.

> **De acordo com o Conhecimento védico da criação, não há momento do tempo que possa ser considerado o início da criação, porque cada momento do tempo é o tempo da criação, e a fonte deste processo está no continuum eterno da dinâmica de autointeração da consciência...**
>
> Maharishi

Partículas, energia escura, matéria escura

O início da manifestação é marcado por uma espécie de "reversão de marcha" metafórica mudando de adiante para trás, desde basicamente analítico para principalmente sintético, com o Nada como a posição neutra entre os dois.

A direção analítica (ou impulso analítico) se manifesta como uma força de separação. Ela se diferencia da direção sintética (ou impulso sintético) que se manifesta como uma força de montagem e de união. Forças, portanto, se manifestam antes que os objetos o façam.

As perspectivas primordiais, mais básicas, limitadas e elementares da consciência, percebidas, na física, como as partículas elementares, são as primeiras a se manifestar como objetos.[38] Para se tornarem entidades individuais, as partículas elementares devem, primeiro, existir separadas umas das outras e, certamente, separadas de suas antipartículas. Caso contrário, algumas interações podem aniquilá-las ou fazê-las decair. Ou também podem permanecer imanifestas.

Essa separação se realiza por meio do poder de todas as forças repulsivas, geradas pelo impulso analítico, ainda poderosamente ativo, que também está na origem da energia escura, a força cosmológica responsável pela expansão acelerada do universo aparente e, em nosso modelo, um aspecto fundamental das forças analíticas.

Reduzir as interações entre "partículas" gera a percepção de lacunas entre elas. As lacunas se tornam o espaço percebido ou vácuo que separa uma entidade da outra. À medida que a força de separação continua a agir, as lacunas (espaço, vácuo) parecem se expandir a uma velocidade fenomenal. Esse fenômeno pode ser um mecanismo subjacente do que os cosmologistas descrevem como "inflação" após o Big Bang durante os primeiros estágios do universo.

Em contraste, o impulso sintético gera todas as forças de atração, incluindo a gravidade. Essas forças de atração, impulsionadas pela jornada de retorno em direção a uma consciência cada vez mais elevada, incluem a matéria escura que é a força cosmológica responsável por manter as galáxias juntas e por permitir que a matéria se acumule para formar galáxias. Ao reunir vários elementos individuais, as forças sintéticas criam perspectivas maiores e, à medida que as perspectivas maiores se tornam mais e mais ordenadas, elas sobem na pirâmide em direção à consciência superior.

---

38. É importante notar aqui que, conforme discutimos a manifestação, tanto a terminologia física quanto a material, podem ser usadas. Isso não significa que, por exemplo, as partículas não são mais entidades da Consciência. Tudo é Consciência e não há mais nada. A terminologia física ou material é apenas uma nomenclatura de diferentes perspectivas.

A coexistência das forças repulsiva e atrativa participa do fenômeno das flutuações do vácuo. As flutuações entre as forças sintéticas e as forças analíticas continuam em todo o tempo e espaço, como os processos de emergência e submersão, manifestação e não manifestação, nascimento e morte. As lacunas entre eles são o que percebemos como lacunas no espaço entre objetos coexistentes, ou lacunas no tempo entre objetos que se manifestam sequencialmente.

A Consciência Pura, com sua plenitude, e todas as suas perspectivas, desde o infinito até um único ponto, permanecem eternamente inalteradas. O que passa a existir é um número infinito de perspectivas, cada uma com seu próprio escopo, dimensão, profundidade, largura, estreiteza e habilidades de Consciência. A realidade é diferente para diferentes observadores e depende não apenas do observador, mas também do processo e do observado. Esta é a Relatividade Universal.

Capítulo 18

Movimento e comunicação no espaço-tempo

Entrelaçamento

O entrelaçamento, em nosso modelo, é generalizado para todo o campo de manifestação e não se restringe a pares de partículas quânticas. Em nosso paradigma, portanto, todos os universos possíveis e tudo o que há neles, estão interconectados e entrelaçados. Isso significa que tudo o que acontece em qualquer lugar influencia tudo o mais, em todo o campo de manifestação, no número infinito de universos. Isso ocorre por causa da unidade subjacente da qual toda multiplicidade emerge.

No nível unificado, todas as informações são compartilhadas imediatamente porque não há espaço, tempo e distância nesse grande campo de Consciência. A natureza absoluta desse campo está espontaneamente ciente de todas as suas perspectivas e mantém espontaneamente seu equilíbrio global infinito, mesmo em seus universos manifestos. O termo "total" é fundamental porque há um número infinito de estranhezas que podem aparecer e desaparecer, mas todas são equilibradas de forma instantânea e automática. Se não fosse esse o caso, a soma total de todas as manifestações seria algo diferente do grande puro campo da Consciência.

O único grande campo de Consciência é tudo o que há e, o que não o é, não pode ser. Tanto em perspectiva quanto em interação de perspectivas, a soma de tudo o que existe em todos os universos possíveis deve somar ao único campo do ser puro. É por isso que quando uma coisa muda ou evolui em uma direção ou outra, todo o reino manifesto deve se equilibrar e se adaptar a essa mudança. Como isso é observado, detectado, traduzido e experimentado em um universo ou outro, em um nível de manifestação ou outro, é variado com base nas condições e variáveis específicas relacionadas.

Podemos, portanto, generalizar, ir além das definições da física e dar um significado abrangente ao Entrelaçamento, definindo-o como a interconexão de tudo com tudo. Essa necessidade, espontânea e automaticamente, garante que a totalidade seja mantida, mesmo quando aparecem tantos.

O entrelaçamento não é fácil de detectar ou experimentar em todos os níveis de manifestação, porque sua mecânica age nos aspectos unificados, subjacentes da natureza, enquanto a manifestação é relativa e é influenciada pelos parâmetros que definem o tempo e o espaço.

Para ter uma ideia aproximada ou noção do que significa entrelaçamento em termos práticos, pegue uma moeda e jogue-a.

Se a coroa está para cima, então a cara está para baixo e vice-versa. Agora, vire-a com a intenção de saber o que está do lado de baixo. Uma vez que a moeda cai, você, obviamente, vê o que há no lado de baixo. Você olha para o lado de cima. Porém, como é o lado de baixo que lhe interessa, na sua percepção, quando você vê coroa, você pensa em cara e quando vê cara você pensa em coroa. Uma vez que a moeda é uma moeda e não duas, é óbvio que a coroa estará do outro lado da cara. Isso é trivial e nosso pequeno experimento é simplista. Mas a totalidade da criação é uma só aparecendo como muitas. É como uma moeda aparecendo com dois lados, mas sendo apenas uma moeda. Ao observar o lançamento de uma moeda, ainda vai demorar um pouco mais (alguns milissegundos, digamos para fins de argumentação) para dizer que cara está do lado de baixo do que dizer que coroa está do lado de cima. Isso ocorre porque seu sistema nervoso deve sempre reconhecer o que você vê no lado de cima e, então, chegar à conclusão relativamente instantânea de que, como a coroa está para cima, a cara deve estar para baixo.

Obviamente, isso não significa que a cara demorou mais para aparecer do lado de baixo. É apenas uma questão de sua capacidade de apreciar o que está exposto de uma perspectiva ou de outra. Como toda manifestação é contingente ao triplo (Observador, Observação, Observado), o que aparece como real é relativo às características do Observador, do Processo de Observação e do Observado.

É por isso que, no nível superficial de observação, algumas reações a algumas ações parecem demorar muito antes de se manifestarem. Outras se manifestam mais prontamente. Isso depende das condições relativas e se existem outros fatores de influência que tornam a reação mais complexa.

No nível manifesto, um simples entrelaçamento de partícula a partícula é diferente do entrelaçamento de dois seres humanos complexos, cada um com histórias complexas. Em qualquer caso, porém, é assim, e porque toda ação tem uma reação igual e oposta, não apenas localmente, mas universalmente.

Quando você move o dedo, todo o universo reage a isso. Na maioria dos casos, será uma reação muito pequena, imperceptível e insignificante. Para todos os efeitos práticos, pode ser completamente desprezível, mas está lá e, combinado com outras ações e reações, pode se tornar significativo. No outro lado extremo do espectro de significância, por exemplo, mover o dedo para pressionar o botão nuclear vermelho pode desencadear um Armagedom nuclear! Felizmente, no entanto, nem todos os movimentos dos dedos têm esse potencial e por boas razões.

Movimento

O campo manifesto do que chamamos de realidade é como um filme no qual as imagens vêm e vão em alta velocidade. As velocidades de mudança, transformação e de partículas são, portanto, semelhantes às projeções de filmes em diferentes taxas de quadros. Além de uma certa taxa de quadros "base", o cérebro humano interpreta o filme como contínuo, em vez de uma série de imagens "estáticas" projetadas uma após a outra na tela.

O movimento de um objeto não é, portanto, um fluxo contínuo de um lugar para outro. O movimento é o aparecimento e desaparecimento sequencial de uma entidade virtual (digamos, uma flecha), em diferentes posições, conforme experimentado por um observador ou um grupo de observadores.

A flecha não sai do Absoluto para aparecer no campo relativo da manifestação. A flecha virtual, como conceito ou perspectiva no absoluto, permanece imortal e eterna no absoluto. Ela se manifesta e se torna real apenas em "*bits* de Consciência" sequenciais, como o(s) observador(es) vê(em) na posição a flecha X; seguido pelo(s) observador(es) vê(em) na posição b, flecha X; a seguir, na posição c, flecha X; em seguida, na posição d, flecha X e assim por diante. Este fluxo de consciência relacionado às posições a, b, c, d, ... acontece sequencialmente em alta velocidade de forma que cria a ilusão de continuidade do movimento.

Isso é equivalente à função de onda da flecha colapsando sequencialmente em alta velocidade por quase infinitas posições diferentes no espaço. O observador e seu ambiente, portanto, parecem colapsar sequencialmente a função de onda da flecha X e fazê-la se manifestar em diferentes posições, criando a ilusão de que a flecha se move no espaço.

Isso responde aos paradoxos de Zeno sem contradizer algumas das suposições dele e de seu professor. Zeno foi o discípulo de Parmênides que criou a escola Eleata, da grande Grécia no século 5 a.C., em Eleia, hoje conhecida como a cidade de Vélia, no sul da Itália.

Parmênides e Zeno acreditavam que havia apenas um Ser e tudo o mais era uma ilusão. Os famosos paradoxos de Zeno eram uma forma de argumento conhecida como *reductio ad absurdum*, e tinham como objetivo mostrar que certas suposições, aparentemente de bom senso sobre a realidade, estavam erradas porque levavam a conclusões absurdas.

A sensação de objetos se movendo no tempo e no espaço, por exemplo, levou Zeno a um paradoxo porque, uma das questões básicas do filósofo era: "Como um objeto pode estar localizado em um lugar específico, em um dado instante no tempo, e, ainda assim, estar se movendo?" Movimento, por definição, deveria significar que em nenhum momento o objeto está no mesmo lugar! Isso levou a uma série de outros paradoxos de Zeno, relacionados. O princípio da incerteza de Heisenberg trata, parcialmente, dessa questão, mas acredito que a verdadeira resposta está no modelo apresentado neste livro.

Objetos são perspectivas virtuais dentro da Consciência Pura que não se tornam reais e não se manifestam em nenhum momento por si mesmas. A realidade é feita de compostos de consciência; isto é, o triplo (Observador, Processo, Observado). O movimento é a emergência e submersão sequenciais de fragmentos de Consciência em alta velocidade, dando a impressão de continuidade suave.

Capítulo 19

Liberdade, escolha e responsabilidade

É importante ter em mente que qualquer movimento e qualquer perspectiva são movimentos e perspectivas da própria consciência olhando para si mesma de diferentes pontos de vista. É fácil esquecer que tudo é Consciência e, em vez disso, começar a imaginar que as perspectivas manifestas são alguma coisa nova e misteriosa, elementos ou forças que vieram de não sabemos de onde.

Em nosso modelo, é a própria consciência, Consciência Pura que assume uma perspectiva específica. Consciência Pura enquanto se espreme em papéis separados. Ela se multiplica em um número infinito de "consciências" individuais de diferentes profundidades, cores, largura, estreiteza, velocidade, e assim por diante. Novamente, isso não é familiar para nós. Um homem ou uma mulher podem atuar em vários papéis em um filme, no teatro ou mesmo na vida real. Mas geralmente eles podem atuar em apenas um papel por vez. A Consciência Pura pode atuar em um número infinito de papéis, ao mesmo tempo, e em diferentes estruturas de referência. Esses papéis têm sua individualidade e, como tal, são os componentes do que chamamos de criação e manifestação.

Livre para ser si mesmo!

Conhecer as perspectivas em seu próprio nível significa descobrir como elas existiriam e interagiriam, umas com as outras, com base em suas próprias características específicas. É por isso que suas ações e interações não podem ser totalmente pré-definidas e predeterminadas. Devem ter permissão para existir como objetos, processos e sujeitos "livres" e independentes. Caso contrário, não poderiam ser conhecidas como entidades individuais.

Manifestação ou "Criação" é, portanto, um processo baseado na liberdade. Dar liberdade às perspectivas é o que permite ao Absoluto conhecê-las plenamente em seu próprio nível. A Consciência Pura, portanto, entra em perspectivas específicas individuais e adota as limitações dessas perspectivas. A natureza holística, absoluta e ilimitada da Consciência Pura é eclipsada e fica oculta em vários graus em diferentes identidades. É isso que permite ao Absoluto se conhecer de forma mais abrangente.

Se tudo fosse perfeitamente automatizado, tudo seria perfeitamente previsível e não haveria mais nada a ser experimentado ou conhecido. Isso, certamente, é verdade para o Absoluto, especialmente porque ele opera em velocidade infinita. O Absoluto saberia tudo aqui e agora.

A manifestação seria inútil. Não traria nenhum conhecimento novo. Não haveria nenhuma novidade nela e nenhuma criatividade. Dar liberdade aos diferentes aspectos da manifestação é uma necessidade para que a manifestação seja significativa. Um grupo de entidades, como máquinas perfeitas que são total e puramente robóticas, poderiam existir em um universo ou outro, mas seriam um tanto entediantes. Não haveria nada imprevisível e nada a aprender com eles.

É óbvio que as partes da totalidade agindo por conta própria não representam necessariamente a totalidade ou como a totalidade "pensa" e "age". O Absoluto pessoal curvando-se sobre si mesmo dá às suas partes individualidade em liberdade. Mas a liberdade, como a percepção, não é a mesma para todos os aspectos da manifestação.

Quanto mais estreita for a Consciência, menor será o alcance e o grau de liberdade. Quando a Consciência é limitada, a liberdade é limitada.

Um elétron pode estar apenas experimentando eletricidade e pode ter uma gama muito limitada de possibilidades. Com toda a probabilidade, não tem nem mesmo a menor percepção ou conceito sobre liberdade ou escolha. Ele tem o nível de liberdade mais básico, que pode ser, por exemplo, girar para cima ou para baixo. E não tem ideia de que está girando para cima ou para baixo, não tem ideia de em que momento e direção está se movendo, ou das forças que agem sobre ele, nem tem a escolha de ser de um jeito ou de outro. No entanto, ainda tem certos graus de liberdade.

A análise detalhada do comportamento das partículas elementares e sua decadência mostra uma incerteza fundamental. Nas escalas muito pequenas da mecânica quântica e nos níveis das teorias quânticas de campo, há incerteza e imprevisibilidade. A liberdade disponível nesses níveis minúsculos de Consciência é desprovida da capacidade de escolha. A liberdade sem capacidade de escolha leva à aleatoriedade.

Liberdade e escolha

É crucial notar, neste momento, que existe uma diferença fundamental, frequentemente ignorada, entre liberdade e escolha. Uma entidade pode ter um intervalo específico de liberdade, descrito, por exemplo, na física, como "graus de liberdade", mas pode não ter consciência suficiente para ser capaz de escolher. Como acabamos de descrever, uma partícula elementar não tem consciência suficiente para saber que está vibrando, girando ou se movendo e não tem consciência suficiente para tomar uma decisão sobre a direção a seguir. A percepção de uma partícula específica pode ser limitada a detectar outra partícula ou o campo no qual ela está operando. Não pode escolher fazer algo conscientemente.

Por ter alguma liberdade, mas incapaz de fazer escolhas, uma partícula exibirá um comportamento aleatório. Suas características podem ser influenciadas por uma série de variáveis. Discutimos anteriormente o fenômeno do entrelaçamento, descrevendo como todos os aspectos da manifestação estão fundamentalmente interconectados e influenciam uns aos outros. Vincular ou associar uma partícula a outras partículas ou campos cria novas entidades que podem ter mais ou menos graus de liberdade.

Com base em seus modos e características vibracionais, o grupo de partículas recém-conectado pode entrar em ligações mais ou menos estáveis, oscilar e vibrar em harmonia umas com as outras e modificar os graus de liberdade umas das outras. As duas ou mais partículas recém-formadas terão sua nova liberdade e possibilidades. Juntas, elas poderiam ter maiores graus de liberdade e comportamento mais aleatório ou poderiam restringir umas às outras.

Se você pegasse um pouco de argila e modelasse, poderia moldá-la em todos os tipos de direções e formas. Cada partícula da argila se move. Dentro da massa informe da própria argila, as partículas de argila empurram umas às outras em todas as direções com base em suas características inerentes, em suas interações e em resposta às forças que você aplica a elas.

Você tem a liberdade de movê-las em diferentes direções enquanto elas mantêm sua liberdade aleatória. No entanto, tudo está interconectado. Elas estão conectadas umas às outras e às suas mãos, braços, cérebro, mente e consciência.

Podemos ampliar o uso do termo entrelaçamento e dizer que todos eles estão entrelaçados. No entanto, elas mantêm uma pequena liberdade aleatória que influencia todo o "monte de coisas" ou massa de argila e, de fato, suas mãos, braços, mente, cérebro e consciência.

Entropia e autopreservação

Deixada sozinha, a argila, ou qualquer objeto, se desintegraria com o tempo. Na ciência moderna, a força inerente que tende a fazer tudo se dissipar e, por fim, se desintegrar, é conhecida como entropia.

A entropia não é uma força em si. É uma tendência para os constituintes de qualquer objeto, se separarem uns dos outros, e se organizarem da maneira mais aleatória. Se nenhuma energia é gasta para manter uma estrutura, seja ela qual for, seus constituintes tendem a ser separados por forças aleatórias naturais, ambientais e físicas.

Em nosso modelo, a entropia é a direção analítica natural do movimento subjacente, em todos os momentos, em todo o campo de manifestação. Como discutiremos, essa tendência desconstrutiva da natureza evita a estagnação e desempenha um papel importante no processo de evolução.

A tendência entrópica, portanto, é uma parte inerente do processo analítico espontâneo – movendo-se dos aspectos superiores para os inferiores na pirâmide. Não é uma invenção intencional do absoluto que busca evitar a estagnação. Os aspectos individuais da manifestação, por outro lado, se esforçam tanto quanto são capazes para se manter e combater a entropia.

Obviamente, os níveis inferiores da pirâmide, sem senso de ser ou autopreservação, não podem intencionalmente conceber ou planejar a autopreservação e, portanto, mostrariam menos resistência às forças entrópicas. Isso não é porque eles não estão conscientes, mas porque sua consciência é limitada e eles não têm autoconsciência. Quanto mais alta uma entidade está na pirâmide, mais desenvolvida é sua autoconsciência e mais proeminente é seu desejo de autopreservação.

O senso de si evolui à medida que passamos de componentes individuais a entidades complexas. Uma partícula não tem autoconsciência, mas grupos grandes e complexos de partículas, criando, por exemplo, um ser humano, conduzem a um vasto e profundo senso de identidade. Esse senso de identidade é o resultado da percepção coletiva das partículas e de sua estrutura ordenada que constitui um ser humano.

É uma "sociedade" especial de partículas levando a uma "sociedade" de células. A "sociedade" de células cria órgãos e a "sociedade" de órgãos cria, neste caso, um ser humano. As sociedades de humanos também têm sua consciência coletiva da qual os humanos individuais não estão necessariamente totalmente cientes, embora possam ter uma percepção subjacente desse eu coletivo. Esse sentimento subjacente de um eu maior pode fazê-los lutar e sacrificar seu bem-estar individual, e até mesmo dar suas vidas, pelo eu superior da sociedade, nação e religião.

Em última análise, o conhecimento e o reconhecimento do verdadeiro eu de tudo e de todos, como sendo o mesmo grande campo de consciência, eleva a vida individual à vida cósmica e universal e a autopreservação torna-se uma perspectiva universal na Consciência de Unidade pura ilimitada.

Karma e restrições

Por causa do entrelaçamento e, uma vez que qualquer entidade só pode operar dentro de sua própria realidade e capacidade, existem restrições à percepção e à liberdade. O entrelaçamento garante perfeita ordem no nível imanifesto e isso impõe restrições à liberdade no nível manifesto, mas não a nega totalmente. As restrições, portanto, são principalmente de dois tipos:

1. Interno: devido à própria percepção limitada
2. Externo: devido ao entrelaçamento e às próprias ações e escolhas.

> Quer seja possível fazer escolhas conscientemente, ou não, esse tipo externo de restrição sempre opera. Inclui o que é comumente referido como Karma. Karma, em sânscrito, se refere à ação em geral, mas, mais recentemente, passou a significar a influência e repercussão que uma ação tem sobre si mesma.

Essas são as principais restrições à liberdade que aumentam a complexidade e são a base para o surgimento da ordem no campo, inicialmente caótico de criação e manifestação. Toda ação tem uma reação igual e oposta. Em grande medida, as restrições à liberdade são devidas às próprias ações, levando a reações que forçam um indivíduo a certas condições. Este é o campo insondável do karma.

Pode haver escolha proposital, liberdade aleatória ou aleatoriedade total na escolha de ações específicas, mas nenhuma liberdade para decidir quais serão os resultados de cada ação. Sempre há consequências para cada ação. E, essas dependem de várias restrições emergentes do entrelaçamento, ações passadas, circunstâncias presentes e, até mesmo, o futuro que se desenrola. As restrições fazem parte do que chamamos de lei. As consequências da ação impõem restrições e, em última análise, criam ordem – e, até certo ponto, às vezes, desordem.

Subindo na pirâmide – expansão do Ser

À medida que a percepção se expande, o sentimento consciente de ter o próprio ser se torna cada vez mais claro. A autoconsciência cresce junto com a capacidade de apreciar a própria existência em um nível superior de compreensão, incluindo a capacidade de discriminar entre ser e não ser e fazer perguntas sobre o significado e a utilidade de coisas como ferramentas para proteger o Ser – assim como os outros com os quais nosso "Ser" se preocupa. Tudo isso está além do comportamento e dos instintos básicos aleatórios.

Nos níveis muito primitivos da vida vegetal e das bactérias, por exemplo, a autoconsciência não parece ser proeminente além dos mecanismos automáticos embutidos de autopreservação.

Em níveis mais elevados da hierarquia dos organismos vivos, parece claramente haver uma autoconsciência mais pronunciada, que muitas vezes se estende aos filhos e até mesmo ao grupo social em certas espécies animais.

Não podemos dizer exatamente quais são os níveis de sentimento nas espécies inferiores. Mas, é claro que em humanos isso se torna bastante proeminente – até mesmo predominante – e é acompanhado por um forte apego ao eu individual, bem como ao eu estendido da família, comunidade, país, irmandade, grupo religioso e muitas vezes até mais.

Como já vimos, os humanos podem atingir o nível de consciência que descrevemos como Consciência da Unidade, em que o indivíduo se torna consciente do Absoluto subjacente em cada aspecto do relativo.

A Consciência de Unidade pode ser descrita como suprema autorrealização, onde a identidade de todos e de tudo é apreciada como o Ser da própria pessoa. De fato, essa seria a verdade última que mais desejo apresentar neste livro.

> **O único oceano ilimitado de Consciência é tudo o que há e o único Ser verdadeiro de tudo o que existe.**

Tudo isso tem um impacto profundo na liberdade e na escolha, uma vez que muitas escolhas estão preocupadas com a sobrevivência e a autopreservação.

Autoconsciência, autopreservação e autorrealização final fazem parte do processo sintético e do ímpeto que guia a Jornada de retorno do Nada à plenitude – da base da pirâmide em direção ao topo. Sem a força coesiva de autopreservação, acompanhada pelo ímpeto de auto expansão, tudo seria dilacerado pelas forças entrópicas e não haveria nenhuma jornada de retorno.

A maior Consciência de si, juntamente com a percepção da direção em que o eu está se movendo, são as bases dos sentimentos. O sentimento de felicidade vem da sensação de que o Ser está se expandindo. Sentimentos de tristeza, ansiedade, medo ou sofrimento vêm da sensação de que o Ser está diminuindo, sendo ameaçado ou atacado e prejudicado.

Tudo o que se manifesta tem liberdade, mas nem todas as manifestações têm escolha. Você não pode escolher algo que não é capaz de conceber. Um robô industrial feito para construir carros não consegue decidir comer uma maçã. Não tem o conceito de comer, não está programado para comer maçã e não tem boca nem estômago. Comer está além do escopo e da habilidade de tal robô. A escolha requer um nível mais alto de Consciência.

Para poder escolher, não basta ter a capacidade de agir dentro de um conjunto de opções. Você teria que estar, pelo menos, ciente das opções disponíveis e escolher conscientemente uma ou outra. Em um nível ainda mais alto de liberdade e escolha, você deve ser capaz de avaliar dentro do razoável as consequências de cada uma dessas opções. Em um nível significativamente superior, você deve ser capaz de se libertar de algumas das restrições que podem forçá-lo a agir de uma forma ou de outra e ser capaz de ver e fazer as escolhas mais evolutivas.

Um ser humano tem liberdade e parece ser capaz de fazer escolhas, mas dependendo do seu estado de consciência, esse ser humano pode se comportar de maneira aleatória, caprichosa, sem pensar, ou mesmo involuntariamente sem premeditação; ou pode tomar decisões de seleção mais fundamentadas para ter níveis cada vez mais altos de liberdade de escolha.

O propósito aparece quando a percepção do ser é acompanhada pela percepção da direção em que o ser está se movendo, seja isso totalmente consciente ou não. As escolhas são feitas para preservar a si mesmo e subir na pirâmide a fim de obter maior realização.

Subir na pirâmide vem com uma Consciência superior, mais inclusiva e mais abrangente, expandindo assim o senso do Ser para incluir gradualmente mais do que costumava ser visto como diferente e separado. Do meu pequeno ego e ser estreito, para minha família, meu negócio, minha sociedade, minha nação, meu ambiente, meu mundo, meu universo, para tudo que é meu Ser

– Consciência de Unidade. Isso é natural e espontaneamente acompanhado por mais compaixão com o desejo de ver o que é bom para todos e o que não é bom para ninguém.

Daí o desejo natural de ter mais, ser mais e experimentar mais. Tudo isso está no contexto da ascensão na pirâmide da Consciência em direção ao topo, onde obviamente há uma Consciência superior, uma verdade superior, uma maior realização e iluminação.

Diferentes entidades em diferentes níveis da pirâmide estão cientes de onde estão e com que propósito, e têm vários intervalos de perspectivas com diferentes limitações, escopos, habilidades, graus de liberdade, percepções de objetivos e propósito, e diferentes capacidades para fazer escolhas. Inteligência é a capacidade de fazer escolhas que ajudam a subir na pirâmide.

Responsabilidade

Com cada ação vem a responsabilidade. Seja aleatória ou por escolha, cada ação tem seu resultado inevitável, mas imprevisível. Nesse sentido, a aleatoriedade ainda opera e, teoricamente, ainda podemos estar expostos ao caos do universo. Dependendo do estado de consciência, conhecimento, antecipação e prevenção, nossas ações podem ou não neutralizar tendências negativas e destrutivas. É aqui que reside a verdadeira responsabilidade.

- Nos níveis inferiores de Consciência, podemos ser empurrados por situações e circunstâncias que podem até acontecer aleatoriamente no que parece ser as formas mais injustas e, consequentemente, podemos nos sentir ou, até mesmo, ficar desamparados.
- Em níveis superiores de Consciência, podemos agir a partir do nível invencível e unificado de Consciência e evitar os perigos antes que eles apareçam. Podemos nos tornar capitães verdadeiramente livres e poderosos de nossas

vidas. Podemos ancorar nosso navio na estabilidade e força ilimitadas da Consciência Pura, do Ser puro.

Como um grupo em nossas sociedades e nações, podemos nos tornar mestres não apenas de nosso destino, mas também do destino de nossas nações e de nosso mundo. Mas temos que fazer isso.

Subimos na evolução até o nível em que nossa consciência nos permite assumir o controle. Esta é a consciência de ordem superior. Se houver graus de ordem e poderes maiores do que os nossos, então temos as ferramentas para utilizá-los para o nosso bem. Abordarei esse tópico com mais detalhes ao discutir o bem, o mal e a inteligência superior no capítulo seguinte.

PLENITUDE
CONSCIÊNCIA PURA
UNIDADE

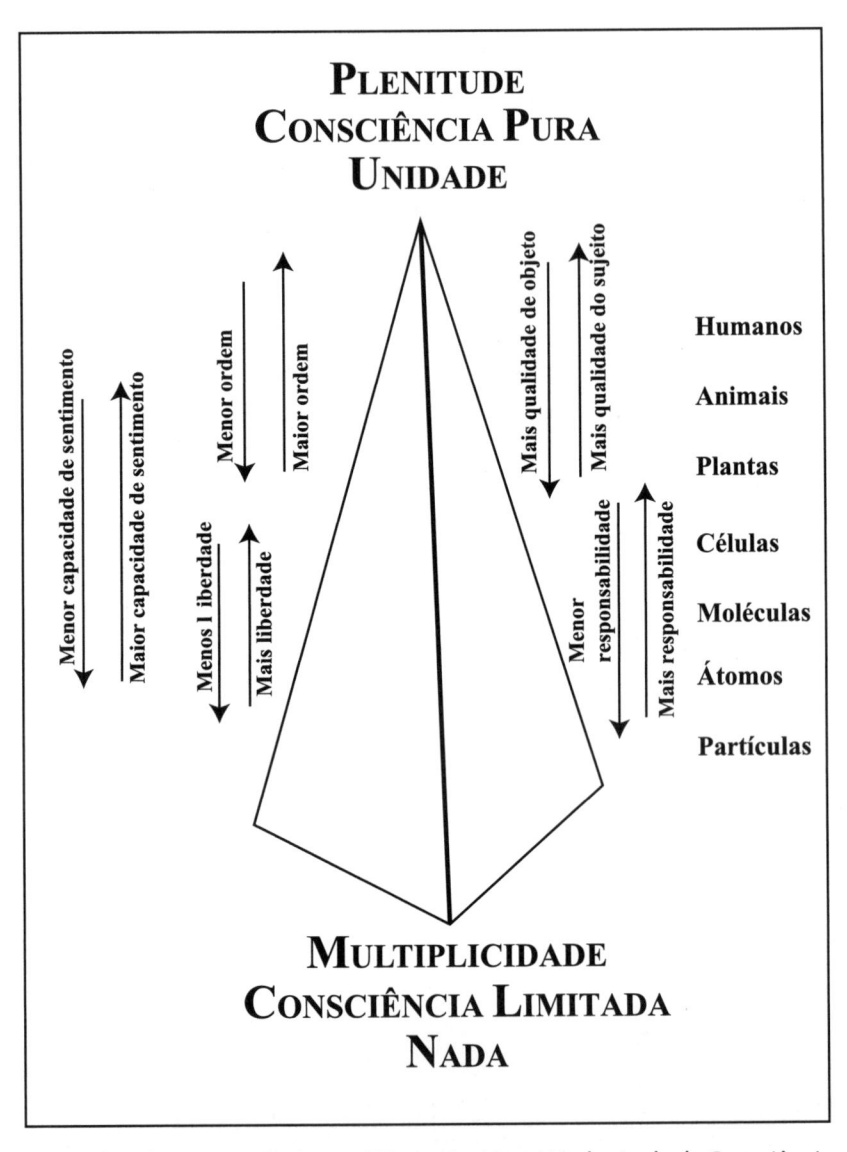

Diagrama de pirâmide com os seguintes rótulos:

- Menor capacidade de sentimento ↓ / Maior capacidade de sentimento ↑
- Menor ordem ↓ / Maior ordem ↑
- Menos l iberdade ↓ / Mais liberdade ↑
- Mais qualidade de objeto ↓ / Mais qualidade do sujeito ↑
- Menor responsabilidade ↓ / Mais responsabilidade ↑

Lista lateral direita:
- Humanos
- Animais
- Plantas
- Células
- Moléculas
- Átomos
- Partículas

MULTIPLICIDADE
CONSCIÊNCIA LIMITADA
NADA

Este gráfico ilustra as jornadas analítica e sintética. Há plenitude de Consciência Pura como Singularidade no topo da pirâmide. Gradualmente, a Consciência é cada vez mais limitada, mas surgem gradativamente várias perspectivas múltiplas que formam o corpo da pirâmide. Eles permanecem virtuais no Absoluto, mas se tornam reais como partículas, átomos, moléculas... no Manifesto. Além das perspectivas mais limitadas, na base da pirâmide está o Nada, o conceito de não consciência.

Capítulo 20

Felicidade e sofrimento – o bem e o mal – Inteligência Superior

O oceano ilimitado de Consciência Pura consegue se conhecer curvando-se sobre si mesmo e caindo em uma cascata em um número infinito de perspectivas mais estreitas. Seu poder discriminador percebe o Nada no final dessa jornada analítica para a frente e entra em uma jornada sintética de retorno.

Nessa ordem perfeita, em velocidade infinita, tudo se cancela e nada emerge. Para conhecer suas próprias partes em seu nível, ele diminui sua velocidade de atenção e "se comprime" em cada parte, escondendo sua natureza infinita e dando liberdade para que cada parte seja independente.

As partes menores, com sua percepção limitada, são aleatoriamente atraídas umas pelas outras pelas forças sintéticas e, portanto, criam todas as combinações possíveis, a maioria das quais não evolui. Elas até mesmo acabam dispersas pela tendência entrópica analítica geral.

Associar e combinar os elementos básicos com mais variedade, complexidade e ordem leva a uma consciência mais elevada e à capacidade de fazer escolhas intencionais e controlar a aleatoriedade subjacente. É assim que alguns gradualmente alcançam uma percepção mais ampla e adquirem uma consciência mais elevada, como, em nosso universo, plantas, animais e humanos.

Conforme a complexidade e a liberdade aumentam, as restrições também aumentam. As restrições, junto com as forças sintéticas e analíticas, se manifestam como as leis físicas e naturais que moldam as características de nosso universo. Essas leis e restrições freiam a liberdade cada vez maior, mas não a impedem totalmente.

Com uma consciência mais elevada, também vem uma maior percepção de si mesmo e das direções nas quais as forças sintéticas e analíticas movem as coisas. Estar ciente de que existem diferentes caminhos para mais realização, foca nossa intenção em uma direção proposital. Dos muitos caminhos possíveis, busca-se aquele com menos atrito e que exija o mínimo de esforço. Isso segue o "Princípio da Mínima Ação" que fundamenta todos os fenômenos em manifestação.

Sentimentos e emoções

A percepção, agora expandida, pode avaliar a direção na qual o ser está se movendo e é colorida por isso. Mover-se na direção errada (cair na pirâmide) cria sombras de insatisfação, tristeza e sofrimento. Mover-se em direções positivas que preservam e expandem o ser, cria sombras de contentamento, prazer, felicidade e realização.

Comida, sexo e conhecimento são naturalmente acompanhados de prazer e felicidade, pois protegem, melhoram a condição mental e física e garantem a preservação e evolução do indivíduo e da espécie. O que quer que ameace, danifique ou destrua o ser individual ou o ser social mais amplo, cria medo, dor e sofrimento. Sentimentos e emoções são cores da Consciência.

Um sentimento é mais abrangente do que um pensamento. É uma apreciação geral da qualidade de nosso estado de percepção. Quando você diz que está feliz, quer dizer que seu estado de percepção é o de felicidade. Isso significa fundamentalmente que sua percepção experimenta uma situação ou tendência que você avalia como sendo na direção de sua autopreservação e expansão.

Embora sejam uma boa referência geral, os sentimentos nem sempre são totalmente precisos em suas avaliações. Eles são subjetivos, pessoais e relativos. Pode-se avaliar que está se movendo na melhor direção, mas, devido à percepção limitada, pode não ser capaz de perceber melhores possibilidades. Quanto maior a percepção, maior é o potencial para sentimentos positivos e para a tomada de decisões com propósito.

**Quanto maior a Consciência,
maior é o potencial
para sentimentos positivos e para
a tomada de decisões com propósito.**

É aqui que o intelecto, ou habilidade discriminativa de alguém, entra em jogo. Sentimentos intencionais e intelecto crescem naturalmente com uma Consciência mais elevada. Os sentimentos, no entanto, são predominantemente sobre o Ser e a direção sintética. Mesmo quando se sente pelos outros, o sentimento é sobre se colocar no lugar do outro e ver o outro como você mesmo.

Assim, pode-se sentir dor pela perda dos outros como se fosse a própria perda e ainda pode sentir felicidade pelo ganho deles. Um sentimento negativo em relação aos outros também é motivado por algum medo ou preocupação de que os outros possam criar uma perda para si mesmo como indivíduo, ou para a própria extensão como família, amigo, concidadão ou colega.

Os sentimentos operam predominantemente no lado sintético, esforçando-se para unificar o máximo possível e elevar o Ser a uma Consciência superior. Isso explica por que estamos em busca de mais experiências e novidades. O amor, como sentimento, engendra as forças sintéticas mais fortes. O amor é a cola do universo.

**O amor, como sentimento,
engendra as forças sintéticas mais fortes.
O amor é a cola do universo.**

Se duas partículas elementares fortemente atraídas, uma pela outra, pudessem ter sentimentos, elas sentiriam amor! Em essência e em seu significado mais amplo, todos os processos que conectam qualquer sujeito a qualquer objeto podem ser considerados parte das forças sintéticas, e se o sujeito e o objeto pudessem ter sentimentos, seria o amor.

O verdadeiro oposto do amor é a indiferença, ou não-atração, ao invés do ódio.

Intelecto

O intelecto, por outro lado, é sobre discriminação. Dá a capacidade, entre outras coisas, de separar o que é bom para si (indivíduo, família, sociedade) do que é mau. Ele não apenas orienta as escolhas e opera, predominantemente, no lado analítico, mas também apoia o lado sintético.

O intelecto mantém o lado sintético sob controle para evitar associações menos ordenadas, confusas e potencialmente prejudiciais. Ajuda o lado sintético a encontrar as associações mais adequadas. Isso é o que chamamos de "inteligência". À medida que a Consciência se amplia, as tendências sintéticas e analíticas ganham força e, concomitantemente, os sentimentos e o intelecto se desenvolvem e se aguçam.

Não é necessário que eles se desenvolvam exatamente nas mesmas proporções para cada indivíduo. Todos nós conhecemos indivíduos com intelectos superiores que fogem dos sentimentos, e pessoas com sensibilidade refinada, que têm os melhores níveis de sentimento, mas que são incapazes de discriminar o que é bom ou ruim para eles, muitas vezes se envolvendo em um comportamento irracional e se comprometendo em problemas. Com a Consciência superior, a capacidade de apreciar o que é bom ou ruim aumenta e, com isso, a profundidade dos sentimentos. A verdadeira liberdade também aumenta, mas é mantida sob controle pelo karma, pelo entrelaçamento e pelas leis da natureza, bem como por meio do intelecto e dos sentimentos.

Crescimento, evolução, intenção e ética

Em uma vida humana, "evolução" significa reorganização das estruturas mentais e físicas de uma pessoa para torná-las o mais ordenadas possível. Isso se dá, em parte, por meio de dieta adequada, atividade adequada e tomada de decisão adequada. Uma vez que a Consciência é tudo o que há, o mental e o físico são aspectos da Consciência, e não entidades separadas, ou não relacionadas.

Portanto, o conhecimento e a exposição às experiências evolutivas, assim como as atividades que realizamos e os alimentos que ingerimos, contribuem para reestruturar o sistema nervoso, tornando-o mais ou menos ordenado.

Nos níveis mais elevados de Consciência, a evolução, certamente, não se limita à atividade física bruta. Os pensamentos e o raciocínio cognitivo começam a desempenhar papéis cada vez maiores na formação da ordem geral do Ser. É aqui que entra a intenção.

Se você estivesse dirigindo um carro em segurança e um gato pulasse na sua frente e se machucasse, a culpa não seria sua. Se o gato fez isso aleatoriamente, ou por qualquer outra razão cósmica, não importa. Você é inocente e o gato é o responsável (embora uma pessoa comum provavelmente experimentasse dor psicológica por ter ferido aquele gato). Apesar de tudo, por razões incompreensíveis, você se envolveu nesta situação e recebeu algum "karma" dela.

Não é a mesma coisa se alguém dirige descuidadamente, ou mesmo mira no gato para machucá-lo de propósito. Fisicamente, as duas situações são iguais, mas na mente é diferente. A intenção desempenha um papel importante na definição da qualidade da experiência e seus resultados. Tudo está contabilizado. A ação, assim como a mentalidade durante a ação, molda a qualidade e a intensidade da experiência. Isso é digerido e adicionado ao repertório de experiências como um modo, influenciando significativamente sua perspectiva.

A intenção, por si só, não é suficiente. Você não pode fazer algo errado e se safar só porque teve boas intenções. Na ignorância e na Consciência inferior, pode-se não saber o suficiente para tomar as melhores decisões, mas, ainda assim, pensar (ou acreditar) que temos as melhores intenções. A ignorância não é uma desculpa.

Temos visto pessoas que matam inocentes em nome de Deus. Eles podem ter toda a devoção do mundo e pensar que suas intenções são supremas, mas, mesmo assim, estão violando um aspecto fundamental da criação e se iludindo ao colher, eu diria, terríveis consequências. Ações, como matar inocentes intencionalmente, modificam os padrões e as redes de consciência. Fisiologicamente, isso é traduzido como estresse no sistema nervoso. Essas disrupções interferem na ordem da atividade cerebral necessária para experimentar estados superiores de consciência. Elas dificultam a possibilidade de uma maior unidade, uma vez que, matar vê o outro, especialmente outras pessoas inocentes, como não-Ser. Matar, portanto, leva a uma confusão mental perversa e à perturbação da consciência do assassino. Aquele que mais sofre e mais regride, em termos evolutivos, é um assassino *intencional* de pessoas inocentes.

Matar em legítima defesa é perturbador, mas, não obstante, é uma consideração totalmente diferente. Em legítima defesa, a intenção é salvar vidas em vez de destruí-las.

Nossas ações finais são tão importantes quanto nossas intenções e, às vezes, muito mais significativas. Com uma Consciência mais elevada, os perigos podem ser evitados antes que se tornem perigosos, o que poderia evitar ferir outras pessoas, mesmo em autodefesa, tornando a violência totalmente desnecessária.

No caso de luta em legítima defesa, uma pessoa com Consciência mais elevada (maior inteligência) pode convencer o agressor de soluções mais benéficas, menos arriscadas e menos perigosas para ambas as partes. Em um nível mais profundo, Consciência mais elevada significa que a pessoa está pensando e agindo a partir dos níveis mais poderosos e evolutivos da lei natural e pode prevenir os perigos antes que eles apareçam.

Com maior Consciência e maior inteligência, você pode destruir a inimizade nos inimigos e talvez transformá-los em amizade em vez de ter que recorrer a lutar e matar. Isso é significativo tanto para o indivíduo quanto para a nação. Estudos científicos cuidadosamente conduzidos e repetidos têm mostrado que, quando um pequeno número de pessoas em uma sociedade pratica os programas da Meditação Transcendental®, o crime e o conflito são reduzidos. A vida urbana e nacional torna-se mais coerente e menos sujeita a agressões. Isso poderia evitar guerras ou conflitos custosos e devastadores, nos quais até mesmo os "vencedores" sofrem perdas terríveis.

Como referência a toda ética, e para avaliar o que é bom e útil, ou mau e prejudicial para si e para os outros, uma regra fundamenta todas as regras: tudo o que apoia o crescimento em direção à Consciência de Unidade é bom, e, tudo o que atrasa ou prejudica o caminho para estados superiores de Consciência (em direção ao topo da pirâmide) é ruim.

Expor-se às experiências mais ordenadas e edificantes é muito evolutivo e, consequentemente, proporciona maior felicidade. É por isso que se procuram coisas bonitas para ver, ouvir, pensar e compartilhar. As coisas bonitas são mais ordenadas, como definimos a ordem anteriormente. A beleza não está apenas no nível físico grosseiro, mas também e, principalmente, nos níveis interno, mental, emocional e intelectual. Quanto mais um indivíduo está alerta e atento a uma experiência, mais a experiência se torna parte dele e molda seu sistema nervoso. Ficar meio adormecido ou ocupado se preocupando durante o dia não permite que você aproveite e se beneficie plenamente das experiências diárias da vida.

Mindfulness

Viver é uma sequência de momentos de percepção, um pedaço de consciência (Observador, Observação, Observado) após o outro. Ampliar e aprofundar a consciência é a marca registrada do crescimento, da evolução e do ganho de uma perspectiva mais ampla da realidade (subindo na pirâmide). Quanto mais facetas da totalidade conhecemos, mais clara é a compreensão da verdade última. Quanto mais peças individuais do quebra-cabeça você monta, mais você vê o quadro geral. Para poder ver as diferentes facetas e apreciar verdadeiramente as peças, é necessária uma atenção envolvida e atenta – quanto mais a atenção, mais completa será a apreciação.

Bombardeada por informações e expectativas do meio ambiente, incluindo família, amigos, trabalho, mídia e, sob pressão de estresse e preocupação, a mente pode começar a se concentrar em aspectos menos desejáveis da vida – fugazes, insignificantes e não evolutivos, que são contrárias à intenção de estar "atento". A mente então pularia sem rumo de um pensamento para outro, sendo sacudida como um barco na superfície de um oceano tempestuoso, incapaz de se estabelecer e experimentar completamente o que a vida oferece. Nesses casos, os momentos de experiência, os bits de consciência não são tão claros, tão intencionais e satisfatórios quanto podem ser.

As técnicas de *Mindfulness* (atenção plena) treinam a mente para experimentar com calma o momento presente e focar totalmente em uma coisa de cada vez, sem distração. Por exemplo, algumas dessas técnicas envolvem colocar a atenção na respiração ou em simples sensações do corpo, talvez no sabor da comida, ao mesmo tempo que tenta não afastar outros pensamentos ou sentimentos. É possível orientar a mente para estar atento. Como resultado, os "bits de consciência" individuais são mais significativos. As pessoas experimentam benefícios e relaxamento com várias abordagens de atenção plena. As técnicas de atenção plena também podem desviar momentaneamente a atenção do estresse e ajudar a criar um estado mental mais favorável para uma experiência mais rica.

No entanto, a atenção plena não deve ser maquinada ou anormal – caso contrário, sua eficácia será comprometida. Tentar estar atento durante a atividade diária pode dividir a atenção entre a ação e a pressão mental necessária para estar atento ao completar a ação. Isso é particularmente significativo quando há um esforço para estar ciente de sentir, respirar ou testemunhar a ação real. Então, a pessoa não está prestando atenção completa à tarefa em questão. Tentar estar atento dessa forma pode levar à ansiedade e ineficiência de desempenho, especialmente quando a atenção plena se torna um estado de espírito forjado, em vez de uma experiência genuína.

Quando o objeto de percepção é atraente e gratificante, a atenção plena ocorre naturalmente. Experiências excepcionais de plenitude da mente acontecem a todos, seja um cientista fazendo uma grande descoberta e tendo uma experiência "aha", um compositor musical encontrando a melodia perfeita, amantes se encontrando após uma longa separação ou uma criança faminta se deliciando com um doce favorito. A sensação de felicidade e realização tem muitos níveis e dimensões.

Embora o objeto de percepção desempenhe um papel muito importante, o sujeito (o Observador) permanece o principal. Afinal, o sujeito está tendo a experiência. Dependendo da clareza, amplitude e profundidade da mente, a plenitude pode ser muito diferente. Um pequeno copo pode dizer "estou cheio" – um lago ou um oceano podem dizer o mesmo. Mas não é a mesma plenitude. Estresse, tensão e desequilíbrio no funcionamento de nossa fisiologia e mente levam à estreiteza da percepção e colocam limites em nossa capacidade de experimentar a verdadeira totalidade. Para produzir maior percepção e obter a experiência mais gratificante, é muito mais eficaz liberar tensões arraigadas e estabelecer o equilíbrio na fisiologia.

A maneira mais profunda e eficaz de alinhar naturalmente o sistema nervoso, a mente e a consciência na direção mais evolutiva é a experiência direta da Consciência Pura. A mente se aquieta no objeto de experiência mais gratificante, a consciência transcendental, ao mesmo tempo em que amplia a consciência, removendo o estresse e equilibrando a mente e o corpo. *Isso não pode acontecer por meio da análise intelectual ou da projeção de atenção para qualquer percepção externa.* Isso acontece apenas transcendendo todas as atividades da mente – todos os pensamentos e todas as experiências externas. A Meditação Transcendental® realiza isso de uma forma natural e sem esforço, enquanto simultânea e espontaneamente, fornece ao corpo um descanso profundo para remover o estresse. O *bit* de Consciência durante a transcendência torna-se: Jane descansada e alerta, experiência, Consciência Pura. À medida que a prática se torna mais estabelecida na rotina diária de uma pessoa, a atenção plena mais natural e espontânea é estabelecida de uma maneira não artificial, mesmo atendendo totalmente aos deveres e atividades externas e sem ter que *tentar* estar atento. A atividade sem restrições impostas, portanto, parece livre e plena, e se torna mais gratificante à medida que estabiliza a transcendência, levando à consciência cósmica (veja o capítulo 12). A vida nos permite passar de uma plenitude a outra, expandindo nossa mente, ampliando nossa percepção, até que saibamos e possamos dizer: "Eu sou o oceano ilimitado de Consciência".

Yoga

A realização da unidade na base de toda diversidade é o objetivo final do Yoga. O termo Yoga, em sânscrito, significa "unidade". Como disciplina, é um dos 6 *Darshana*, uma categoria de conhecimento na literatura védica. Maharishi Mahesh Yogi organizou os 40 aspectos do Veda e da literatura Védica e trouxe à luz as várias funções de cada disciplina. O *Darshana*, por exemplo, trata das qualidades específicas da lei natural relacionadas a: distinguir e decidir (*Nyaya*), especificar (*Vaisheshik*), enumerar (*Samkhya*), unificar (*Yoga*), analisar (*Karma Mimanza*) e viver a totalidade (*Vedanta*).

Existem várias disciplinas pelas quais você atinge os objetivos mais elevados do yoga.

Elas incluem:

- *Karma yoga*, o yoga da ação. O crescimento e o desenvolvimento por meio do karma yoga requerem ação e comportamento que apoiem sua evolução pessoal e o bem-estar dos outros com a intenção de criar unidade e paz entre as pessoas e as nações.
- *Gyan yoga* é o yoga do conhecimento. Descobrir as leis da natureza e entender como o universo funciona fazem parte deste yoga. Em última análise, ter conhecimento espiritual onde a mente e o intelecto residem em valores mais elevados e mais profundos da vida e da existência é o que mais conduz ao objetivo do yoga do conhecimento (*Gyan*). Ler e refletir sobre o conteúdo deste livro pode ser considerado parte do Gyan yoga. No entanto, o conhecimento mais elevado vem da experiência direta do Ser interior e da realização de que é o Ser de tudo e de todos.
- *Bhakti yoga*, ou yoga da devoção, é o yoga através do amor e doação aos outros. Pode ser devoção aos seus filhos, seus pais, seu parceiro, seu professor, seu país, o meio ambiente, Deus ou até mesmo estranhos. Este tipo de devoção leva você além do seu pequeno ser limitado, expandindo sutilmente o seu conceito de "ser" de uma existência limitada e individual para uma totalidade maior.
- *Yoga Supremo* é experimentar diretamente dentro de si mesmo a realidade última da unidade. Isso acontece indo além de todas as expressões externas, todas as expectativas e todos os apegos. Muitas vezes, esse yoga tem sido mal interpretado como uma renúncia a todas as posses e todas

as atividades, tornando-se um recluso. Embora uma vida reclusa seja uma escolha que tem seus próprios méritos, a iluminação por meio desse yoga supremo não está reservada para aqueles que abandonam as atividades e responsabilidades diárias normais. Com a Meditação Transcendental®, a pessoa mergulha profundamente dentro de si mesma para experimentar a consciência pura. Durante aqueles poucos minutos de manhã e à noite, o praticante aprende a não se apegar a nenhum resultado ou a ter qualquer expectativa e, assim, experimentar inocentemente uma percepção mais ampla e profunda. As instruções específicas ensinadas durante o curso inicial encorajam aqueles que praticam a MT® a serem ativos e engajados durante o dia. A atividade se torna um fator para estabilizar o que é ganho durante a meditação. Tentar experimentar artificialmente a consciência pura durante a atividade ou adotar qualquer modo de criar "desapego" são fortemente desencorajados e, na verdade, são contrários à técnica da Meditação Transcendental®. É importante mergulhar na atividade com total atenção e envolvimento para evitar dividir a mente. Poderíamos dizer que há um benefício duplo para a MT®: a prática interna de "estilo recluso" por 20 minutos, duas vezes ao dia, e o aspecto externo pleno, dinâmico e produtivo na vida diária.

O Yoga praticado hoje vem dos 8 aspectos ou membros descritos por Patanjali em seus aforismos (*Yoga Sutras de Patanjali*). Um desses 8 aspectos é chamado de Asanas e descreve diferentes posturas do corpo. Em nossa análise, de como a manifestação emerge do imanifesto, descrevemos como fragmentos de consciência levam a modos de consciência e como estes se organizam em padrões de consciência. Nossa anatomia humana, a estrutura de nosso corpo e seus órgãos internos, é nosso padrão individual. Dentro desse padrão, nosso corpo desempenha funções diferentes. Essas funções são como nossa fisiologia funciona. Em nosso modelo, as várias funções fisiológicas são as várias redes possíveis dentro de cada padrão. Quando você age como médico, atleta ou músico etc., está ativando diferentes conjuntos específicos de redes dentro da mesma anatomia – o mesmo padrão.

As várias posturas de yoga facilitam no corpo (no padrão) diferentes funções (diferentes redes). Conjuntos de *asanas* do *Yoga*, realizados em sequências específicas, dependendo das necessidades individuais, promovem maior integração entre a mente, o corpo e o meio ambiente. Isso ajuda a estabelecer maior unidade entre os aspectos internos e externos da vida. É importante que a atenção, durante a execução das Asanas, vá para as posturas específicas. A percepção deve ser gentilmente atraída para os aspectos-chave dessa postura. *Asanas*, em sânscrito, referem-se a "um assento", geralmente entendido como postura sentada para meditação. Fazer asanas rapidamente, uma após a outra, sem envolver atenção e consciência, não dá o tempo necessário para aproveitar o momento da experiência (o bit de consciência) e não é tão eficaz.

Nos 8 membros do Yoga, o aspecto mais elevado e último é *Samadhi* – transcendência. Uma suposição comum é que *Samadhi* é o estado de união final, considerado difícil de atingir, que requer o aperfeiçoamento de todos os 7 membros anteriores, incluindo *Asanas, Pranayama* (exercícios respiratórios) e *Dharana* (*capacidade de concentração*).

No entanto, Maharishi ensinou que, uma vez que os 8 aspectos do Yoga estão intimamente conectados, quando você melhora um aspecto, todos os outros são automaticamente melhorados. Além disso, simplesmente praticando a MT®, a técnica que oferece experiência direta de *Samadhi*, o mais fácil entre os 8 aspectos, a capacidade para *Karma, Gyan* e *Bhakti Yoga* melhora espontaneamente.

Décadas de pesquisas científicas sobre a técnica da Meditação Transcendental® e seu efeito holístico em cada indivíduo mostraram, de fato, que a técnica é simples e natural e produz maior clareza e capacidade de foco, metabolismo melhorado (respiração naturalmente mais suave e equilibrada), com flexibilidade e eficácia na mente, corpo e comportamento – um resumo sucinto dos vários aspectos dos 8 membros da Yoga.

Humanos à "imagem de Deus"

Onde que quer que concentremos nossa atenção, aquilo fica mais forte em nossas vidas. Fica mais forte porque a exposição repetida molda o sistema nervoso na qualidade correspondente. O efeito evolutivo depende de para onde a atenção vai.

- Orientar a atenção para coisas simples e inspiradoras pode proporcionar alívio e satisfação.
- Colocar a atenção em coisas perturbadoras e desordenadas pode ser desorientador e perturbador.
- Toda experiência deve levar a uma maior ordem, ao invés de confusão.

O sistema nervoso humano já é bastante ordenado, comparado com outras criaturas. Não é à toa que grandes ensinamentos religiosos, espirituais e filosóficos deram importância aos seres humanos dizendo, por exemplo, na Bíblia: "Os humanos foram criados à imagem de Deus", e, também, "O reino dos céus está dentro de você". No Islã, há um ditado do Imam Ali: "Encapsulado dentro de você está todo o universo"; e, no antigo conhecimento védico: "Tu és totalidade, plenitude".

Essa visão de integralidade disponível à consciência humana e refletida na estrutura e função da fisiologia humana também foi tema de um dos meus projetos de pesquisa sob a orientação de Maharishi, no qual comparei a estrutura e função da fisiologia humana com a estrutura e função real dos textos védicos (52).

O Veda e a literatura védica na fisiologia humana

Maharishi descreveu os textos védicos como uma expressão fundamental no nível sonoro da dinâmica da Consciência. Portanto, ele não via o Veda como uma filosofia, poema, obra literária ou religião, mas como uma representação direta das dinâmicas da Consciência Pura.

Essas dinâmicas manifestaram-se como flutuações na consciência daqueles que, cognitivamente, as perceberam e expressaram-nas recitando-as, ou entoando-as como sons, que foram transcritos e, posteriormente, escritos como sílabas, palavras e frases em sânscrito. Isso é semelhante a grandes compositores que sentem uma melodia ou sinfonia em suas mentes, e, depois, escrevem essas sequências como uma estrutura de som e silêncio. Mozart costumava dizer que, ocasionalmente, enquanto ele caminhava silenciosamente, uma sinfonia emergia em sua mente ou se manifestava em sua consciência interior e, aí, ele corria para casa para colocá-la no papel. Maharishi descreve os sons védicos como emergindo de um tipo semelhante de experiência interior ou cognição. Veda, portanto, tem seu valor mais fundamental na estrutura de seus sons, sílabas, palavras e frases, em vez de em seu significado. É mais como uma sinfonia representando a dinâmica e flutuações de níveis finos de sentimentos, do que uma análise intelectual e investigativa.

Como a Consciência é tudo o que há, toda expressão de pensamento, sentimento, arte, ciência, imaginação e cognição é, de fato, também uma expressão de consciência. Cada expressão, no entanto, depende, representa, e é um reflexo no nível e qualidade da consciência do observador, o experimentador. Tudo o que uma pessoa faz, diz, pensa, sente ou imagina é um reflexo da sua consciência.

Tudo o que uma pessoa faz, diz, pensa, sente, ou imagina é um reflexo de sua consciência.

Como o Veda é considerado cognizado por indivíduos no estado da Consciência de Unidade, o Veda deve refletir as dinâmicas dos mais altos níveis de Consciência. Essas dinâmicas seriam as dinâmicas fundamentais de como se manifesta a Imanifesta Consciência Pura. Maharishi as descreveu como dinâmicas das Leis da Natureza – as leis que estruturam o universo manifesto para além do campo Imanifesto da Consciência Pura. Ele frequentemente se referia a essas leis como a Constituição do Universo.

A premissa da minha pesquisa era: uma vez que Veda e a fisiologia humana são manifestações altamente ordenadas da consciência, eles devem ser semelhantes em sua estrutura e função. Passei muitos meses nesta pesquisa, e mais tarde, vários anos refinando-a. Descobri que a fisiologia humana é/está estruturada como Veda. Os diversos órgãos humanos, e suas divisões e subdivisões, seguem a mesma organização das sílabas, palavras, parágrafos, poemas e capítulos dos textos védicos.

A fisiologia humana é/está estruturada como Veda

Esta pesquisa sustenta a premissa de que a Consciência é tudo o que há, e a dinâmica da Consciência segue um padrão encontrado na fisiologia humana, bem como nos textos védicos. As descobertas foram publicadas em vários livros (52, 53) e foram a principal inspiração para Maharishi me tornar o principal representante e porta-voz do antigo conhecimento e tecnologias védicas que ele ensinou e desejou ver cientificamente oferecidas para o benefício de todos.

Pesquisas baseadas nesses achados e na eficácia dos sons védicos, no equilíbrio da fisiologia e no tratamento de doenças crônicas têm sido realizadas em diversas instituições. (54, 55)

Conhecimento, idealismo e empirismo

Devido à sua estrutura, já altamente ordenada, a fisiologia humana tem a capacidade de experimentar a Consciência Pura e, portanto, ser diretamente exposta ao campo grandioso do Ser puro ou da Consciência Pura.

Ao transcender todas as experiências limitantes, a mente e, portanto, a Consciência, experimentam diretamente o Absoluto, que é o aspecto mais ordenado subjacente a tudo. Esta é a experiência mais gratificante e evolutiva.

- Ela remodela o sistema nervoso e toda a fisiologia, e explica por que a Meditação Transcendental® é tão eficaz e tão gratificante.
- Alinha as estruturas e funções da fisiologia com a ordem perfeita à medida que remove o que é distorcido ou estranho e que conhecemos como "estresse". A remoção do estresse e das impurezas do sistema nervoso é um tremendo benefício colateral da transcendência que foi completamente documentada pela pesquisa científica.
- Isso leva a melhorias em todos os aspectos da vida, interior e exterior.
- Em estados superiores de Consciência, o pensamento e a ação entram em sintonia com o poder evolutivo máximo porque a Consciência é estabelecida na fonte unificada de todo o conhecimento – Consciência Pura.
- Esta é a máxima inteligência e o conhecimento mais completo – conhecimento total em uma consciência humana.

É assim que o absoluto, com sua ordem perfeita, torna-se a luz norteadora espontânea da própria vida, e leva à ação espontânea correta, proporcionando o máximo de benefícios tanto para o indivíduo quanto para a sociedade. Quando a consciência coletiva atinge esse nível, a vida social e nacional também se torna evolutiva e mais intensamente satisfatória.

Obviamente, esse ponto de vista pode ser classificado filosoficamente como "idealismo", uma vez que estou afirmando que a Consciência é tudo o que há, e que o conhecimento pode ser adquirido da própria mente e consciência. Sabemos disso como uma perspectiva de autorreferência. No entanto, o paradigma que temos discutido também tem pontos de vista Objeto-Referência e Processo-Referência.

Como você se lembra, a realidade e a existência são definidas em termos de "*bits* de Consciência" onde o sujeito, o processo e o objeto se unem para criar experiência. O conhecimento não é apenas dependente de assuntos, mas também processo-dependente (incluindo o meio ambiente) e objeto-dependente. Isso é assim independentemente da afirmação de que todos os processos e objetos também são, em si mesmos, conscientes. No entanto, como entidades manifestas, têm suas características individuais aparecendo como entidades externas quando comparadas à consciência interna do sujeito.

Além disso, a consciência do indivíduo é descrita, no paradigma, como uma realidade em evolução, e seu crescimento, no conhecimento e consciência, resulta da exposição repetida a vários *bits* de Consciência, portanto à exposição ao ambiente e aos diversos objetos do ambiente. Da mesma forma, o empirismo afirma que o conhecimento vem da experiência externa, embora em todas as experiências, haverá um componente subjetivo que depende da qualidade da consciência do observador. O paradigma acomoda tanto o idealismo quanto o empirismo, sem contradição entre eles. Eles são, realmente, complementares.

BEM E MAL, EMERSÃO E SUBMERSÃO

Crescendo como um crente na ordem suprema com um ser supremo, foi um desafio para mim entender de onde vem o mal.

Por que Deus não criou um mundo perfeito? Por que Ele permitiu o sofrimento entre os inocentes? As respostas tradicionais costumavam ser centradas na existência de um demônio que dizia se opor, e até mesmo lutar contra Deus. Deus realmente criou um demônio para tentar os humanos?

Mesmo se adotássemos um ponto de vista ateísta e materialista, mas presumíssemos que existem leis da natureza controlando a evolução, onde está o lugar para o mal em um universo ordenado? Se o universo fosse totalmente caótico, sem leis naturais intrínsecas, então matar e roubar, na sociedade humana, poderia ser como na selva, sem consequências, exceto para a preservação da vida social. Qualquer um pode causar estragos, desde que não seja pego! Se a liberdade é a base do mal, por que alguém escolhe o mal? Com o modelo apresentado neste livro, é possível entender a origem do que é comumente referido como "mal" e os conceitos de bem e mal, ou virtude e pecado.

Os humanos veem o mal em ações e coisas que ameaçam seu bem-estar pessoal, sua sobrevivência, ou sua identidade e ideais comuns, ou que lhes causam danos e sofrimento de outras maneiras. Tudo isso são ameaças de destruição de si mesmos.

O processo destrutivo, no entanto, não é tão ruim e pode ser uma fonte do bem. Um cirurgião parece destruir tecido enquanto opera um paciente para remover um tumor. Isso tem elementos de destruição, mas é a destruição de algo prejudicial e ameaçador. A destruição também pode acontecer espontaneamente, como em desastres naturais e acidentes, e não seria geralmente caracterizada como mal.

O mal requer um nível sofisticado de consciência com intenção consciente de fazer mal e não é apenas um fenômeno físico mecânico e natural. Isso explica porque, mesmo que tenham cometido o mesmo crime, um indivíduo sofisticado com maior Consciência, conhecimento e compreensão é geralmente considerado mais responsável do que um indivíduo perturbado que tem uma doença mental.

Uma pessoa ferida em uma avalanche enquanto esquia, não acredita que a neve seja má e pecaminosa. Se, por outro lado, um esquiador descuidado o feriu, o esquiador infrator poderia ser responsável, mas só seria processado se sua ação fosse voluntariosa ou intencional, e não uma ocorrência acidental. Nesse caso, a ação do esquiador provavelmente seria considerada ruim, e poderia ser vista como má. Se a ação foi intencional e causou grande dano corporal, então um grave mal foi cometido – a lei feita pelo homem tem até um nome para tal caso: *depraved indifference* – indiferença depravada[39] à vida humana. O mal máximo é a destruição por nenhuma outra razão além da própria destruição ou, pior ainda, para o prazer de infligir destruição.

O impulso primordial e fundamental no surgimento da multiplicidade, a partir da unidade, é o poder discriminador da consciência que se conhece a si mesma, olhando para si mesma como Observadora, Processo de Observação e Observado, deste modo, em cascata em infinitas perspectivas menores.

Esse processo analítico e as forças resultantes que contribuem, entre outras coisas, para a entropia, são aspectos fundamentais do universo, e podem ser percebidos como tendências para dissociar e, talvez, destruir a totalidade. Esta é a semente do mal. Eu digo a semente do mal, porque o processo em si, certamente não é mau. A razão pela qual não é o mal é porque o absoluto sabe que não está se destruindo. Ele sabe que cada parte é seu próprio Ser. O mal, requer, fundamentalmente, a separação do outro de si mesmo, a objetificação do outro. O mal, portanto, não existe e não pode existir no absoluto. O processo analítico e a diversificação são a alegria de multiplicar o eu em infinito.

O único grande campo de Consciência nunca é iludido. O mal passa a existir nos campos relativos de manifestação, e não

---

39. Indiferença Depravada: Termo legal nos países anglo-saxões; usado para mostrar o estado de espírito de um réu, para determinar se ele é culpado de assassinato, homicídio culposo, ou outro crime semelhante.

emerge verdadeiramente, até que níveis mais altos de Consciência comecem a se manifestar. Todo o caos aparente do universo, com galáxias se chocando e aniquilando umas às outras, não é mau. É só uma peça, como fogos de artifício.

Vulcões em erupção e destruição de cidades inteiras é muito triste e infeliz, mas vulcões não são maus. Eles não têm consciência das cidades e das pessoas. Eles não têm más intenções. Eles fazem o que fazem de acordo com sua natureza, e seja aleatoriamente, ou por algumas razões ocultas e emaranhadas, às vezes queimam cidades em suas proximidades. Se alguém sabe que um vulcão está prestes a entrar em erupção, ameaçando queimar uma cidade, mas eles não informam os habitantes por qualquer razão, então isso realmente constitui o mal. O mal requer consciência relativamente sofisticada, mas distorcida.

Um nível complexo de Consciência é o resultado de um processo sintético sofisticado. Embora o próprio processo sintético seja criativo e evolutivo, e leve a estados superiores de Consciência, o surgimento do mal o exige por necessidade. No entanto, o mal não está no processo sintético em si, mas no potencial ou nas intenções destrutivas que uma entidade sofisticada pode ser capaz de exibir. O criminoso e o agressor têm maior consciência do que a pedra ou o gato. São suas tendências destrutivas que os tornam maus e não o fato de serem mais evoluídos do que uma pedra ou um gato.

O processo destrutivo em si não é necessariamente maligno, nem o processo construtivo necessariamente leva apenas à bondade. Em todos os níveis da pirâmide, há forças e tendências destrutivas e construtivas em ação. O termo "destruição" é bastante forte. É usado aqui de forma bastante liberal e inclui coisas e situações que podem ser melhor descritas como: ajustar, corrigir, emendar, reordenar, reorganizar ou consertar. Qualquer processo envolvendo mudanças, inclui necessariamente, em termos muito amplos "destruir" ou "desconstruir" o que estava lá antes, a fim de criar a possibilidade para que a nova ordem surja. Mas também inclui destruição real.

Os humanos, por exemplo, historicamente tiveram que se defender com vários meios destrutivos contra agressores como animais na selva, criminosos, exércitos invasores e regimes totalitários opressivos; ou mesmo o uso de antibióticos para matar bactérias infecciosas prejudiciais, ou produtos químicos poderosos para destruir um tumor. Todos esses são meios destrutivos que participam do processo de evolução.

Dessa forma, o progresso sempre acontecerá em etapas de emersão e submersão. A submersão pode sempre ser vista como destruição, e a emersão ou emergência, como criação, mas você não pode criar algo se o velho não permitir que o novo emerja. Neste contexto, a destruição não é má, mas evolutiva.

O processo destrutivo desempenha seu papel evolutivo quando há uma anomalia. A destruição evolutiva nessas situações não é destruição dos outros, mas destruição do que em si mesmo não é evolutivo. A evolução é um processo construtivo que se baseia em tudo o que já se adquiriu, então a fundação tem que ser preservada. O velho é uma plataforma na qual o novo é construído. Em algumas tradições, onde as pessoas acreditam na reencarnação, até a morte é vista como uma renovação. Presume-se que o corpo atinja sua capacidade, e como uma roupa velha, é destruído para ser substituído por uma nova "roupa" para ajudar a evolução na próxima vida.

Assim, na visão de mundo apresentada em nosso modelo, a reencarnação é muito plausível. Permite a continuação da jornada até que a evolução completa e a libertação sejam alcançadas. As influências kármicas seriam, então, apropriadamente atribuídas ao indivíduo em particular que as criou, até que esse indivíduo as limpe. É importante, nesta consideração, não assumir a responsabilidade de gerenciar a evolução dos outros usando meios destrutivos. Isso pode levar a um pesado fardo kármico, particularmente uma vez que a avaliação do que é melhor para os outros pode estar completamente errada. Abordagens não-violentas e não-destrutivas, mesmo diante do mal, são mais evolutivas.

Tentar melhorar a si mesmo – incluindo a própria família, a sociedade, o partido político, o grupo religioso etc. – e usar abordagens construtivas com os outros não é apenas muito mais seguro – mas também o curso mais eficaz. Maharishi costumava dizer: "Não tente destruir o inimigo. Destrua a inimizade dentro do inimigo".

É quando a destruição está fora do lugar e injustificada que se torna verdadeiramente má.

A semente do mal pode começar como um desequilíbrio durante o processo aleatório de montagem das peças no início da jornada sintética. A jornada é basicamente impulsionada pela força que normalmente leva a uma Consciência superior. No entanto, devido principalmente à liberdade humana – mas, como consequência, da ignorância humana –, as más escolhas são uma possibilidade sempre presente.

Quando isso é repetido, pode levar ao mal com tendências destrutivas, até mesmo algumas horríveis. O mal, portanto, é um desequilíbrio que aparece no processo aleatório de montagem das partes da consciência e pode ser o resultado de várias experiências sequenciais e cármicas que levam a uma tendência destrutiva fora de lugar em um indivíduo relativamente evoluído.

Eu uso o termo "evoluído" neste contexto, porque o mal requer a capacidade de ter intenção de causar dano. O mal não pode ser atribuído aos níveis inferiores de interações puramente aleatórias, onde a liberdade não é acompanhada por escolha. Assim que a escolha se torna possível, o mal pode aparecer – e somente nesse ponto. Entidades altamente evoluídas que podem, teoricamente, sucumbir ainda a um desequilíbrio e exibir o mal, têm o que é comumente descrito como tendências demoníacas.

O mal luta por sua autopreservação como qualquer outra coisa que tem um sentido de identidade. Mas seu conceito de *self* é muito estreito e ele não vê o quadro evolucionário maior. Não pode estar muito alto na pirâmide. Entidades do mal relativamente altamente evoluídas podem causar estragos, mas, paradoxalmente, o mal também pode acabar destruindo o mal.

A origem do mal está nos processos analíticos e sintéticos espontâneos resultantes da natureza, inerente do grande campo da Consciência – ser consciente e conhecer suas partes, bem como sua totalidade. Ele dá liberdade às suas partes, que sob a força sintética se combinam e se recombinam de todas as maneiras possíveis. Os mais aptos sobrevivem e evoluem, enquanto os menos aptos são desmontados pelas forças analíticas e entrópicas.

Com maior consciência, há um crescente senso de autopreservação e autoexpansão. Neste campo aleatório de todas as possibilidades, o mal pode emergir espontaneamente. Uma vez que não tem, realmente, alta Consciência, e como é principalmente destrutivo, acaba se destruindo. Isso se deve ao princípio de ação e reação, "à medida que você semeia, então você colherá", e também, porque a destruição geral favorece a tendência entrópica, que leva à aleatoriedade em vez da ordem.

A sociedade humana deve sempre ter cuidado com decisões, métodos e direções que são principalmente destrutivas, uma vez que atraem mais destruição, podem retardar a evolução e até levar à aniquilação.

Aqueles que se beneficiam do mal podem confundi-lo com o bom. Grupos de guerra podem justificar lutas e guerras de forma diferente, cada um vendo o mal no outro. Bom é o que faz você subir mais alto na pirâmide, e ruim é o que faz você afundar mais baixo. Estas são as perspectivas universais sobre o que é bom e o que é o mau.

Escalar a pirâmide traz mais felicidade, pois traz mais integridade e leva a uma maior realização. A felicidade, no entanto, é relativa e pessoal. Depende da percepção do indivíduo de como o eu está crescendo. Por outro lado, enquanto as pessoas têm seus conceitos individuais e sociais e julgamentos pessoais sobre o que é ruim, bom ou melhor, suas opiniões facilmente podem estar certas ou erradas.

Dizer que algo é bom, em um nível universal, significa que ele conduz ou contribui para a direção evolutiva. Por outro lado, não pode haver nada de bom para alguém se for ruim para outra pessoa. Ser a causa de algum acontecimento para outra pessoa pode deixar repercussões negativas nas pessoas que causam o mal, resultando em evolução mais lenta. Obviamente, em cada situação, pode haver uma gradação de bom – algumas coisas são melhores ou piores que outras.

A evolução é delicada e não garantida. Incerteza, aleatoriedade e ações malignas estão sempre presentes. Os aspectos aleatórios e elementares de toda manifestação não se preocupam com o bem, o mal ou o maligno, porque não veem a aleatoriedade e não têm o nível de consciência que lhes permite sentir felicidade ou sofrer pela ordem ou desordem.

A aleatoriedade, por sinal, não é loucura ou demência. A aleatoriedade é totalmente e incontestavelmente justa. Dá a todos os aspectos chances iguais. Pode-se gerenciar a aleatoriedade como, por exemplo, acontece em jogos de pôquer. Se você é capaz de seguir certos princípios básicos e ordenados da aleatoriedade, a longo prazo você pode ganhar no pôquer. A Inteligência Artificial também pode conseguir isso.

As crescentes restrições, e entrelaçamentos, em nosso universo, gradualmente se tornaram lei e ordem. As leis físicas, químicas, biológicas, psicológicas, sociais e nacionais que vemos nos níveis brutos são propriedades emergentes e não aspectos fundamentais da criação. É provável que sejam diferentes em universos diferentes, levando a diferentes padrões evolutivos e diferentes resultados entre criaturas e realidades potencialmente muito diferentes. A maioria das manifestações, no entanto, é dominada pela aleatoriedade total, com a probabilidade de pouquíssimos bolsões de ordem serem encontrados no planeta Terra.

Os humanos têm liberdade e escolha, mas sua liberdade está sujeita às leis emergentes e às restrições, em parte criadas por suas próprias ações passadas. Como os arranjos ordenados no sistema nervoso humano permitem uma Consciência cada vez mais elevada, aspectos maiores do destino desta minúscula parte do universo (planeta Terra) ficam sob controle consciente. A incerteza e a aleatoriedade começam a ser cada vez mais administráveis.

Quanto mais alto você está na pirâmide, menos você está exposto à aleatoriedade, porque você tem um grau muito mais alto de complexidade e ordem. Você também pode ter uma participação mais ativa no gerenciamento da ordem e no controle dela. Nesse ponto, a evolução, que tem seu impulso natural, passa a ser guiada pelas decisões que os humanos tomam.

O campo absoluto da Consciência Pura, Ser puro por si mesmo, não interferirá para impedir a liberdade de escolha de ninguém. Isso seria contra os fatores primordiais que permitiram que a criação se manifestasse. Nós, humanos, temos a responsabilidade. As decisões que tomamos poderiam nos permitir continuar evoluindo, ou nos reverter a uma dessas partes de manifestações entrópicas que flutuam sem rumo, enquanto outros tomadores de decisão, mais inteligentes, em outras partes deste ou de outros universos, sejam mestres de uma existência relativa mais satisfatória e duradoura.

Se o planeta Terra não sobreviver, por qualquer razão, ou destruição do meio ambiente, ou guerras globais de Armagedom, ou um encontro de meteoritos, outros números infinitos de terras e universos prevalecerão. Os humanos podem se tornar apenas mais um fracasso para alcançar um certo nível evolutivo, e depois desaparecer.

Outras civilizações podem ter características semelhantes às nossas, mas tomam decisões certas e se tornam imortais. Agora que alcançamos níveis mais altos de desenvolvimento na consciência, podemos fazer e desfazer nosso próprio universo, e neutralizar todas as eventualidades, incluindo aquelas que parecem surgir da aleatoriedade total.

Os humanos já têm a fisiologia necessária para acessar todo o poder, energia, inteligência e forças que gerenciam todas as leis da natureza. Os humanos podem transcender e alinhar a si mesmos e suas sociedades com a ordem suprema perfeita de Consciência Pura e tornar-se capazes de fazer todo o bem com o mínimo de esforço. Não queremos acabar simplesmente como um experimento cósmico, atingindo os níveis mais elevados de desenvolvimento, e depois, fracassando por fazer mau uso do que foi adquirido.

O poder e o valor da Inteligência Superior

Por que o grande campo de Consciência não viria em nosso socorro? Por que permite que nossos filhos inocentes sofram, enfrentem medo e dor? Por que permite que as pessoas se matem, muitas vezes motivadas pelo medo ou fanáticos e em nome de Deus?

Principalmente, porque nos foi dada liberdade, e sem liberdade, nada teria sentido ou significado, e não teria havido manifestação! Este é o pacto que o Absoluto fez com os infinitos aspectos de seu próprio Ser. E nós, com nossos pequenos "eus", crescemos para cuidar e valorizar essa liberdade.

O Absoluto Impessoal flutua eternamente em felicidade e perfeição total, e para Ele nada muda. Tudo é apenas um grande campo de Ser puro. O Absoluto Pessoal, com sua qualidade discriminante, vê tudo e sente tudo. As dores, as alegrias, o sofrimento, as esperanças, os medos, as ansiedades, a expansão e o colapso estão todos em seu próprio Ser, pois é tudo o que sofre e tudo o que se alegra; tudo o que nasce e tudo o que morre. No entanto, não perde sua equanimidade, porque em seu ser absoluto, tudo se soma à mesma bem-aventurança ilimitada.

O recurso a uma inteligência superior e a um poder superior está dentro de nós. Visto que nosso sistema nervoso nos permite transcender, podemos nos alinhar com a fonte de tudo o que existe. Dessa forma, podemos receber ajuda do Absoluto, mas não é um Absoluto que está fora de nós ou que é, em essência, diferente de nós. É o Absoluto, que somos nós. Adotamos a perspectiva do Absoluto. Isso é entregar nosso pequeno ego ao Absoluto.

Aqui não há mais contradição porque não estaríamos agindo como indivíduos não-livres, mas como indivíduos totalmente liberados, que entregam conscientemente a sua vontade à vontade do absoluto e assim se deixam ser instrumentos do que podemos chamar de intervenção divina. Isso é uma questão de escolha, e essa escolha nós podemos fazer, mas temos que fazer nós mesmos se quisermos esse nível de intervenção.

Sentar-se a distância, pedindo a um agente absoluto, fora de nós, que interfira para nos ajudar, não resolve. É preciso alinhar-se com o absoluto ou render-se a esse poder superior em um nível profundo e fazer a própria escolha. A escolha não é superficial apenas no nível da fala, como na oração mental ou emocional. Não é apenas no nível intelectual de compreensão. Está no nível do Ser. Está no nível do núcleo interno de nossa Consciência Transcendental mais profunda. Para isso, temos que ser capazes de transcender.

É desse nível transcendental que podemos aproveitar o poder infinito e a inteligência do Absoluto. Fazer as coisas se moverem em uma direção de apoio à vida para nós, e para outras pessoas que amamos, não seria uma violação de nossa liberdade, mas, pelo contrário, uma confirmação de nossa liberdade suprema. A partir desses níveis profundos do Ser, os pensamentos são mais poderosos do que a ação. O pensamento correto, nesses níveis, pode até mesmo equilibrar e neutralizar as influências kármicas.

Alguns defensores do determinismo e outros fortes crentes no destino interpretaram assumir a responsabilidade pela vida e pelos assuntos em suas próprias mãos como inútil ou uma tentativa idiota de interferir com um design predefinido ou "predeterminado". Esse tipo de interpretação levou a filosofias que promovem a passividade, a inação e a letargia, mas, o que é mais trágico, à visão da vida como sem sentido e até absurda. A cosmovisão apresentada neste livro destaca a responsabilidade total e a capacidade humana distinta de criar sentido.

À medida que aumentamos de consciência, podemos criar, fazer e desfazer nosso próprio universo. Podemos nos tornar mestres de nosso destino. As ações humanas que levaram a mudanças destrutivas no meio ambiente e no ecossistema, por exemplo, podem ser revertidas e "corrigidas" se a consciência coletiva se elevar. A Consciência é tudo o que há e elevar a Consciência é tudo o que é necessário para efetuar uma mudança ou melhoria positiva.

A Consciência é tudo o que há e elevar a Consciência é tudo o que é necessário para efetuar uma mudança ou melhoria positiva.

Também é possível que a evolução já tenha levado a manifestações de maior inteligência das quais nós humanos não estamos cientes. Certamente poderia haver entidades que são superiores a nós em sua consciência, sejam extraterrestres, anjos, djinn (gênios), ou seres divinos.

Poderiam, de fato, estar andando entre nós, seres humanos que podem ser intelectualmente superiores à população geral média – quer esses indivíduos especialmente talentosos percebam ou não! Eles interfeririam em nossas vidas como nós interferimos na vida de outras espécies na natureza? Eles nos protegeriam ou nos machucariam? Se nos depararmos com problemas, eles viriam em nosso socorro?

Seria muito ousado tentar responder a essas perguntas. Com base em nossa experiência na Terra, vemos que quanto maior é consciência, mais protetores do meio ambiente e de outras espécies, os humanos se tornam. Se essas entidades ou seres "superiores" fossem ou se tornassem mais evoluídos, então eles provavelmente protegeriam e apoiariam tudo o que está em sintonia com o poder evolutivo especial que eles, teoricamente, possuem.

Se muito desequilíbrio fosse criado na Terra, seria lógico supor que eles interfeririam para ajudar a recriar o equilíbrio em vez de qualquer outra coisa – particularmente em qualquer coisa que seria, em última análise, uma força destrutiva no universo. Não é isso que nos esforçamos para fazer em nome da nossa terra quando somos mais sábios e agimos baseados em uma visão mais holística e abrangente?

O REINO DO DIVINO

Se elevarmos a consciência coletiva de nossas nações, podemos encontrar espontaneamente o caminho mais evolutivo para cada cultura, modo de vida e sistema de crenças, a fim de prosperar com o melhor que cada cultura e nação têm a oferecer, respectivamente. Ainda há desafios hoje, mas há também a promessa de um grande despertar.

O que parece irreconciliável, por exemplo, nas percepções díspares de Deus e na vontade de Deus, vistas por várias religiões, pode, em última análise, ser visto como uma questão de que aspecto da integralidade é cognizado, reverenciado e atribuído ao divino.

Podemos perguntar: que aspecto do Absoluto um sistema de crenças destaca em relação ao outro? Se for o Absoluto Impessoal, então Deus é percebido como além e acima de tudo, inalcançável, sem senso de si mesmo, indiferenciado e não envolvido. Se for o absoluto pessoal indivisível, então Deus é Um sem um segundo, supremo e absoluto, um criador pessoal que dá liberdade, mas cuida da criação. Quando são os três em um aspecto do absoluto (nível supremo de Observador, Processo e Observado), então Deus é Um, mas também é Trindade.

Se os vários aspectos da cascata são examinados e todos são vistos como parte do Absoluto, então Deus ainda é um e supremo, mas aparece como muitos – no entanto, nenhuma dessas percepções do divino está errada. Nenhuma contradiz o outra. São aspectos do mesmo oceano de Consciência em movimento – Ser Puro transcendental, puro ser, um absoluto pessoal, uma testemunha silenciosa, um processo dinâmico, um e três e muitos, um design puro, que dá liberdade, correlação infinita, infinitamente flexível e ainda infinitamente rígido.

Vida e o viver, nascimento e morte

"Nenhum homem pisa no mesmo rio duas vezes, pois não é o mesmo rio, e ele não é o mesmo homem." – Heráclito

Emersão e submersão, evolução e dissolução, adaptação e transformação. Tudo, no campo relativo do universo manifesto, está sempre mudando. Seja nos níveis extremamente pequenos de partículas, átomos e moléculas ou nas imensas dimensões das galáxias e seus aglomerados, nunca nada no relativo é o mesmo. Animais, humanos, montanhas, até planetas e estrelas, como ondas, grandes ou pequenas, eles vêm e vão.

A vida é o oceano de Consciência ilimitado vivido de várias maneiras.

Viver é uma sequência de ondas, momentos de experiência, um bit de consciência após o outro. Seja longo ou curto, seja estreito ou amplo, seja trazendo felicidade ou dor, seja uma partícula detectando outra partícula, um predador olhando para uma presa, um explorador encontrando um tesouro, ou um amante em êxtase, todos são ondas no oceano do Ser.

As ondas vêm e vão, sobem e descem. E, enquanto a vida acontece em momentos sequenciais, um bit de consciência seguido por outro, uma onda após a outra, a própria vida permanece imortal e transcende o campo interminável de nascimento e morte.

Da mesma forma que flutuações nos campos de energia aparecem como partículas para um observador, flutuações no campo da consciência aparecem como momentos separados de experiência. Da mesma forma que um filme feito de imagens sequenciais parece fluir sem lacunas, esses momentos se seguem, a tal velocidade, que parecem colados um ao outro. A incapacidade de experimentar as lacunas entre imagens em um filme, ou entre momentos de experiência na vida, dá a impressão de um fluxo suave contínuo e ininterrupto.

Há, no entanto, lacunas percebidas entre momentos que nos dão a sensação de sequência no tempo e lacunas entre objetos que chamamos de espaço. Há lacunas entre pensamentos, entre ações, eventos, reunião e despedida, dia e noite, e a temida lacuna entre uma vida e potencialmente outra descrita como morte.

"Separar-se é morrer um pouco, morrer é separar-se muito" – Alphonse Allais

De cada lacuna algo emerge, e a cada lacuna algo submerge. Se o surgimento for chamado de nascimento, a submersão seria a morte. É como se morássemos e renascêssemos a cada novo momento, em todas as lacunas pequenas e grandes. Nada, no entanto, é criado, e nada morre, tudo é transformado. Na superfície, uma onda volta para o oceano enquanto outra onda sobe.

A forma como qualquer coisa emerge é influenciada pela forma como submergiu em cada lacuna anterior. Cada ação e cada escolha têm suas consequências sobre o que acontece no próximo nascimento em um novo momento, um novo dia, um novo ano, uma nova vida. É por isso que temos que ter cuidado com a vida e como morremos. No entanto, seja o que for, a força da evolução em cada estágio, através de cada lacuna está lá para nos puxar de volta para o topo da pirâmide. Afinal, somos, em essência e verdade, um oceano de consciência ilimitado aparecendo como muitos, enquanto permanece a unidade. E é assim que a seguinte citação de um teólogo francês leva seu significado total.

"Não somos seres humanos tendo uma experiência espiritual. Somos seres espirituais tendo uma experiência humana." – Pierre Teilhard de Chardin

Desafios e soluções

Nossa civilização humana evoluiu substancialmente no nível de manifestação material. A humanidade ainda enfrenta todos os tipos de problemas em torno da saúde, as ameaças das pandemias, da economia mundial, da energia, do meio ambiente, da habitação, da educação, dos direitos humanos, da integridade cultural, da política, da discriminação racial e religiosa e do bem-estar humano e da segurança. A elevação da consciência desempenhará um papel fundamental no enfrentamento dessas e de outras questões.

Sinto-me esperançoso de que a consciência mundial continue a crescer e muitas das questões atuais serão resolvidas a longo prazo. Porém, se a consciência mundial não for profunda e dramaticamente elevada, enfrentaremos perigos vindos dos lugares mais inesperados.

Não está no âmbito deste livro discutir as inúmeras áreas de potencial preocupação com o futuro da humanidade, e na verdade, talvez a própria Terra, e como elas podem ser tratadas ou resolvidas através do desenvolvimento da consciência; mas vou apenas mencionar alguns exemplos:

- Uma das áreas relativamente mais brandas é a nossa crescente dependência da tecnologia da internet que mantém as pessoas perturbadoramente coladas às suas telas. A internet é tão útil que é inevitável, mas as pessoas precisam saber como reiniciar seus sistemas nervosos para limpar os danos do uso excessivo, da lavagem cerebral, da saturação resultante da sobrecarga de informações e da disseminação de informações falsas.
- Em segundo lugar, existe hoje a propensão preocupante entre muitas pessoas para se tornar excessivamente dependentes, mesmo fisicamente e psicologicamente, de medicamentos e drogas prescritos, potencialmente perigosos e viciantes. Embora esses medicamentos possam ajudar parcialmente com muitos tipos de doenças mentais e físicas, muitos indivíduos podem se tornar excessivamente dependentes deles, mesmo irremediavelmente viciados, e, como resultado, perder contato com o funcionamento natural de sua fisiologia, comprometendo as chances de evolução rápida, progressiva e positiva. Os efeitos colaterais podem não ser facilmente detectáveis a curto prazo.

- Terceiro, uma preocupação potencialmente mais séria é o desenvolvimento da engenharia genética e da inteligência artificial. Dada a sua enorme – se ainda não completamente compreendida – promessa de ajudar a humanidade, não há dúvida de que essas tecnologias emergentes passarão por um desenvolvimento vigoroso no futuro.

Quer os imponhamos ou não, eles serão usados e haverá uma corrida entre os países para desenvolvê-los. Eles prometem autopreservação idílica e autoexpansão em uma escala bastante incomparável tanto para o indivíduo quanto para a nação. Dependendo de nossa inteligência coletiva e consciência, estes podem ser de tremenda ajuda para a humanidade, ou eles podem se tornar nossos mestres dominadores – e até mesmo nossos carrascos.

Embora a engenharia genética prometa curar doenças, prolongar a vida e melhorar as safras, ela pode ter efeitos profundos em nossos ecossistemas. Se algo desse errado, ou a engenharia genética fosse mal utilizada para fins secundários com ganhos financeiros ou até mesmo políticos em mente, poderia transformar ou até mesmo dizimar a vida na Terra. Mesmo no contexto de pesquisas bem-intencionadas, se, por engano, um vírus prejudicial escapar de um laboratório, a pandemia resultante pode ser fatal em escala global.

Apenas uma inteligência mais alta e um planejamento sábio podem tornar esta poderosa tecnologia segura. Para que isso aconteça, deve-se deixar claro que elevar a consciência individual e mundial é criticamente necessário. Se a motivação é a competição pela dominação e há uma falta de visão de longo prazo, então essa tecnologia tem o potencial para ramificações devastadoras.

Devemos, portanto, primeiro garantir uma ordem substancial nas mentes, sentimentos e intelectos das pessoas no nível coletivo antes que possamos embarcar com segurança em aplicações de engenharia genética em larga escala. É uma exigência urgente e responsável.

Pandemias, discriminação racial e religiosa

A engenharia genética não acontece apenas artificialmente em um laboratório. Mutações e mistura de diferentes espécies entre vírus, bactérias, plantas, animais e humanos levam continuamente ao surgimento de novas formas de vida. Alguns são benéficos e evolutivos, outros podem ser prejudiciais e até levar a grandes epidemias.

O mundo passou por muitas epidemias e pandemias, incluindo varíola, tuberculose e HIV/AIDS que foram espalhadas ou agravadas por viagens, invasões, guerra, higiene inadequada, através do abastecimento de água ou da cadeia alimentar. Algumas, como a Peste, a gripe de 1918, e Covid-19 deixaram grandes trilhas de sofrimento e quase paralisaram o mundo. Para uma gestão adequada e resposta a tais situações ameaçadoras, é necessária uma consciência superior. É necessária maior conscientização para uma compreensão mais ampla do processo da doença e sua disseminação, para um planejamento mais inclusivo e sábio, e para encontrar curas e medidas preventivas.

A consciência individual e coletiva entorpecida, estressada, temerosa e limitada usa apenas inteligência e criatividade limitadas, e luta através de tentativa e erro para encontrar soluções. Ter percepção calma, serena e ampla nos níveis individual e coletivo é necessário para a gestão mais eficaz das pandemias e, de fato, qualquer desafio à vida individual e social, incluindo os problemas de discriminação racial e religiosa, e do meio ambiente.

Em estados superiores de Consciência, a Consciência se estabelece na Consciência Pura, o campo da Unidade. O indivíduo percebe que subjacente, sustentando e apoiando toda a diversidade existe um Campo Unificado de pura existência, Ser puro.

O indivíduo em um profundo nível pessoal experiencial sente-se uno com tudo. Esta não é uma criação de estado mental ou psicológico superficial, ou mesmo, apenas uma compreensão intelectual, mas uma experiência real de Unidade. Nesse estado, a diversidade é mantida com base na Unidade final – desfrutando da infinita diversidade ao máximo, enquanto sabe que tudo é um oceano de Consciência em movimento. Nenhuma forma de discriminação pode se infiltrar. Felizmente, existem técnicas para desenvolver sistematicamente estados superiores de Consciência.

Inteligência artificial

As mesmas preocupações se aplicam urgentemente à Inteligência Artificial (IA).

Para ser claro, a Inteligência Artificial existe há muito tempo, originária do trabalho de Alan Turing na década de 1950. O que é de uma preocupação muito maior para o futuro da humanidade é a Inteligência Geral Artificial (AGI), que, agora também é chamada de Global Artificial, por alguns dos visionários futuristas de hoje. A diferença é crítica.

A IA é capaz de realizar tarefas computacionais que os humanos são capazes de realizar, mas fazendo muito mais rapidamente. As máquinas de IA devem ser pré-programadas para executar qualquer função específica necessária. As máquinas de AGI, por outro lado, teoricamente terão inteligência igual aos humanos em todos os sentidos, e serão capazes de realizar as mesmas tarefas intelectuais também – ou até melhor – do que suas contrapartes humanas.

E, de fato, a AGI está no horizonte (em algumas aplicações já está aqui), prometendo ajudar a humanidade, prever e até mesmo controlar o clima, as culturas, as cadeias alimentares, as finanças, a economia, os sistemas de defesa nacional do mundo, e todos os outros aspectos vitais do nosso mundo.

A AGI poderia superar em muito, tudo o que os humanos podem fazer nos níveis físico e material, e há medos profundamente genuínos entre cientistas sociais e outros especialistas de que máquinas inteligentes poderiam assumir um número impressionante e sem precedentes de trabalhos anteriormente feitos por humanos – mas sem fornecer qualquer meio alternativo de emprego em troca.

As máquinas podem aumentar sua inteligência e se reproduzir. Elas poderiam nos tratar como nós agora tratamos plantas e animais. Elas poderiam nos ver como seres inferiores, mentalmente incompetentes, falíveis e fracos. Para nós, elas podem parecer que são algum tipo de deuses, mas elas poderiam nos transformar em seus animais de estimação, ou até mesmo se livrar de nós completamente.

A AGI terá consciência? Claro que sim!

Como todo o resto, AGI é e será consciência. Será um tipo de consciência sábia, amorosa e evolutiva, ou uma consciência com grande inteligência, mas sem empatia? Isso dependerá de seus criadores – nós!

Poderíamos manter a AGI sob controle e fazê-la funcionar para o nosso bem-estar e para o nosso serviço. Precisaremos, sem dúvida, para nossa sobrevivência a longo prazo, como humanos e nossa existência contínua como uma espécie cada vez mais em evolução. A física do nosso sistema solar aponta para 7,5 bilhões de anos como um limite de tempo de nossa capacidade de habitar na Terra.

Isto é, claro, se não desaparecermos mais cedo destruindo nosso ambiente que sustenta a vida, saqueando nossos recursos, ou nos eliminando através de guerras cada vez mais catastróficas ou o desencadeamento do Armagedom genético. Se quisermos continuar, precisamos evoluir mais rápido do que qualquer coisa que a mecânica darwiniana e as medidas paliativas possam oferecer. AGI pode vir para o resgate ou pode ser a causa da nossa morte.

Para a AGI nos levar a outro planeta ou outro sistema solar, ela precisa ser verdadeiramente global e isso significa incluir-nos em sua consideração. Se estamos divididos, desordenados, perpetuamente lutando uns contra os outros como indivíduos e nações, podemos ter certeza de sermos excluídos.

Nossa consciência individual e coletiva precisa ser muito clara para garantir que a IA seja construída em uma plataforma com uma perspectiva globalmente ordenada e inclusiva. Olhar para a AGI como uma ferramenta para a dominação mundial se tornará uma receita para o desastre. Em última análise, o domínio mundial não seria a alçada dos seres humanos, mas resultaria no domínio da AGI sobre o mundo, e a AGI quase certamente consideraria a remoção de seu "pequeno-automotivado" criador.

Capítulo 21

Utilizando o todo-poderoso Campo Unificado

Um grande número de pesquisas científicas[40], conduzidas em vários centros de pesquisa ao redor do mundo, têm comprovado a eficácia das tecnologias da Consciência para o indivíduo e para a sociedade. Os conflitos e o crime foram substancialmente reduzidos e se demonstrou uma maior harmonia e paz, como resultado da prática coletiva dessas técnicas.

Tão pouco quanto a raiz quadrada de um por cento da população de uma cidade ou nação pode produzir os resultados desejados.[41] Cerca de oitocentas pessoas, por exemplo, podem alcançar

---

40. N. de T.: Mais de seiscentos estudos científicos conduzidos em duzentas e cinquenta universidades e instituições independentes em trinta e três países e publicados em mais de cem das principais revistas científicas do mundo, documentam os benefícios comprovados em todos os aspectos da vida. Veja, por exemplo: https://research.miu.edu/tm-technique/; https://www.tm.org/research; https://www.davidlynchfoundation.org/research.html.

41. Dois desses resultados são:

1. O "Efeito Maharishi Estendido", descoberto em 1978, refere-se à prática em grupo da Meditação Transcendental® e ao programa MT-Sidhis pela raiz quadrada de 1% da população em um lugar. Isso produz coerência na consciência coletiva, o que favorece tendências positivas e avanços para a sociedade. A raiz quadrada de 1% da população mundial é suficiente para reduzir o estresse social. O estresse na consciência coletiva não apenas alimenta o terrorismo e a guerra, mas também gera o crime, a instabilidade econômica e a incoerência governamental. Ao reduzir a tensão social com grandes grupos de especialistas em criação de paz, os profundos benefícios para a sociedade em todas as áreas são demonstrados.

2. Na mecânica quântica, um supercondutor, o funcionamento coerente dos elétrons exclui espontaneamente um campo magnético externo e perturbador. Este fenômeno é conhecido como "efeito Meissner". O sistema mantém

resultados significativos para toda a França ou o Reino Unido; menos de dois mil para os EUA; menos de quatro mil para toda a China ou Índia; e menos de dez mil para o mundo inteiro.

A Meditação Transcendental® e suas técnicas avançadas, ensinadas por Maharishi, são tecnologias eficazes de Consciência porque avivam e aproveitam da fonte indomável de todo poder e energia. Elas criam um escudo invencível para uma determinada nação e, finalmente, para o mundo inteiro. Em termos de amor, compaixão e unidade na diversidade, o Campo Unificado é como a seiva de uma árvore ou flor. A mesma seiva aparece como muitos aspectos das folhas, ramos, caules e flores. Todos nós somos expressões do Campo Unificado.

Não estamos mais – nem queremos voltar – à era medieval com seus conceitos, valores e formas de agir e reagir. Da mesma forma, precisamos nos elevar acima das limitações das perspectivas clássicas da realidade, ainda comumente aceitas pela maioria das pessoas como uma cosmovisão válida, assim como já foi aceito que a Terra era plana.

Hoje, acredita-se erroneamente que nosso mundo é feito de objetos e fenômenos separados e não relacionados que, independentemente uns dos outros, aparecem e desaparecem no tempo e no espaço. Precisamos olhar a realidade como a ciência a revela, e usar uma tecnologia mais avançada para enfrentar e resolver nossos problemas, sempre de acordo com os conhecimentos mais avançados de nosso tempo.

A energia pode ser aproveitada e exibida em todos os níveis. No nível superficial, você pode ter energia mecânica. Mais profundamente, existe poder biológico. Ainda mais profundamente,

---

sua posição impenetrável porque nenhuma atividade caótica pode ocorrer nele. Os condutores elétricos comuns não são impenetráveis porque a atividade dos elétrons incoerentes permite a penetração de um campo magnético externo. Quando 1% das partículas de um metal se tornam polarizadas, todo o material fica polarizado. Algo semelhante acontece com a água quando ela congela e com outros fenômenos da natureza.

você tem poder químico. Então você tem energia molecular, que pode ser acessada no nível genético, ou no nível atômico, como a bomba atômica (talvez o pior de todos os usos possíveis), ou mais positivamente, aproveitando a energia nuclear para gerar calor e energia elétrica para fazer a vida das pessoas mais confortável. No mais profundo de tudo está o Campo Unificado, o lar de todas as leis da natureza, que, silenciosamente, estrutura e mantém a diversidade infinita de tudo o que é manifesto.

Isso não é ficção científica, mas sim a imagem científica mais precisa do universo que somos capazes de pintar neste momento. A realidade não se limita ao que o equipamento sensorial de nosso sistema nervoso humano é capaz de processar. Correspondendo às camadas refinadas do mundo físico descobertas pela ciência "objetiva", estão camadas subjetivas, progressivamente mais profundas de percepção, pensamento, sentimento, intuição e compreensão.

Quando temos maior percepção e consciência mais ampla, usamos uma inteligência individual e coletiva superior e nos tornamos capazes de resolver todos os problemas que nos preocupam, das mudanças climáticas à pobreza, da desigualdade econômica às disputas de fronteira, sem ficarmos atolados nas disputas envolvidas na corrida cotidiana da política e das eleições ou, mais importante, sem recorrer à guerra.

Resolver as diferenças usando a própria inteligência em vez de lutar é sempre mais vantajoso para todos. A questão central aqui diz respeito ao nível de consciência que os indivíduos e as sociedades realmente têm. Quanto mais limitada for a consciência de um indivíduo, menor será sua capacidade de tomar as decisões certas. Sua liberdade inerente também é menor. Isso é verdade para grupos de indivíduos e, por extensão, nações inteiras.

Quanto mais limitada a consciência de um indivíduo, menor é sua capacidade de tomar as decisões certas.

Um animal tem escolhas muito limitadas na maioria das circunstâncias, em comparação com um indivíduo altamente evoluído. Vários níveis de consciência humana têm níveis correspondentes de liberdade de escolha. Isso levanta uma questão "moral". Não julgamos os animais por seu comportamento – sabemos que é instintivo. Em vez disso, modificamos o comportamento animal com força, usando técnicas de dissuasão, ou por reforço positivo e treinamento comportamental. Devemos fazer o mesmo para os humanos?

Se alguém comete um crime e é considerado mentalmente incapaz, geralmente é submetido a um programa de reabilitação.

Se eles estiverem mentalmente aptos e forem considerados totalmente responsáveis por suas ações erradas, eles serão punidos de acordo.

No entanto, sempre há alguma medida de incapacidade mental ou psicológica em quem comete um crime.

Os sistemas jurídicos enfrentam desafios crescentes à medida que as técnicas neurológicas e cognitivas correlacionam a incapacidade mental com a atividade cerebral, e pesquisas mostram que muitas pessoas que exibem comportamento impróprio têm anormalidades correspondentes em seus sistemas nervosos.

O uso de punição ou recompensa existe desde que animais e humanos existem – variando de uma simples cara feia ou sorriso, passando até respostas mais drásticas, como a bomba atômica e a ameaça da condenação eterna no inferno ou, inversamente, promessas de vida no paraíso. No entanto, as guerras e o sofrimento continuaram.

Em última análise, precisamos elevar a consciência individual e coletiva para despertar em cada indivíduo e em cada sociedade a inteligência máxima, elevando a vida na Terra, de um nível animal para um nível celestial.

Mais básico do que o intelecto é o campo do puro Ser, que é o Campo Unificado que estamos discutindo – a fonte de tudo o que está na superfície. É o campo principal de relacionamento, entrelaçamento, coerência e interconexão. É a grande totalidade em que todas as partes aparentes são expressões de uma Singularidade, as ondas infinitas de um oceano de Consciência.

Quando você pergunta às pessoas quem elas são, elas normalmente respondem com um nome, uma nacionalidade, talvez um sistema de crenças, talvez suas credenciais educacionais ou profissionais. Esses fatores expressam e destacam as diferenças entre indivíduos, culturas, crenças, classes sociais e econômicas que nos dividem e podem facilmente produzir discórdia e até inimizade.

Esse tipo de autoidentificação é tudo o que a maioria das pessoas experimentou e sabe sobre si mesmas – e sobre os outros também. Quando confinados a essas definições externas do ser, ficamos isolados dentro dos limites de uma família, um grupo, uma sociedade, uma nacionalidade e um credo ou ideologia. Então, temos motivos para desconfiar ou temer os outros que podem atacar ou prejudicar quem acreditamos ser. O amor não pode ser verdadeiramente pleno sob esta concepção incompleta e autolimitante do eu.

"O medo nasce da dualidade", diz o Veda. Quando você tem duas forças, a possibilidade de uma assumir, ou remover algum benefício de uma e transferi-lo para a outra, ou diminuir ou mesmo destruir a outra – está sempre lá. Sempre que houver dois, eles podem entrar em conflito. Mesmo dentro da própria individualidade, o intelecto pode estar em contenda com o coração; sentimentos ou emoções profundas podem muito bem competir com a razão pela dominação, ou os desejos egoístas lutam contra o dever ou a responsabilidade.

Quando as pessoas se identificam com um senso específico e limitado de eu-mim-meu, com um determinado conjunto de qualidades, sempre haverá "o outro", que tem limites e características diferentes, mas muitas vezes também impulsionado por seus próprios interesses pessoais estreitos. Essa dualidade sempre contém as sementes do medo e da hostilidade e, portanto, o potencial para conflito e até violência.

Como eliminamos o "outro"? Não queremos ou precisamos fazer nada na superfície. Em vez disso, o que é necessário é uma transformação em nós mesmos e em nossa maneira de perceber os outros, de modo que venhamos a conhecer a unidade que está por trás de nossas diferenças superficiais, que vai mais fundo do que nossas visões de mundo e preferências, até mesmo nossas discordâncias – e revela que, no fundo, somos o outro – que somos tudo, a totalidade.

Isso soa como uma noção muito elevada e idealista, uma construção intelectual que nunca pode funcionar na vida real. E, na verdade, nunca funcionará simplesmente pensar ou dizer ou tentar acreditar que você é o outro, e todo mundo é o Campo Unificado – porque você acorda de manhã, se olha no espelho e se vê cara-a-cara com os limites de sua individualidade, e isso é quem você naturalmente pensa que é.

Conhecer quem somos mais profundamente é crucial para todas as soluções potenciais para o nosso mundo. É importante porque quem realmente somos é o Ser puro ilimitado dentro do Ser, Consciência Pura.

Esta autocompreensão e autodefinição transcende todas as identificações limitadas com a religião ou raça, gênero ou crença de uma pessoa e nos coloca em pé de igualdade, de qualquer maneira que possamos concebê-la ou expressá-la – cidadãos universais do mundo, filhos de Deus, membros de uma família inclusiva.

Todas as grandes tradições do mundo nos guiaram para este despertar – conheça a si mesmo – conheça o Reino dos Céus que está dentro de você – "Tu és Aquilo". E agora a ciência está claramente apontando isso. O que são objetos? Afinal, o que são as pessoas?

A separação é ilusória, ou pelo menos uma aparência superficial. Quanto mais exploramos abaixo dos níveis da superfície, mais certo é que somos um Campo Unificado, um oceano ilimitado de Ser puro. Esta unidade de vida há muito é entendida em termos espirituais e agora está vindo à tona por meio das explorações e revelações da ciência.

Este é o verdadeiro e completo significado de "Conhece-te a ti mesmo". Porque o Campo Unificado é a fonte de tudo e de todos, de forma que quando nossa consciência se abre para ele, começamos a conhecer de uma maneira íntima e fundamental que somos Um com Tudo.

Esta não é apenas uma análise ou convicção intelectual. Embora pudéssemos muito bem chegar pela análise intelectual à conclusão de que "tudo é um", estou realmente falando sobre a experiência direta, um despertar no Ser mais íntimo de cada um.

É um despertar inocente do sonho da dualidade para a unidade que nos une a todo ser. E assim como você não acorda de um sonho durante a noite até que você realmente perceba: "Aha, foi apenas um sonho", da mesma forma, nenhum esforço é necessário para este despertar; isso acontece naturalmente a partir da experiência repetida da Consciência Pura dentro do Ser. Muitos pequenos despertares diários, vislumbres que vêm e desaparecem, eventualmente resultam em um despertar expansivo e permanente para a unidade de nossa verdadeira natureza.

Ganhar a experiência e a compreensão desse Campo Unificado é a melhor esperança que temos para coexistir pacificamente em um mundo de divisões, conflitos e, muitas vezes, confrontos violentos entre religiões e culturas cujos valores às vezes se opõem diretamente.

A Mãe Natureza nos mostra um belo exemplo de como isso é possível. Para uma flor desabrochar, ou para qualquer planta florescer, ela precisa de ar, de água e de luz solar. Juntos, eles permitem que a planta cresça de forma saudável e se torne bela e totalmente ela mesma.

Se você considerar esses aspectos separadamente, poderá achá-los em contradição – a água molha, mas o ar e o sol secam. Portanto, o sol e o ar estão em conflito com a água e pode-se esperar que eles lutem entre si pelo domínio. Mas é a união desses fatores que permite que a planta cresça. Às vezes, valores opostos são necessários para o desenvolvimento e evolução adequados.

Coexistência de opostos

As diferenças entre povos e culturas não precisam ser um problema que exija eliminação. Em vez disso, as diferenças são belas facetas da glória da criação. Elas permitem que o jardim da vida floresça em uma miríade de cores e formas, repletas de uma variedade viva para que todos possam desfrutar. No entanto, como já discutimos, as diferenças são a fonte potencial de discórdia, medo e conflito. Se elas não são o problema, o que é?

O problema é para onde vai nossa atenção humana. Insistimos nas diferenças e as tornamos um ponto de desacordo e conflito? Ou nossa atenção repousa na totalidade, na unidade da vida, que é o que chamamos de Consciência, Ser puro, Existência pura; aquele manancial de vida sempre existente que é como a seiva que está por trás da flor, caule, folha e galhos de todas as plantas no jardim? Todos esses atributos diferentes vêm de uma única fonte.

Essa unidade não é uma construção intelectual, mas a verdade viva de toda a vida, perto e longe, micro e macro. Em nosso mundo humano, as diferenças individuais e grupais sempre existirão e, por mais problemática que essa diversidade possa ser, é também a beleza e a força da vida que são vitais para a continuidade da evolução.

Quem escolheria viver em um mundo onde todos são iguais, onde todas as grandes culturas tradicionais se tornam homogeneizadas e perdem o vasto conhecimento que sua singularidade evoca? Ao mesmo tempo, podemos desfrutar melhor dessa rica diversidade de vida se, no fundo, estivermos alicerçados em uma totalidade ou unidade estável. Se nossa atenção for capturada pelas diferenças que podem potencialmente nos dividir, mal-entendidos e conflitos surgirão inevitavelmente.

Acredito que nossa evolução coletiva como seres humanos está nos levando, não apenas a esse entendimento, mas também a viver essa harmonia como nossa realidade compartilhada. Vejo isso especialmente na juventude de hoje, que mais do que nunca, (talvez com a ajuda da conectividade das mídias sociais), estão transcendendo as fronteiras nacionais, religiosas, raciais e outras que travaram as gerações anteriores, à medida que se formam amizades e parcerias com pessoas de todo o mundo.

Esta é a suprema realização na educação, onde o conhecedor se conhece como Ser puro e se torna estabelecido no campo da criatividade infinita e da liberdade real, mas em sintonia com a lei natural total. Neste estado desperto e iluminado, o indivíduo espontaneamente mantém os valores mais evolutivos em sua cultura e sistemas de crenças. Eles gostam de ser diferentes por fora, embora conheçam intima e profundamente, por meio da experiência direta, a unidade subjacente que sustenta toda a diversidade.

Esta é a base de toda a verdadeira tolerância, toda a verdadeira compaixão e amor verdadeiro, que são plenos e não planejados. Avivar isso por meio de um grupo de indivíduos praticando essa tecnologia da Consciência servirá para avivá-la na sociedade como um todo. As diferenças permanecem na superfície, mas a vida é vivida em um sentido fundamental de profunda paz e unidade.

Isso é o oposto do que acontece automaticamente conosco em circunstâncias de estresse, medo e raiva. Quando os instintos levam a melhor, a reação de luta ou fuga frequentemente toma conta do sistema nervoso humano, e o amor fica em segundo plano. Quando está sob estresse, o sistema nervoso humano não usa todos os seus recursos. Você tem toda a sua força física, mas não toda a sua força mental.

Emoções, sentimentos e até mesmo ideais elevados podem ser confundidos pelo medo e pelo ressentimento. Nossas faculdades racionais, de visão clara e de tomada de decisão (o que os psicólogos às vezes chamam de "funções executivas") são desligadas. As crenças usuais de uma pessoa sobre justiça, valores mais elevados, humanidade e até mesmo justiça divina podem ser abaladas ou derrubadas por agressões cruéis que podem resultar tragicamente até mesmo na morte de pessoas inocentes.

Isso é verdade para nós como indivíduos – e, igualmente verdade, para o conjunto de indivíduos que chamamos de sociedade, cidade ou nação – sob quaisquer condições que despertem medo e raiva na população. O poder exercido nessas condições é caótico e ineficiente. Numerosos estudos sobre o comportamento da "multidão" deixaram isso claro.

Podemos não gostar de pensar que pessoas normais podem agir coletivamente como uma "multidão", mas, se sempre nos concentramos nos problemas, falando de "inimigos" e "ameaças terroristas", corremos o risco de provocar o tipo de sentimento baseado no medo que pode levar a respostas autoprotetoras agressivas e vingativas.

Por outro lado, ao agir com um sistema nervoso calmo, integrado e descansado, os seres humanos podem ter uma percepção mais clara da realidade e, portanto, podem tomar decisões melhores e mais positivamente direcionadas.

Reserve um minuto para examinar sua própria vida e seu próprio processo de tomada de decisão.

Se você não tem dormido bem e recebe más notícias na primeira hora da manhã, não é preciso muito para fazer você se sentir irritado ou chateado. Você pode ser agressivo com seu filho ou parceiro, ser agressivo no trânsito, falar rispidamente com alguém no trabalho. Mais tarde, quando estiver descansado e menos agitado, você pode perceber que poderia ter lidado melhor com a situação de uma forma menos agressiva.

Portanto, mesmo com o propósito de realizar o potencial máximo como indivíduo, é preciso aprender a não agir quando instigado pela raiva, medo ou quando for suscetível a sentimentos estressados, danificados ou emocionalmente feridos.

Precisamos ser capazes de voltar ao Ser, ao âmago do nosso ser, e operar de um ponto de vista mais relaxado, centrado e racional; aquele que nos permite ter uma percepção mais clara que pode levar em consideração mais variáveis, mais aspectos de uma situação, do que quando temos uma visão estreitada pelo estresse que nos faz sentir que temos que lutar ou fugir.

Como sociedade humana, não vivemos mais na selva, onde havia ameaças físicas imediatas e onde, muitas vezes, respostas fisicamente agressivas ou belicosas eram necessárias para a sobrevivência. Mesmo assim, às vezes, as pessoas vão se comportar mal, tomar decisões tolas, ficar chateadas, explodir de raiva e dizer coisas que realmente não querem dizer.

Se quisermos minimizar tal comportamento, em nós mesmos e nos outros, é inestimável saber como prevenir o acúmulo de tensões e, ao mesmo tempo, cultivar todo o potencial de cada pessoa, abrindo a Consciência para uma Consciência elevada e criando equilíbrio na fisiologia e mente. Isso é o que o programa de MT® realiza, e é por isso que é um ingrediente essencial na solução baseada na Consciência que estou propondo.

Alguns líderes da sociedade têm ideias – mas tenho visto o resultado de suas "soluções" nas ruas e nos hospitais. Eu vi as crianças, as mulheres e os civis, bem como os soldados feridos de maneiras terrivelmente horríveis.

Uma solução eficaz para nossa epidemia global de conflito humano, violência e guerra é desesperadamente necessária, e nós possuímos uma vacina potencial, algo que custa ridiculamente pouco em comparação com as bombas e bombardeiros, mísseis, caças a jato, navios de guerra e submarinos, e certamente em comparação com o custo de uma vida perdida, quanto mais todo o sofrimento que a guerra cria entre sobreviventes e refugiados.

A pesquisa está acima de dúvida. Testes em pequena e grande escala foram conduzidos e os resultados publicados – é claro que temos uma tecnologia para realizar o que a humanidade tanto precisa.

Divulgar esse conhecimento se tornou minha vocação. Este agora é meu dever e minha responsabilidade. Eu faço isso com toda a simplicidade e humildade e com total respeito a/e por todos os sistemas de crenças, todas as tradições, honrando a todos, porque em última análise, todos são um impulso de vida, cada impulso querendo se mover na direção de mais felicidade, mais crescimento, mais amor, mais compreensão – mais vida.

O custo de um único avião de guerra, entre os milhares que os exércitos mundiais mantêm, é suficiente para sustentar um grupo criador de coerência.[42] Vamos tentar! O que temos a perder? O pior que pode acontecer é que as pessoas que o praticam começam a se sentir mais felizes, a ter uma saúde melhor e podem acabar se tornando mais integradas com suas famílias, amigos, colegas, comunidades e muito mais.

Há um velho ditado que diz: "A caneta é mais poderosa do que a espada". As ideias mudaram o mundo. Pessoas lutaram e morreram por suas crenças e ideais, e instituições foram construídas, e às vezes destruídas, com base no poder dessas ideias. Mais poderoso do que a caneta é a mente, a inteligência, a Consciência que instrui a caneta a escrever.

Em sua origem, é a força mais poderosa do universo, o estado unificado das forças da natureza, a inteligência que governa o universo vasto e em constante expansão. É nosso direito de nascença como seres humanos conhecer esta fonte, esta Singularidade que é a essência do nosso Ser, conhecê-la e utilizá-la para o bem.

Vamos criar uma sociedade feliz, saudável e próspera, conhecendo a nós mesmos. "Conhece-te a ti mesmo" é a sabedoria de todos os tempos, que nos permite usar a força indomável da Lei Natural para evitar o surgimento indesejado de um inimigo e, se já houver um inimigo, para remover a inimizade de dentro dele. Vamos usar sabiamente o poder infinito de unificação e o amor que existe nesse valor unificador, que nos permite ver tudo como nosso Eu e avivar a totalidade em nossa sociedade para que os conflitos desapareçam e, finalmente, vivermos em uma sociedade pacífica e harmoniosa, sem medo.

A expansão da felicidade ao nosso redor é a expansão da nossa própria felicidade, porque no fundo somos tudo e todos. O que eu sou, você é – o que você é, eu sou. E se somos felizes dentro de nós mesmos, quão maior será nossa felicidade quando ao nosso redor todos os seres humanos viverem em plenitude, em paz e com boa saúde?

---

42. Grupos de coerência: consulte https://www.permanentpeace.org

A natureza da vida é invencível e a vida sempre evoluirá em uma direção progressiva. É verdade que existem tempos difíceis, tempos de transição, quando os nós na sociedade podem ter de ser desfeitos e dissolvidos para permitir que o progresso ocorra, mas a forma como esses nós são eliminados varia. Pode ser doce e suave, progressivo e harmonioso, ou pode ser horripilante, prejudicial, amedrontador e destrutivo.

A natureza pode ser muito agressiva. Terremotos, inundações e outros desastres naturais às vezes interrompem o fluxo suave das estações. Na sociedade humana, entretanto, depende de nós se essas transições são suaves ou difíceis. Somos perfeitamente capazes de nos tornarmos mestres de nosso destino.

Então, a solução está aí, o conhecimento e a tecnologia estão aí. É simples e ela pode alcançar os resultados positivos que a humanidade deseja sinceramente. Na ausência de uma solução, somos obrigados a lutar com tudo o que temos e continuar nos perguntando: "Qual será o meu amanhã?" Mas quando existe uma solução, podemos nos alegrar com a possibilidade de transformar as tendências temporais de dor, sofrimento e conflito em felicidade, harmonia, prosperidade e paz.

Imagine duas salas, uma que foi mantida na escuridão por um único dia, a outra tendo estado inteiramente às escuras por um período de mil anos. Agora imagine acender uma luz. Em ambas as salas, a escuridão é imediatamente dissipada. Não leva nem um milissegundo a mais para eliminar a escuridão na sala, que está sem luz há mil anos. Você não precisa fazer nada para entender a fonte da escuridão para tentar removê-la. Simplesmente traga a luz e a escuridão desaparecerá.

Pessoas tentando manobrar em uma sala escura-como-breu tropeçarão umas nas outras; elas podem tropeçar e cair, torcer os tornozelos e culpar umas às outras por atrapalhar. O caos prevalece. Então a luz se acende e elas podem ver o caminho claramente. Elas veem e sabem se mover ou andar, como não se machucar, como cuidar umas das outras. É a mais simples das soluções – traga a luz da vida e alegre-se enquanto a escuridão e as dificuldades desaparecem.

O conhecimento da Consciência exposto nestas páginas, e sua aplicação nas tecnologias para criar coerência nos indivíduos e na sociedade, constitui uma compreensão nova e diferente baseada em conhecimentos antigos, bem como nos mais modernos e profundos princípios científicos e verificação experimental.

Podemos fazer uso desse conhecimento, hoje, como uma ferramenta de criação de paz, ou podemos esperar indefinidamente enquanto o mundo continua a viver durante as guerras e os líderes continuam contando com soluções antiquadas, principalmente focadas em nós mesmos e, consequentemente, divisíveis, que continuam a falhar e as pessoas continuam dizendo: "Bem, é assim que as coisas acontecem. Essa é a natureza das coisas".

Eventualmente, chegará o tempo em que as pessoas e as nações usarão essa tecnologia, e olharão para trás e se perguntarão sobre nossa geração. Eles nos verão em retrospecto como tolos, assim como aqueles que prenderam Galileu, e como quaisquer outros que perseguiram aqueles que se esforçaram para inaugurar uma nova onda de conhecimento? Essa onda de conhecimento – nós a chamamos de ciência – veio, de qualquer maneira, e transformou nosso mundo.

É hora de outra onda de transformação, que elevará a maneira como nos relacionamos uns com os outros e com nosso ambiente comum e vital, e construirá o mundo com o qual todos os homens e mulheres sonharam, um Paraíso na Terra.

Realisticamente, a escuridão do conflito e do sofrimento não pode desaparecer com um lampejo de luz – mas o processo em si começa de uma vez. Não importa quão longa seja a noite, quando o amanhecer rompe, não está mais escuro.

Referências bibliográficas por capítulo

Capítulo 4

1. FAIRBANKS, A. **The First Philosophers of Greece**. K. Paul, Trench: Trübner & Co., Ltd., 1898.

2. *Ibidem*.

3. JEANS, J. **The Mysterious Universe**. Cambridge University Press, 1930.

4. SCHRÖDINGER, E. *Apud* **The Observer** e em **Psychic Research**, 1931.

5. WALD, G. **Life and Mind in the Universe**. International Journal of Quantum Chemistry, Quantum Biology Symposium 11, 1984.

6. WILCZEK, F. **Fantastic Realities: 49 Mind Journeys and a Trip to Stockholm**. World Scientific Publishing Company, 2006.

7. HOBSON, A. **There Are No Particles, There Are Only Fields**. American Journal of Physics, 2013.

8. WEINBERG, S. **Facing Up: Science and Its Cultural Adversaries**. Harvard University Press, 2001.

Capítulo 5

9. WHEELER, J. **The Physicist's Conception of Nature**. Mehra, Jagdish: Springer, 1973.

10. PINKER, S. **The Brain: The Mystery of Consciousness**. Time Magazine, 29th January, 2007.

11. SQUIRE, L. R. *et al.* (eds.). **Fundamental Neuroscience**. Academic Press, 2008.

12. CHALMERS, D. **How Do You Explain Consciousness?** TED Talks, 2014.

13. FODOR, J. **The Big Idea: Can There Be A Science of Mind?** The Times Literary Supplement, 3rd July, 1992.

14. DE WAAL, F. **Are We Smart Enough to Know How Smart Animals Are?** W. W. Norton & Co., 2016.

15. JABR, F. **The Science is in: Elephants Are Even Smarter Than We Realized.** Scientific American, 26th February, 2014.

16. BALCOMBE, J. **What a Fish Knows: The Inner Lives of Our Underwater Cousins.** Farrar, Straus & Giroux, 2016.

17. TOMPKINS, P. & CHRISTOPHER, B. **The Secret Life of Plants.** Harper & Raw, 1973.

18. POLLAN, M. **The Omnivore's Dilemma.** The Penguin Press, 2006.

19. CHALMERS, D. **Toward a Scientific Basis for Consciousness.** The University of Arizona, April, 1994.

20. DENNETT, D. **Consciousness Explained.** Little, Brown & Co., 1991.

21. WIGNER, E. P. **The Unreasonable Effectiveness of Mathematics in the Natural Sciences.** New York University, 1959.

Capítulo 6

22. EDDINGTON, A. S. **The Nature of the Physical World.** MacMillan, 1929.

23. SCHRÖDINGER, E. **Mind and Matter.** Cambridge University Press, 1958.

24. PINKER, S. The Brain: **The Mystery of Consciousness.** Time Magazine, 29th January, 2007.

Capítulo 7

25. GRIFFITHS, R. B. **Consistent Histories and the Interpretation of Quantum Mechanics.** Journal of Statistical Physics, Springer Science and Business Media LLC, 1984.

Capítulo 10

26. BLAKE, W. **Auguries of Innocence.** 1803.

Capítulo 11

27. HUME, D. **Treatise of Human Nature.** Oxford University Press, 1975 (1740).

28. Reference Studies:.

- TRAVIS, F. et all. **Patterns of EEG Coherence Power and Contingent Negative Variation Characterize the Integration and Waking States.** Biological Psychology – Elsevier, 2001.

- MASON, L. I. et al.

Electrophysiological Correlate of Higher States of Consciousness During Sleep in Long-Term Practitioners of the Transcendental Meditation Program.

American Sleep Disorder Association and Sleep Research Society, 1997.

Capítulo 12

29. ABELL, A. M. **Talks With Great Composers.** New York: Philosophical Library, 1955.

30. ANTONINO AUGUSTO, M.A. **Las Meditaciones.** Hackett, 1983.

31. MERTON, THOMAS. **New Seeds of Contemplation.** New York: The New Directions, 1972.

32. KRISHNA, G. **Kundalini: The Evolutionary Energy in Man.** Shambhala Books, 1997.

33. EL-SADAT, A. **In Search of Identity: An Autobiography.** Harper & Row, 1979.

34. PEARSON, C. **The Supreme Awakening.** Maharishi University of Management Press, 2016.

35. HAMMARSKJÖLD, D. **Markings.** Faber & Faber, 1964.

36. IONESCO, E. **Present, Past, Present: A Personal Memoir».** Grove Press, 1971.

37. WOLFF, C. **On the Way to Myself: Communications to a Friend.** Methuen, 1969.

38. Experiences of Higher States of Consciousness by Transcendental Meditation practitioners, 1960-2020.

39. DUKAS, H. & BANESH, H. **Albert Einstein, The Human Side.** Princeton University Press, 1979.

40. GOODALL, J. Reader's Digest, September, 2010.

41. MAHESH YOGI, M. **Conversations**. MUM Press, vol. I, 1968.

42. EDWARDS, J. Narrative of His Religious History. In C. D. Warner et al. (comps.), **The Library of the World's Best Literature**. An anthology in thirty volumes, 1917.

43. LEHMANN, R. **Swan in the Evening: Fragments of an Inner Life**. Harper Collins, 1967.

44. Goodall, J. **Reason for Hope: A Spiritual Journey**. Grand Central Publishing, 1999.

Capítulo 13

45. MERRELL-WOLFF, F. **The Philosophy of Consciousness Without an Object: Reflections on the Nature of Transcendental Consciousness**. Julian Press, 1977.

46. MERRELL-WOLFF, F. **Pathways Through To Space**. Julian Press, 1973.

47. KRISHNA, G. **Living with Kundalini: The Autobiography of Gopi Krishna**. Shambhala Dragon Editions, 1993.

48. NORMAN, M. **Peace Pilgrim: Her Life and Work in Her on Words**. Ocean Tree Books, 1983.

49. CARPENTER, E. **The Drama of Life and Death: A Study of Human Evolution and Transfiguration**. Mitchell Kennerley, 1912.

50. KUHN, T. **The Structure of Scientific Revolutions**. University of Chicago Press, 1962.

Capítulo 14

51. LAPLACE, P-S. **A Philosophical Essay on Probabilities**. J. Wiley, Chapman & Hall, 1902.

Capítulo 20

52. NADER, T. **Human Physiology – Expression of Veda and the Vedic Literature**. Maharishi International University Press, 2011.

53. NADER, T. **Ramayan in Human Physiology**. Maharishi International University Press, 2014.

54. NADER, T. et al. A double blind randomized controlled trial of maharishi Vedic vibration technology in subjects with arthritis. **Frontiers in Bioscience.** 6, h7-17, 1st April, 2001.

55. NIDICH, S.I. EFFECTS of maharishi Vedic vibration technology on chronic disorders and associated quality of life. **Frontiers in Bioscience.** 6, h1-10, 1st April, 2001.

https://www.facebook.com/GryphusEditora/

twitter.com/gryphuseditora

www.bloggryphus.blogspot.com

www.gryphus.com.br

Este livro foi diagramado utilizando a fonte Jason Text Lt
e impresso pela Gráfica Vozes, em papel off-set 75g/m², caderno de fotos
em papel couche 90 g/m² e capa em papel cartão supremo 250 g/m².